——————— "工程与法" ——————— 系列丛

# 项目经理的

## 法律课堂

—— 工程项目法律风险防控操作指引

（第二版）

胡玉芳　王志强
王秀娟　谢容强　◆著

中国建筑工业出版社

# 再版自序

## 和项目经理共成长

八年前，我们将一册面向施工企业的讲义，结合大量自身办理的案例写成了一本书。当时在我们书架上有一本中国建筑工业出版社出版的《"工程与法"系列丛书》，我们想这本书的内容正契合"工程与法"这个主题，于是通过 114 查询到了出版社的电话，并联系上了当时丛书责任编辑赵晓菲女士，在出版社和赵编辑的大力支持下，这本书籍顺利出版。

书籍出版后，我们收到很多反馈，普遍反映本书非常符合项目经理的工作需求，项目经理看得懂、照着做。不少施工企业成百本地订购本书并发给项目经理学习。书籍首次印刷发行后，出版社在售罄的基础上还进行了第二次印刷。

在过去的八年里，住房和城乡建设部发布了大量的行政规章，最高人民法院也出台了《最高人民法院关于审理建设工程施工合同纠纷案件适用法律问题的解释（一）》（本书中统一简称为《施工合同纠纷司法解释（一）》）。我们团队在这几年中，也始终坚持走专业化道路，承办了很多工程案件，胡玉芳律师和王志强律师在 2019 年和 2021 年均获得了 ENR/ 建筑时报"最值得推荐的 60 位中国工程法律专业律师"荣誉。在办案之余，我们还做了很多法律研究，从 2014 年至今，已连续九年制作发布《最高人民法院建设工程纠纷案件审判研究报告》。

在新的法规出台及自身实践经验加深的基础上，我们对本书内容进行了大幅度的更新替换，希望可以继续帮助施工企业的项目经理，加强项目的风险管控。

与同类型书比较，本书继续保持如下三个特点：

➤ 不研究学术理论问题，只站在施工单位的角度，提示风险点，并直接指导项目管理人员实际操作，每课后面还附了"项目经理立即做"栏目。

➤ 尽量使用简单易懂的书面语言，且使用了一些图表格式，如每课后面的"知识表"，便于项目管理人员阅读和掌握。

➤ 提供项目常用的法律文书，附在每课后面，方便项目管理人员直接参照使用。

希望这本书能继续成为广大施工企业项目经理的好朋友。

胡玉芳　王志强

2022 年 10 月

# 目　录 ～～～～～～～～～

# 第一篇

# 开工准备

# 第一课　需充分准备的项目进场

众所周知，施工单位在收到建设单位或者监理下发开工令之前，应当提前做好进场准备，包括但不限于实地勘察现场，组建项目班子，研究图纸及其他施工技术资料，预备人工、材料、机械，与建设单位、监理建立联系，与相关政府部门、周边相关单位建立联系，办理相关许可、证照等。除此之外，还有一些表面与施工无关，但实际影响重大的工作事项可能会被忽略，比如仔细阅读施工合同、识别合同风险及项目风险、向建设单位和监理方报备各项资料等。

本课我们将从读透施工合同、重点风险识别、各类计划报备这三个方面，来讲解除常规施工准备事项外，项目经理在进场前应做好的相关工作。

## 一、读透施工合同

施工合同是建设工程安全、质量、进度、成本控制的主要依据，是合同双方当事人权利、义务的表现，是保证项目建设顺利进行的关键。一切从合同开始，一切要回到合同中去。而施工企业中负责与甲方谈判、商讨、签订施工合同的一般是公司的商务人员、法务人员，项目经理较少参与该过程。项目一旦开工，商务人员、法务人员对项目进程、细节跟进相对较少，一般是在项目出现异常情况时才会介入。因此，项目经理和项目人员对于合同的掌握十分关键。

有的项目开工后，项目人员很少会去看合同，有的项目部甚至连一本完整的施工合同都没有，各项注意事项均不甚了解，各岗位人员全凭经验及甲方、监理等的指令开展工作。可想而知，一旦产生争议，施工单位将陷入被动，甚至承担不利后果。因此，项目经理对施工合同要有全面的了解及把握，项目施工才能符合合同要求，规避违约风险。所以，我们认为项目经理的第一要事，便是要"读透施工合同"。

施工合同通常条款繁多，动辄上百页，项目经理要读透施工合同，我们认为可以从以下三方面着手：

### 1. 不要有畏难或轻视情绪

有的项目经理认为看合同、研究合同是法律人士的事情，与工程无关；有的项目经理认为太专业了看不懂；还有的项目经理认为干工程就可以了，不需要看合同。这些都是很危险的想法，项目经理的职责不仅是把工程干完，更应该是按合同约定完成施工任务，合同就是施工需对照遵守的标准。

### 2. 掌握合同结构按图索骥

各建设单位的施工合同版本种类繁多，有的采用政府主导下的标准文本，比如住房和城乡建设部、国家工商行政管理总局联合发布的《建设工程施工合同（示范文本）》GF—2017—0201，地方政府颁布的《建设工程施工合同》模板等。有的采用第三方合同，比如 FIDIC、AIA、NEC 等国际工程合同条件，世界银行、亚洲开发银行等机构根据 FIDIC 合同制定的合同文本，香港利比、威宁谢等咨询公司提供的合同文本。有的采用企业自制的标准文本，比如笔者团队曾为多家建设单位提供建设工程标准合同文本服务。

不同种类的合同的条款特点、利弊，在本书中不再赘述。但不同结构的施工合同，阅读注意事项则各有不同。

国家、省、地市的示范文本，普遍认为是 FIDIC 合同条件的简版，相对来说体量不算很大，施工行业人员一般对该类合同文本结构、条款相对熟悉。该类合同文本基本架构包括协议书、通用条款、专用条款、附件等，项目经理应特别关注专用条款、补充条款（如有），因为核心内容（对施工单位不利的内容）基本上都在这两部分。通用条款中一些相对中立，甚至是对施工单位有利的条款，如果建设单位在专用条款、补充条款中未予以变更或者删除，或者约定不清晰，则施工单位也可能有"可乘之机"。同时要特别注意合同解释顺序，实践中有些解释顺序在前的文本，相对于在后的文本，有部分条款会有利于施工单位，但也可能会更加严苛，项目经理需要特别将此类前后约定不一致的条款梳理出来，确定同类事项合同最终有效条款。

FIDIC《施工合同条件》文本，基本架构也为协议书、通用条件、专用条件、措施项目规范、附件等，条款科学、完善、细致，对双方都比较公平。该文本的条款顺序与国家示范文本不太一致，对于各类事项的答复审批期限、工程师的定位和定义、违约金补偿计算方法等与国家示范文本有较大差别，项目经理对于这种文本不甚熟悉的话，特别需要花时间去阅读，至少要保证在需要用到合同的时候，能迅速找到相关条款的位置。同时该等合同对具体事项调整的适应性好、灵活性强，即建设单位可能对很多事项有不同于标准版本的约定，需要项目经理慧眼侦查。

香港利比、威宁谢等咨询公司的合同文本，常见于香港投资企业开发建设的项目，形式上分册子一～四，编号顺序阿拉伯数字、希腊字母、甲乙丙丁混用，页码也是字母与数字混用，有些表述习惯较为拗口，文字体量很大，但项目经理仍应耐心阅读。

建设单位自行拟定的个性化内部标准文本，各有千秋。笔者团队为建设单位制定的标准文本，一般会根据合同履约顺序来设定行文逻辑与结构，避免了协议书、通用条款、专用条款、补充条款等重复与可能矛盾的不利特点，工期、造价、付款、验收、双方义务等不同模块条款集中，便于查找，阅读负担较小。在这种合同文本下，项目经理更应该对合同各条款了然于心。

### 3. 请专业人士协助识别

如果是风险较大的项目，我们通常建议施工单位在项目启动前做好风险交底工作，由商务、法务人员共同协助，就投标过程或洽商过程中识别的商务风险、法律风险与项目经理进行详细沟通，这样就可以做到项目信息沟通的通畅，使项目经理快速掌握发包人的工作风格、工作目标、工作重点，便于施工合同的顺利履行。有的施工单位也会聘请专业律师对施工合同进行研究，然后对项目管理人员进行宣讲、提示风险。

## 二、重点风险识别

施工合同的内容涉及施工的方方面面，从前期的施工准备、图纸会审，到分包管理、材料、质量等，内容繁杂。项目经理"读透施工合同"应重点关注哪些内容？我们梳理了施工合同中常见的风险点，供项目经理比对参考。

**风险条款1：【工期延长不能索赔费用类】**
因发包人原因导致工期延误的其他情形：

增加：（1）因发包人原因导致产生通用条款 13.2 条①～⑥种情形之一，并导致停工造成关键线路工期延误，经发包人、监理人书面认可后，工期及节点工期方可顺延，但承包人不得进行任何费用索赔，且承包人不得以此为由单方停工或解除合同。

（2）如因其他原因造成本项目延期，导致本分包工程的开竣工日期相应调整，承包人不得提出异议，且应积极配合，承包人工期及节点工期方可顺延，但承包人不得进行任何费用索赔，且承包人不得以此为由单方停工或解除合同。

风险点：此约定排除了施工单位进行工期费用索赔的权利，虽然法律上对此类约定是否有效有不同意见，但如果项目经理看到合同中有类似条款就应引起警惕，对于施工中非承包人原因造成的工期延长所导致增加的各种费用，建议仍应搜集保留证据，留待今后适时解决。

**风险条款 2：【违约金条款类】**

（1）工期违约金：乙方不能按合同工期完成竣工验收、交付或竣工备案，乙方应向甲方支付违约金，每延误一天，违约金为合同总价的 0.5‰。

（2）项目经理未到岗违约金：承包人项目经理、项目技术负责人、各专业负责人、质量主任、安全主任、专职质量检查员、专职安全员等，必须按发包人和监理人的要求参加每周的工程例会，因故不能参加的应提前 12 小时向发包人提出申请并获得批准后方可缺席，承包人未提出申请或未获得批准缺席工程例会的，则承包人按 2000 元/（人·次）向发包人支付违约金。

（3）未及时移交竣工资料违约金：乙方在竣工验收通过后于 60 日历天内向甲方移交完整的工程竣工资料、竣工图纸四套及相应电子版资料，由于乙方原因每迟延一天，乙方支付违约金 10000 元。

风险点：施工合同中常见大量违约金条款，有的发包人签约时会说只是写上去，不会执行的，但一旦有纠纷发包人就会想方设法从合同中找索赔依据。建议项目经理应重视合同中的违约金条款，及时对发包人的处罚提出异议。

**【参考文书 1】**对处罚单的回复函

| 对编号 ×× 处罚单的回复函 |
| --- |
| ×××有限公司：<br><br>　　我司于 2022 年 × 月 × 日收到贵司下发编号为 ×× 的处罚单。我司对此处罚单做以下解释： |

年后我司向贵司提出需贵司解决协调的事项，贵司至今未能明确回复我司，工程款也未能足额支付。现因年前进度款资金优先用于工人工资支付工作，供应商货款还未能得到解决，导致现场至今未能正常开工。工人返回工地后得知无法正常开工，便向我司讨要生活费用，我司迫于资金压力，无法同意工人要求，工人则自发性组织到售楼部静坐。该事件的发生并非由于我司欠付工人工资，而是由于项目不能正常开工及贵司未能足额支付进度款所导致。

在事件发生后，我司立刻安排到现场维稳及劝返工作，最终于2022年×月×日与工人达成协议，后续我司已全力进行处理。

该事件不属于贵司处罚单引用合同条款12.4处罚范围，故我司恳请贵司取消该次处罚单。我司将积极配合相关各楼栋竣备交付工作，顺利完成××项目各项工作，同时请贵司尽快解决我司年后提出需解决的各项事项及3号、5号楼贵司分包单位年后施工计划，以便我司组织人员进行竣备的推进工作。否则项目持续无法复工，将导致贵我双方损失继续扩大。

×××有限责任公司

××××年××月××日

**风险条款3：【增加承包人义务类】**

承包人承诺在总承包工程与专业分包工程拼缝、连接或收口处由承包人负责落实拼缝、收口等工作，承包人不得以施工界面划分为由拒绝承担相应的施工工作。否则，发包人有权自行或委托第三方施工，因此发生的费用及延误的工期由承包人承担，并且每发生一次违约行为，承包人应向发包人支付5万元的违约金。

风险点：各专业工程施工中存在工差在所难免，拼缝、连接或收口处不能完全衔接的情况时有发生，如果由承包人完成，则势必产生相应的费用及工期。该等风险要提前预知，在施工过程中要关注前后施工工序、施工单位或者周边工程施工单位的施工进程，有明显偏差时及时向监理和建设单位提出。

**风险条款4：【无限风险包干类】**

（1）工程量清单报价中如有缺项、漏项，视为承包人在报价时已在项目单价和合价中综合考虑，工程量清单缺项漏项的风险由承包人承担，合同价格不予调整，结算时清单项不得增补。

（2）承包人明确工期顺延也会导致发包人损失，承包人确认不因工期顺延向发包人主张任何索赔，例如人工、材料、机械、措施、施工降效等索赔，相应的风险已经在签约合同价款中考虑。

（3）本项目材料不考虑调差，合同单价不因任何原因而调整，相关风险由承包人承担。

风险点：且不论该等条款是不是霸王条款，对于该等条款，项目经理要全部厘清，不能想当然地认为相关风险按照法律规定或者一般惯例系由发包人承担（部分承担），如需突破合同约定主张由发包人承担部分风险，则要提前做好法律论证、事实证据的固定等，协同商务人员寻找突破点，具体在第十课详解。

**风险条款 5：【特殊程序类】**

本合同项下单项变更不得超过合同金额的 10%，若单项变更超过合同金额的 10%，则需签署补充协议；若单项变更不超过合同金额的 10%，则按本条规定变更流程处理。

风险点：如单项变更超过合同金额 10%，除了按照常规的签证流程报送签证外，同时要主动及时提请建设单位签订补充协议，否则建议暂不进行施工，以免后续请求支付工程款无依据。

但这里也是一个机会点，承包人可以在补充协议中与发包人协商更有利的付款条件。一般来说，补充协议的付款与合同进度款同比例支付，一般为 80% 或者 75%，双方也可在补充协议中另行约定。而如果按照变更签证的话，则一般约定的变更签证部分的工程款的付款比例可能相对于常规进度款更低，甚至有的合同约定签证款在结算中一并支付，对承包人非常不利。

**风险条款 6：【各类文件形式要件不完全承担不利后果类】**

（1）未经发包人书面提出或确认变更的，承包人不得擅自变更，否则发包人有权要求恢复重做，因此产生的费用及工期延误的责任均由承包人自行承担。

（2）签证单应按发包人要求报送，签证单应附上签证工程联系单、设计变更书面指令、工程量预算书、计算底稿、签证工程施工照片（照片必须经监理总监、项目管理单位现场负责人及发包人现场代表的共同签字确认）等资料，资料不齐全的，第一次在签证单中扣除违约金 5000 元，第二次资料不齐全的翻倍扣减，以此类推，并且在审核的签证单金额中直接扣除。

（3）涉及变更及现场签证的所有文件，均由发包人审批完成加盖发包人公章，如不符合本条要求，则视作无效签证，不能作为结算依据，承包人不得以发包人代表签字或监理人确认为由主张签证变更款项。

风险点：发包人在合同中经常会约定各类文件（特别是对工期、造价等进行确认的相关文件），约定其资料明细、形式要求，比如限定具体人员签字，要求必须加盖公司公章等，此时项目经理应特别注意，否则在施工过程中因形式上的疏忽，将导致施工单位承担不利后果。

**风险条款 7：【期限限制且逾期承担不利后果类】**

（1）承包人应在工程指令、设计变更内容完成并且经验收合格后 7 个工作日内将签证上报监理及发包人，逾期报送的视为承包人让利，发包人不予支付签证变更价款。

（2）承包人应在工期顺延因素消除后 7 日内向监理人及发包人报送工期顺延的资料，经监理人及发包人审核确认后给予工期顺延，逾期提报工期顺延资料的，视为放弃工期顺延的权利。

（3）承包人应于每月 25 日前向监理人报送上月 20 日至当月 19 日已完成的工程量报告，并附进度付款申请单、已完成工程量报表和有关资料，监理人及发包人对承包人提交的工程量报表进行审核，以确定当月实际完成的工程量，发包人和监理根据已核实的每月工程量进行估值，并按估值金额的 80% 支付。承包人逾期报送上述资料的，视为承包人放弃该月的工程款请款，发包人后续有权不予接受上述资料，相应工程款顺延至下月一并计量、确认、支付。

（4）承包人在发包人最终验收合格、竣工验收备案程序完成后，在收到发包人发出结算指令后 60 日内向发包人递交竣工结算报告及完整的结算资料，逾期未提交或者未完全提交的，本工程最终结算价格以发包人审定价格为准。

风险点：很多合同条款中对于承包人报送各类报告、签证、申请付款，都有期限限制，逾期不报送、提交的，视为放弃相应权利。因此，项目经理要特别注意这类期限限制，最好将关键工作的报送程序、资料要求、期限要求绘成流程图，张贴在项目部办公室，以便实时提醒和指导相应工作。

**风险条款 8：【连带责任类】**

（1）承包人作为总承包单位，负责督促分包单位及发包人直接发包的专业工程承包人按照本合同及分包合同约定的工期进度执行，并对分包人及专业工程承包人的工期承担连带责任。

（2）承包人应确保分包人的劳动用工符合国家、地方政府相关规定，且对所属劳务人员的工资及国家规定的社会保险等劳动报酬承担连带责任。承包人未及时履行该连带责任的，发包人有权在承包人工程款中直接扣除相应款项，支付给分包人所属工人并对承包人计收违约金，违约金标准为发包人代付款项金额的 20%。

风险点：在很多施工合同中，会要求总包单位对分包单位（无论是合法分包、甲分包、甲指分包等）的工期、安全、质量等承担连带责任，对于该类条款，承包人要特别注意，在施工过程中如果发生类似事件，要及时处理，系发包人原因引起的或需要发包人协调的，要及时提出，并在各类函件、会议纪要中体现。

**风险条款 9：【语义模糊可作对承包人不利解释类】**

（1）合同总价中已考虑如下风险：……幅度在 10% 之内的工程变更导致合同价款的调整。

风险点：此处未说明是单次变更还是全部变更，如果理解为单次变更，则对承包人非常不利。而且 10% 是以何为基数也未明确，到底是合同价、结算价还是其他？如果以结算价为基数，承包人将遭受更大损失。

（2）计价方式为全费用固定单价 1000 元 / 平方米。……每个月 10 日前乙方将上个月已完成合格工程量报给甲方，经甲方审核后按照已完成合格工程量的 60% 支付进度款（装修工程）。

风险点："已完成合格工程量"的认定标准未明确，比如墙面，如果只做完基层而面层未完成，基层部分是否纳入计算。承包人在请款时，如果将基层纳入，可能不被接受。

此类风险条款是把双刃剑，可以作对承包人不利的解释，也可以作对承包人有利的解释。因此，也可以将其视为可能的盈利点，在相关争议发生时，积极向发包人主张有利解释，发包人面对这种情况也要适当考虑利益平衡。

上述大概总结了施工合同中几类常见的风险类型，因合同条款无奇不有，本书不能一一列举。但项目经理应当树立风险意识，在进场之前准确全面地识别风险点，并一一梳理传达给项目部所有人员，尽可能用可视化的方式，制作表单、流程图等，张贴在项目办公室，以时刻指导项目人员遵守相关流程、期限的限制，及时核对各类文件的签字、盖章要求是否落实，避免承担不利后果。

# 三、各类计划报备

开工初始，各类计划的报送也很重要，有的项目经理只是例行常规，将别的项目的计划文件拼凑修改随意上交，这种日后一旦有纠纷就非常被动。

## 1. 施工组织设计方案是承包人索赔的基础依据

施工组织设计方案包括工程概况、施工部署及施工方案、施工进度计划、人员投入、机械投入、组织机构、施工工序等。施工组织设计方案不仅仅是项目建设和指导工程施工的重要文件，还是承包人索赔的基础依据，如关键线路的判断、发包人设计变更导致施工工序的改变、发包人移交场地对施工的影响等，所以项目经理应重视施工组织设计方案的制定与审批，保留发包人审批的记录。

【案例1】惠州某学府项目索赔纠纷。

> 惠州某学府项目标段一和标段二工程，共14栋单体建筑，总合同金额为3.9亿元，合同约定工期从2019年6月20日至2021年4月30日，共680天。但2019年7月4日发包人下达开工令后，因甲指分包单位及基础形式变更、桩基检测不合格等影响，现场场地移交顺序混乱、移交时间滞后，至2020年8月28日完成高层场地移交，部分附楼场地仍未完全移交。该项目承包人原上报施工组织设计地下室1～10区同时开工，由于实际发包人未能按计划交付场地，导致塔式起重机进行截臂、加臂，材料周转浪费（如模板木枋正常周转次数不够、现场可拆模材料积压严重），机械设备和人员窝工降效严重等，承包人为此提出索赔2000万元。
>
> 承包人参照施工组织设计计划方案的施工工序，对发包人迟延交付施工现场提出索赔，并附上依据，后经双方协商，发包人给予了承包人830万元作为补偿。

## 2. 注意核查需要报备的各项计划明细及具体要求

在施工合同中，承包人的义务包括各类施工计划的编制与提交，以《建设工程施工合同（示范文本）》GF—2017—0201为例，合同条款对于上述计划均有相关约定，总结如下：

（1）承包人应按照合同约定的工作内容和施工进度要求，编制施工组织设计和施工措施计划。

（2）除专用合同条款另有约定外，承包人应在合同签订后14天内，但至迟不得晚于第7.3.2项[开工通知]载明的开工日期前7天，向监理人提交详细的施工组织设计，并由监理人报送发包人。施工组织设计应包含以下内容：①施工方案；②施工现场平面布置图；③施工进度计划和保证措施；④劳动力及材料供应计划；⑤施工机械设备的选用；⑥质量保证体系及措施；⑦安全生产、文明施工措施；⑧环境保护、成本控制措施；⑨合同当事人约定的其他内容。

（3）承包人应提交详细的施工进度计划，施工进度计划的编制应当符合国家法律规定和一般工程实践惯例，施工进度计划经发包人批准后实施。施工进度计划不符合合同要求或与工程的实际进度不一致的，承包人应向监理人提交修订的施工进度计划，并附有关措施和相关资料，由监理人报送发包人。除专用合同条款另有约定外，发包人和监理人应在收到修订的施工进度计划后7天内完成审核和批准或提出修改意见。

（4）承包人应向监理人提交工程开工报审表，经监理人报发包人批准后执行。开工报审表应详细说明按施工进度计划正常施工所需的施工道路、临时设施、材料、工程设备、施工设备、施工人员等落实情况以及工程的进度安排。

通过上述合同条款可知，在合同签订后、进场施工前，施工单位应在一定期限内提供施工组织设计、施工进度计划、施工措施计划、开工报审表等，在合同履行过程中，相关计划与实际施工状况不相符的，承包人应当及时修订并提交发包人审核确定。合同条款中对于承包人提交的期限、发包人审核的期限均有明确约定，双方均应遵照执行。因此，项目经理要特别注意施工合同专用条款中，对通用条款约定的提交期限、审核期限是否有变更，对施工组织设计的内容是否有增加或者特别约定。

不同地方的标准文本，或者企业自行制定的合同文本，对于开工前的计划报备，都有不同的约定。比如：《深圳市建设工程施工（单价）合同（2015年版）》在通用条款第9.2条还约定承包人需提交临时设施的图纸和资料文件；第9.3条还明确约定了工程进度计划的具体形式和内容以及修订周期；第9.4条还约定承包人应按工程进度计划提供工程用款计划。

（1）临时设施的图纸和资料文件

承包人应在施工组织设计提交的同时，向监理人报送本工程临时设施的图纸和资料文件。其内容包括（但不限于）临时设施总平面布置图及必要的文字说明，如生产、生活设施、水电供应、道路、排水系统、环保环卫、安全防护措施以及相关管理制度（办法）等必要的文字说明和图表资料，经批准后实施。

（2）工程进度计划

工程进度计划应按照关键线路网络图和主要工作横道图两种形式分别编绘，并应包括每月预计完成的工作量和形象进度，在需要时每个月修正一次。承包人必须按监理人确认的进度计划组织施工，接受监理人对进度的检查、监督。工程实际进度对于在竣工时间内完工过于滞后或与经确认的进度计划不符时，承包人应按监理人的要求和建议进行整改并提交新版的进度计划，经监理人确认后执行。因承包人的原因导致实际进度与进度计划不符，承包人无权就改进措施提出追加合同价款。

（3）工程用款计划

承包人应按专用条款的约定，按工程进度计划向监理人提交按合同约定承包人有权得到支付的工程用款计划，以备监理人查阅。如监理人提出要求，承包人还应按要求提交修改的工程用款计划。

### 3. 注意逾期报备或者内容不完整的不利后果

有的合同中，还对逾期提交各类计划约定了不利后果，有的甚至隐藏在合同附件的"奖罚清单"或类似文件中，项目经理需要特别注意，否则一不留神就会被扣除大额违约金。比如某施工合同约定："承包人在收到施工图纸后14天内未提供施工组织设计（含应急预案）和进度计划给发包人和监理人的，每逾期1天，支付违约金1万元。"

# 本课知识点

本课知识点总结　　　　　　　　　　　　　　　　　　　　表 1-1

| 关键词 | 操作要点 |
| --- | --- |
| 合同交底 | 开工前读透合同，必要时请法务和商务人员共同协助对合同进行交底 |
| | 克服畏难情绪，掌握合同结构，快速抓住合同要点 |
| | 特别注意违约金条款和各种工作期限要求 |
| | 合同文件不仅包括施工合同，还包括招标投标文件、合同附件、双方确认的会议纪要、备忘录等各种双方达成一致意见的文件 |
| 重点风险 | 注意对自身权利限制的条款，在施工中仍需注意寻找突破或改变的机会 |
| | 注意签证变更的程序、形式及期限要求，严格按约定执行 |
| | 注意合同中约定的指定人员权限以及送达方式 |
| 计划报备 | 重视施工组织计划方案的重要性，特别注意进度计划、人员、机械等投入应根据项目实际情况具体安排 |
| | 注意施工组织计划方案的报审报批，及时取得监理、发包人的书面确认 |
| | 注意及时报送其他合同约定的计划或报表，避免被作为甲方不付款理由，同时也作为过程中施工状态的记录 |

# 项目经理立即做

（1）项目经理、商务人员、资料员必须持有一份施工合同时刻备查。

（2）项目经理组织项目管理人员对施工合同进行至少一次通读，将施工合同中承包人的义务、考核要求分解任务到人。

（3）复杂项目应由项目洽商人员、合同谈判人员、法务人员会同项目部共同进行合同交底，全面了解合同的签订目的以及发包人的重点需求。

（4）检查施工组织计划方案是否符合项目实际情况，是否有按约定报送监理或发包人，是否有取得书面确认。

（5）对照合同检查，是否还有其他应报送的计划、方案等，并严格按约定进行报送，保留签收记录。

# 律师范本

## 范本一：总包合同风险提示

### 关于 ×× 新天地广场总包合同风险提示

×× × 有限公司：

关于《×× 新天地广场二期总包施工合同》，我们从承包人的角度对该合同的履约风险进行梳理，特提示如下：

一、关于发包人

1. 股权结构

发包人深圳市 ×× 实业集团有限公司的股东结构如下：（略）

可以看出，发包人的实际控制人为李 ××，但是也有部分股东系国资。

2. 诉讼情况

截至 2020 年 6 月 13 日，从"企查查"APP 上可查询到发包人所涉裁判文书共 11 份，司法案件 17 件。经 Alpha 公开的裁判文书检索，公开的裁判文书如下。

| 序号 | 发包人地位 | 案由 | 判决结果 | 金额 | 时间 |
|---|---|---|---|---|---|
| 1 | 被告 | 民间借贷纠纷 | 原告撤诉 | 0 | 2019/5/31 |
| 2 | 被申请人 | 合作合同纠纷 | 财产保全 | 90028958.33 元 | 2019/7/15 |
| 3 | 被告 | 民间借贷纠纷 | 原告撤诉 | 0 | 2018/3/30 |
| 4 | 被执行人 | 民间借贷纠纷 | 终结本次执行 | 本金 4200 万元及利息 | 2016/11/21 |
| 5 | 被执行人 | 民间借贷纠纷 | 终结本次执行 | 本金 3500 万元及利息 | 2016/11/21 |
| 6 | 被执行人 | 民间借贷纠纷 | 终结本次执行 | 本金 2500 万元及利息 | 2016/11/21 |
| 7 | 被执行人 | 民间借贷纠纷 | 终结本次执行 | 本金 3100 万元及利息 | 2016/12/20 |
| 8 | 被执行人 | 民间借贷纠纷 | 终结本次执行 | 本金 12099187.76 元及利息 | 2016/12/21 |
| 9 | 被申请人 | 财产保全 | 保全 | 2000 万元 | 2016/3/1 |
| 10 | 被告 | 民间借贷纠纷 | 一审判决 | 本金 5852666.67 元及利息 | 2017/9/25 |
| 11 | 被告 | 民间借贷纠纷 | 原告撤诉 | 0 | 2018/5/10 |

从上列表格可以看到，虽然发包人涉案不少，但现在争议最大的应该是第 2 项，其与广州 ×× 地产股份有限公司、深圳市 ×× 房地产开发有限公司的合作纠纷一案，

该案由深圳国际仲裁院受理，目前无案件进一步公开信息。

二、关于总包合同的风险条款及防范建议

1. 关于总包配合费

总包合同 P2 约定甲方专业发包工程按合同价 1% 支付总包配合费，但是实践中会产生两个问题：

（1）甲方专业发包工程贵司并非合同主体，不易掌握甲方与专业分包人的合同，有时有复印件，但难持有原件。

（2）本项约定计费基数是合同总价，但是专业分包的结算价可能会不等同于签订合同时的暂定价，差价是否要列入计费基数？实践中有的纠纷产生时，甲方会借口称与专业分包人尚未办理完结算，拖延支付总包配合费。

建议：施工过程中专业分包人进场报送进场资料时，要求其提供与甲方的合同复印件，同时加盖专业分包人的公章。贵司可按总包合同 P23 第 10.17 条向分包单位收取保证金。

2. 工期要求严格

（1）工期天数固定 780 日，开工时间以开工报告为准。

（2）有阶段性的工期和竣工验收的双重违约金，阶段性工期迟延日罚 2 万元，非关键节点工期日罚 2000 元（第 3.12.2 条），竣工验收迟延日罚 5 万元，总额不超过总造价的 1%。

（3）配合甲方销售，在进度计划预售节点前 7 日移交园林景观工程工作面，否则日罚 1 万元。

（4）总包合同 P6 第 3.9 条约定，如乙方不能按时完成竣工验收、交付或竣工备案，日罚合同总价的 5‰，总额不超过总造价的 1%。

（5）工期延期签证程序复杂：总包合同 P6 第 3.7 及 3.8 条约定，如有工期延误事由需签证的，则应在工期延误事件结束后 14 日内提交相关资料，逾期提交的则视作贵方放弃权利。

（6）未能按甲方要求改进工期进度的，每次罚款 1 万元（总包合同 P8 第 3.12.4 条）。

建议：在确认施工计划工期时，对于阶段工期的设置需慎重，否则将会面临阶段工期违约金的约束。如有非因贵司原因影响工程进度时，请贵司在 14 天内向甲方提出延期要求，或者达成双方认可的工期顺延的确认。

3. 合同价款及支付条件的风险

（1）不会因实际开工日期而调整（总包合同 P8 第 3.12.7 条）。

（2）合同计价方式是费率下浮，对于人材机的平均价约定的是平均信息价，此处是加权平均还是算术平均，并未明确，但是在第 4.2.2 条中出现算术平均。

（3）商品混凝土运距超过 5km 不再另行计费。

（4）合同约定按形象进度付款（第五条），2020 年 5 月 23 日签订的《补充协议》变更为按月进度的 80% 支付进度款。

（5）签证、变更费用不在进度付款中考虑。

（6）需在甲方付款前提前开具发票，否则甲方有权拒付。

（7）甲方出具施工图后报送完整的预算，双方核对完后签订总价包干协议（总包合同 P12 第 5.12 条）。

建议：请核查贵司谈判时对平均数的界定，如非算术平均，则应再与甲方澄清。请根据合同约定及时提交付款申请报告并注意办理签收。当双方对应付款有争议时，贵司若无法开具发票，建议此时应发函说明不能开票的原因。

4. 工程质量的特别要求

如果经三次整改仍未达到质量标准要求的，甲方可要求贵司支付未达要求部分的 20% 作为违约金，或者甲方另聘他人完成，费用由贵司承担（总包合同 P21 第 9.2 条）。

5. 签证变更的要求

总包合同附件四《设计变更、现场签证》详细约定了设计变更及签证的形式、内容、程序要求，建议贵司应认真研读并遵照执行。

（1）《工程变更（委托）单》《工程联系单》及《设计变更单》有不同用途，必须要按 1.4 条的要求进行确认计量，否则不能作为结算或工期顺延的依据。

（2）现场签证需具备 2.7 条所列条件，建议特别注意签字及盖章的要求，否则不能作为结算或工期顺延的依据。

（3）工程变更实施完成后 7 天内，乙方未提出现场计量要求的，视作变更不涉及合同价款增加（附件四 P42 第 3.3 条）。

6. 工程管理及对贵司权利的限制

（1）总包合同 P3 第 2.1.6 条，现场临建及地面如贵司确认可以继续使用，由贵司承担相应费用，需由双方再确认。

请贵司注意一方面与甲方进行费用确认，另一方面需注意是否还存在与原临建搭设方的经济纠纷。

（2）总包合同 P5 第 3.3.4 条，贵司需按甲方通知日期接收工地，如认为不符合接收条件的，则应在 3 日内提出异议并详细列明不符合的条件，否则就视作贵司接受。

（3）总包合同 P5 第 3.3.5 条，贵司在施工前需全面检查其他单位的已完工程，如有问题需立刻书面通知甲方，否则就视作全面接受，需承担今后带来的损失。

（4）甲方代表为韩 ××，甲方、监理签发所有文件需甲方代表签署并加盖公章。乙方代表未经甲方书面同意不得更换。

（5）如贵司涉及人员安排、大型机械设备、施工方案等变更，需提前 7 天书面上报并经甲方书面同意，否则每项违约罚款 1 万元（总包合同 P15 第 7.9 条）。

（6）贵司收到施工图纸后，应在 10 日内做出详细的施工组织设计，发现有问题的应立即书面通知甲方，否则造成损失自负（总包合同 P15 第 7.11 及 7.13 条）。

（7）施工中有问题应在 3 日内发文，口头汇报不作依据。需由乙方代表签署发放，甲方代表书面签字，企业盖章确定。

（8）每月组织 1 次安全检查及安全教育，3 日内向甲方书面汇报（总包合同 P21 第 10.6 条）。

建议：贵司应认真审查，并及时提出书面异议。特别是对之前已完工作面的质量检查，如短时间不能判断，也应发出书面文件向甲方说明。

如甲方代表发生变更，需及时请甲方确认；如实践中甲方不加盖公章，建议在适当时也应予提示。如贵司需更换乙方代表，则需注意提前 7 天取得甲方的书面同意（总包合同 P14 第 7.4 条）。

注意发文要求，需由乙方代表签署发放。

7. 竣工验收结算的办理

（1）贵司应在竣工验收后 60 日内移交完整的竣工资料，否则每迟延 1 天，罚款 1 万元（总包合同 P25 第 13.1.6 条）。

建议：如非贵司原因未能收集完整资料，建议应发函向甲方说明并催告。

（2）贵司在工程移交甲方后 2 个月内递交结算报告及资料，6 个月内办理完成工程结算（总包合同 P12 第 5.3 条）。

（3）总包合同 P26 第 13.1.11 条对交付使用设定了 6 个条件。很有可能交付使用时间会大大迟于竣工验收时间。

建议：竣工验收后应及时催告甲方办理交付手续，并尽快提交结算资料，如甲方拒绝收取结算资料，则建议考虑快递方式送达。

（4）结算需经过二审，贵司在接到咨询公司的审核意见后，必须在25天内提出反馈意见，贵司结算报送金额不能大于甲方审定金额的5%，否则需支付违约金（总包合同P27第13.2.3条）。

建议：按合同P27第13.2.3条第（8）项约定，双方对结算有争议的，结算时限相应顺延，则本合同结算未有固定期限，建议实践中出现结算时间拖延较长时，应及时发函催告。

8. 需注意按约定的期限完成工作

（1）合同签订后15日内需向监理及甲方提交详细的施工组织设计与总进度计划，否则每逾期1日需支付违约金5000元。

建议：按约定期限完成，并取得相应的签收。如有迟延，则应说明理由，即是经过监理及甲方的共同确认调整了完成时间。

（2）乙方未能配合甲方办理如备案等工作时，每延期1日，支付合同暂定总价的1‰作为违约金（总包合同P29第16.5条）。

（3）乙方未能办理档案移交的，每延期1日，支付合同暂定总价的1‰作为违约金（总包合同P29第16.6条）。

（4）解除合同或完工后，乙方未能按约办理移交和撤场的，支付合同暂定总价的1‰作为违约金（总包合同P29第16.7条）。

9. 甲方可以解除合同的情形

（1）工期延误给甲方造成的损失超过违约金时，甲方有权将未完成项目重新发包（总包合同P8第3.12.8条）。

（2）关键节点工期延误30天以上，整体竣工延误60天以上，甲方有权解除，乙方还需支付合同价款的10%作为违约金（总包合同P8第3.12.10条）。

（3）乙方欠薪问题严重影响工程进度，甲方有权终止合同（总包合同P18第7.35条）。

（4）非因发包人原因或不可抗力，不能擅自停工或变相停工，否则甲方有权解除合同（总包合同P18第7.43条）。

（5）乙方擅自转包或违法分包的，需支付分包工程总金额的10%作为违约金，并且甲方有权解除合同（总包合同P28第16.3条）。

（6）乙方无故全面停工超过7日的，甲方有权解除合同，并要求支付合同暂定总价的 2% 作为违约金（总包合同 P29 第 16.9 条）。

（7）乙方未能按约履行义务，经甲方催告后 10 日内未能纠正的，甲方有权解除合同（总包合同 P29 第 16.10 条）。

10. 其他违约金条款

（1）未履行配合管理义务或不及时的，甲方可扣除相应的配合管理费，并支付配合费用的 30% 作为违约金，贵司还需承担由此造成的工期及其他经济损失（总包合同 P2 第 2.1.5 条）。

（2）拒绝甲方合理书面工作指令，按该项造价的 20% 支付违约金（总包合同 P3 第 2.2.6 条）。

（3）在收到开工通知后 7 日内达到正常施工状态，否则日罚 1 万元（总包合同 P8 第 3.12.6 条）。

（4）假发票需承担票面金额 10% 的违约金（总包合同 P12 第 5.12 条）。

（5）因欠薪问题甲方垫付工资的，应向甲方支付垫付工资总额 30% 的违约金。

（6）贵司应向甲方递交管理人员及工人花名册，并在每月 2 日提交工人工资签收台账，如有虚假，每次罚款 10 万元（总包合同 P23 第 10.16 条）。

（7）如有违反廉洁条款的，乙方承担合同暂定总价 10% 的违约金（总包合同 P28 第 15.1 条）。

（8）请注意合同附件三《工程管理处罚实施细则》，有细致的管理和罚款要求。

综上，发包人存在一定的经济纠纷，还请贵司密切关注发包人的经济状况。而关于总包合同的履行，应特别注意请款手续的完备，以及过程中签证变更手续、各项文件的规范报送及签署；在竣工验收结算阶段，则应注意移交手续的办理，并及时催告甲方办理结算。

以上意见，仅是对总包合同的风险提示，供贵司参考。如在实际履行中有具体问题，则需结合实际情况依照合同及现行法律进行分析，本律师将尽力最大化维护贵司合法利益。

北京市 ×× （深圳）律师事务所

＿＿＿＿＿＿＿＿＿律师

×××× 年 ×× 月 ×× 日

# 第二课　关系错杂的劳动用工

因建筑施工行业自身及社会原因，其在劳动用工问题上，常常采用了不正规的间接用工的方式，即包工头队伍。施工单位或项目部和工头联系，再由工头按照施工单位的要求召集民工进场工作。在这种间接用工模式下，劳动者一般不和用工单位即施工单位签订劳动合同，施工单位一般也不会直接发放工资给劳动者（或者不直接发放全部工资给劳动者），施工单位也不会给劳动者办理社会保险，至于一般企业在招聘时会进行的入职审查等更是付之阙如。

这种间接用工的模式，不符合国家劳动法律相关规定，但却是目前施工单位劳务用工的一种常态做法，该模式和国家劳动法律法规的规定相距甚远，蕴含很大的管理风险。

## 一、直接用工

2017 年 11 月，住房和城乡建设部办公厅发布《关于培育新时期建筑产业工人队伍的指导意见（征求意见稿）》（建办市函〔2017〕763 号），提出："提高劳动合同签订率。全面落实劳动合同制度……。施工总承包企业要将劳动合同信息纳入实名制管理，严禁用劳务分包合同代替劳动合同，杜绝代签合同。到 2020 年基本实现劳动合同全覆盖。"2020 年 12 月 18 日住房和城乡建设部等 12 个部门联合印发的《关于加快培育新时代建筑产业工人队伍的指导意见》（建市〔2020〕105 号）中指出："用人单位应与招用的建筑工人依法签订劳动合同，严禁用劳务合同代替劳动合同，依法规范劳务派遣用工。施工总承包单位或者分包单位不得安排未订立劳动合同并实名登记的建筑工人进入项目现场施工。"从文件来看，建筑行业需全面落实劳动合同制度，施工单位与建筑工人需建立劳动关系，未订立劳动合同并实名登记的建筑工人不得进入项目现场施工。

从目前的实际操作来看，施工单位项目上的直接用工，一般存在于项目管理人员以及核心技术人员，具体包括项目经理、施工员、资料员、质检员、安全员、材料员及技术工人等。

采用直接用工形式的这部分员工，须严格依照《劳动法》《劳动合同法》等劳动法律法规的规定进行管理。2012 年修正的《劳动合同法》等系列法规，对企业的劳动用工提出了很高的要求。《劳动合同法》颁布以来有些施工单位满足了对企业更严格的要求，这部分劳动用工就比较正规；有些企业则延续以往粗放型的管理思路，以致出现了很大的管理漏洞。

【案例 2】劳动者停工留薪期间并不当然免除用人单位与劳动者签订书面劳动合同的法定义务（来源：江门市劳动人事争议仲裁委员会和江门市中级人民法院联合发布 2019 年劳动人事争议仲裁十大典型案例之七）。

> 某建筑公司是某项目工程的承包施工单位，陈某于 2017 年 9 月 16 日入职该公司从事泥水工，双方没有签订劳动合同。2017 年 10 月 17 日，陈某作业时，从门字架摔下受伤，被认定为工伤，劳动功能障碍程度为Ⅸ级，确认陈某的停工留薪期为 2017 年 10 月 17 日至 2018 年 9 月 9 日，共 328 天。停工留薪期满后，陈某以该期间未签订书面劳动合同为由申请劳动仲裁，请求另一倍工资差额等。案件经仲裁及一、二审审理，最终支持了陈某的双倍工资差额请求。

用人单位与劳动者自用工之日起 1 个月内订立书面劳动合同系用人单位的法定义务。本案中，陈某入职某建筑公司后，公司理应自用工之日起 1 个月内与陈某订立书面劳动合同，但直至陈某因工受伤，该公司已用工满 1 个月仍未通知陈某订立书面劳动合同，双方的权利义务关系始终处于不稳定、不明确的状态，不利于保护劳动者的合法权益，也与《劳动合同法》要求用人单位与劳动者订立书面劳动合同制度的立法初衷相悖。因此，即便劳动者确因工伤治疗处于停工留薪期间，也并不当然免除用人单位与劳动者签订书面劳动合同的法定义务。因此，某建筑公司应向陈某支付其因未签订书面劳动合同的另一倍工资。

施工单位就直接用工存在的主要问题有：

## 1. 不签订或未及时续订劳动合同

不签订劳动合同是很多项目部的惯性，有些企业领导或项目经理有个错误的观念，即认为没有和员工签劳动合同，双方的劳动关系就可以当作没有成立，或者可以随时解除。在《劳动合同法》实施后，仍有很多项目没有按照法律的规定及时和项目正式员工签订劳动合同，可以说，这样的失误，无疑给企业的未来经营埋下了地雷，一旦爆炸，企业将付出巨大的代价，上面的案例即是明证。

《劳动合同法》第八十二条第一款规定："用人单位自用工之日起超过一个月不满一年未与劳动者订立书面劳动合同的，应当向劳动者每月支付二倍的工资。"

据上述规定，签订劳动合同是用人单位的法定义务，不履行该义务的，将面临高额的经济处罚，即要在劳动者工作期间付其双倍的工资。

针对新的情况，用人单位应当革新用工观念，养成先签订合同后用工的习惯，最迟必须在用工后1个月内与劳动者订立合同；劳动合同到期后，劳动者仍在用人单位继续工作的，也应当在1个月内订立合同；在1个月内，经用人单位书面通知后，劳动者仍拒不签订劳动合同的，应及时和劳动者终止劳动关系，在该种情况下无须向劳动者支付经济补偿，但需向劳动者支付实际工作时间的劳动报酬。

劳动合同到期后的续订工作仍是很多单位需要重视的问题。

施工单位的人事行政部门，应定期检查劳动合同的签订情况，并及时续订劳动合同或终止劳动合同。施工现场的人员（班组长、施工人员等）由于其流动性强，固定期限劳动合同签订后不便于长期管理，可以签订以完成某项工程为期限的劳动合同。以完成一定工作任务为期限的劳动合同签订，有利于减轻企业用工压力，工程完工合同即正常终止。另需注意的是，根据《劳动合同法》第十四条第二款的规定，劳动者在该用人单位连续工作满十年的；用人单位初次实行劳动合同制度或者国有企业改制重新订立劳动合同时，劳动者在该用人单位连续工作满十年且距法定退休年龄不足十年的；连续订立二次固定期限劳动合同，且劳动者没有本法第三十九条和第四十条第一项、第二项规定的情形，续订劳动合同的，应当订立无固定期限劳动合同。

## 2. 对试用期的理解错误

在试用期这个问题上，施工单位常犯的错误主要有：

### （1）试用期不签订劳动合同

试用期是用人单位与劳动者之间相互考察的期间。《劳动合同法》第十九条第四款规定"试用期包含在劳动合同期限内"，用人单位开始试用劳动者，即意味着其开始用工。根据《劳动合同法》第七条"用人单位自用工之日起即与劳动者建立劳动关系"和第十条"建立劳动关系，应当订立书面劳动合同。已建立劳动关系，未同时订立书面劳动合同的，应当自用工之日起一个月内订立书面劳动合同"之规定，从开始试用之日起，用人单位即与劳动者建立劳动关系，并负有与劳动者订立书面劳动合同的法定义务，且其履行该法定义务的最晚期间为自用工之日起一个月内。

【案例3】劳动者在试用期辞职不能免除用人单位支付未订立书面劳动合同2倍工资差额的法定义务（来源：2015年度成都法院劳动争议十大典型案例之九）。

> 杨某于2014年6月16日入职某公司，担任管道工，双方未签订书面劳动合同，口头约定试用期3个月。2014年9月19日，因调岗问题，杨某离职。其后，杨某向劳动人事争议仲裁委员会申请仲裁，请求裁决某公司支付未签书面劳动合同的2倍工资等，劳动人事争议仲裁委员会裁决某公司支付杨某未签劳动合同的2倍工资差额5000元。某公司不服，向法院起诉，其诉称的主要理由是，未签劳动合同的原因在于杨某试用期间提出离职，故某公司不应当支付2倍工资差额。
>
> 法院经审理认为，《劳动合同法》第十条第一款规定，建立劳动关系，应当订立书面劳动合同，某公司未与杨某签订书面劳动合同，应当承担相应的法律后果，即依照该法第八十二条第一款之规定，向杨某支付其入职满1个月的次日起至离职之日止未签订书面劳动合同的2倍工资差额，无论未签订劳动合同的原因是否在于杨某试用期提出辞职，均不能免除某公司承担2倍工资差额的法律责任，故驳回了某公司关于不支付2倍工资差额的诉讼请求。

劳动者在试用期辞职，并不能构成用人单位支付未签订书面劳动合同2倍工资差额的免责事由，只要用人单位试用劳动者超过1个月尚未签订书面劳动合同，用人单位即须依照《劳动合同法》第八十二条的规定支付2倍工资差额。

### （2）对试用期期限的约定不符合法律要求

《劳动合同法》第十九条对试用期做了特别的规定："合同期不满三个月的，不能约定试用期；合同期三个月不满一年的，试用期不超过一个月；合同期一年不满三年的试用期不得超过两个月；合同期三年以上的，试用期不超过六个月。试用期包含在劳动合同期限内。劳动合同仅约定试用期的，试用期不成立，该期限为劳动合同期限。"该法第二十条同时规定："劳动者在试用期的工资不得低于本单位相同岗位最低档工资或者劳动合同约定工资的百分之八十，并不得低于用人单位所在地的最低工资标准。"

### （3）试用期内随意解除劳动合同

部分企业有一定的误解，认为试用期内就可以随意解除劳动合同。根据《劳动合同法》的规定，如有劳动者有《劳动合同法》第三十九条第一款规定情形的，才可以解除劳动合同，否则应进行经济补偿或继续履行合同。

故施工单位录用员工设定试用期的，应能证明当初录用员工的"录用条件"，在员工被证明不符合录用条件的情况下，可以解除劳动合同。

### （4）试用期内不购买社保

部分施工单位对试用期内的员工不购买社保，试用期满后才给予购买，这也是不符合法律要求的，如试用期内发生工伤等意外，企业需承担全部责任。

## 3. 不缴纳社会保险费

《劳动法》第七十二条规定："用人单位和劳动者在劳动关系存续期间，必须依法参加社会保险并缴纳社会保险费。"

《劳动合同法》第七十四条规定，县级以上地方人民政府劳动行政部门依法对下列实施劳动合同制度的情况进行监督检查："（六）用人单位参加各项社会保险和缴纳社会保险费的情况。"

目前有很多用人单位不给劳动者办理各项社会保险，有的劳动者对办理社会保险的必要性也缺乏认识，认为不办理社会保险，个人也无须缴费，则实际到手的工资数额更多，所以要求单位不缴纳社会保险，而将保险费直接支付给劳动者。

我们曾经处理过一个案件，某项目在2008年7月1日招用了一名杜姓工人作为工地保安，每月工资1700元。招用后，未签订劳动合同，也未购买任何保险。该杜姓工人刚进工地没有2个月，就突发脑梗塞，工地将杜某送入医院抢救，花去医疗费、护理费数万元，均由项目支付。因杜某出院后生活无着落，施工单位又另给了8万元。而如果项目给杜某购买了医疗保险，则医疗费用由社保基金承担，无须由单位支出。

　　社会保险制度是强制性的法律规范，用人单位和劳动者都必须遵守执行，不办理社会保险的做法明显违法，也大大增加了公司的法律风险。第一，《社会保险法》第八十六条规定："用人单位未按时足额缴纳社会保险费的，由社会保险费征收机构责令限期缴纳或者补足，并自欠缴之日起，按日加收万分之五的滞纳金；逾期仍不缴纳的，由有关行政部门处欠缴数额一倍以上三倍以下的罚款。"即除补缴社会保险费外，还会被要求交纳滞纳金并面临行政罚款的风险。第二，根据《工伤保险条例》第六十二款规定，如劳动者发生因工伤亡或非因工负伤、患病时，由于没有购买社会保险，用人单位就要全额自行承担相关的费用和补偿金，而这个费用和补偿金往往数额巨大。第三，由于不缴纳社会保险费具有违法性，劳动者可以根据《劳动合同法》第三十八条第一款第（三）项的规定，以单位未缴纳社会保险费为由直接解除劳动合同，用人单位不仅无法追究劳动者的违约责任，还会被要求支付劳动者解除劳动合同的经济补偿金（每满一年支付一个月工资）。第四，为遏制违法转包，维护建筑市场秩序，《最高人民法院关于审理工伤保险行政案件若干问题的规定》（法释〔2014〕9号）以及《广东省高级人民法院、广东省劳动人事争议仲裁委员会关于劳动人事争议仲裁与诉讼衔接若干意见》（粤高法发〔2018〕2号）规定，用工单位将承包业务转包给不具备用工主体资格的组织或者自然人，该组织或者自然人聘用的职工从事承包业务时因工伤亡的，用工单位仍要承担工伤保险责任。换言之，在工程转包给不具备用工主体资格的组织或者自然人的情况下，即便因工伤亡的职工与建设单位、施工总承包单位或者具有用人单位资格的专业分包或劳务分包单位未被认定有劳动关系，但违法转包单位还是需承担工伤保险责任。

　　【案例4】未足额购买社保，差额部分由公司承担。

　　罗某于2018年7月20日入职广东某建设公司，岗位为安全工程师。双方有签订劳动合同，约定合同期限为自2018年7月20日至2021年7月19日，劳动报酬为工资4500元/月。

　　2020年10月4日，罗某在工作中受伤，导致左肘关节脱位、左桡骨干骨骨折。经广州市荔湾区人力资源和社会保障局认定罗某为工伤。广州市劳动能力鉴定委员会认定罗某劳动功能障碍等级为九级伤残。

　　2018年8月至2021年8月，某建设公司为罗某购买了社会保险，社保基数为5000元。社会保险基金已核定并支付了罗某医疗费33088.67元、伙食补助费650元、一次性伤残补助金 55576.8 元。

罗某提起劳动仲裁，要求某建设公司支付一次性伤残补助金差额 24205.95 元等费用。庭审中，双方亦确认罗某入职后的平均实发工资为 8864.75 元。劳动仲裁委认定，根据《广东省工伤保险条例》规定，用人单位少报职工工资，未足额缴纳工伤保险费，造成工伤职工享受的工伤保险待遇降低的，工伤保险待遇差额部分由用人单位向工伤职工补足。某建设公司按每月 5000 元缴纳工伤保险费，造成罗某享受的工伤保险待遇降低，应向罗某补足工伤保险待遇差额部分。罗某经鉴定劳动功能障碍等级为九级，一次性伤残补助金应为 79782.75 元（8864.75 元 × 9 个月）。社会保险基金已核定并支付罗某一次性伤残补助金 55576.8 元。某建设公司应向罗某补足一次性伤残补助金差额 24205.95 元（79782.75 元 – 55576.8 元）。

建筑施工行业作为高职业风险的行业，工伤事故发生概率较高，也有相当比例的职业病，如果未购买工伤保险，一旦员工发生工伤事故，其全部赔偿均需单位支出。另职工患病的，如单位未为员工购买医疗保险，其医疗费中本可由社保支出的部分，也应由单位承担。

部分施工单位用团体意外险等商业保险替代购买社会保险是错误的行为。从法律上来说，商业保险和社会保险完全不同，单位没有购买社会保险，仅购买了商业保险的，社保机构依然可以对单位进行追缴和处罚，员工也依然可以据此解除合同并要求赔偿。而且商业保险中，也约定很多拒赔情形，发生理赔事件时被保险人可能得不到相应赔偿。

【案例 5】因工人高处作业未系安全带发生事故，商业保险拒赔。

某施工企业为某工程项目投保"建筑工程团体意外伤害险"，保险保单第 6 条约定："被保险人从事高处作业时应按照《建筑施工高处作业安全技术规范》JGJ 80—2016 的规定采取必要的安全防护措施，如因未能遵守相关规定导致的保险事故，保险人不负赔偿责任。高处作业的定义以《高处作业分级》GB/T 3608—2008 的规定为准。"

施工过程中，项目工人在抹灰时，不慎从 2.2 米处高脚手架上摔下，被送往医院住院治疗，诊断为颈部脊髓摔伤、高位截瘫等。

施工企业及工人向保险公司理赔，保险公司出具"拒赔通知书"载明：被保险人自述事故时未系安全带，符合"被保险人从事高处作业时应按照《建筑施工高处作业安全技术规范》JGJ 80—2016 的规定采取必要的安全防护措施，如因未能遵守相关规定导致的保险事故，保险人不负赔偿责任"的范围，故本案无法赔付，请予理解。

后施工企业查明，《高处作业分级》GB/T 3608—2008 第 1.1 条规定，凡在坠落高度基准面 2 米以上（含 2m）有可能坠落的高处进行的作业称为高处作业。故本案例中工人在 2.2 米高处作业未系安全带，属于保单中约定的免赔范围。

需特别提醒注意的是，团体意外险的被保险人是员工，如单位给员工投保团体意外险，其本质上是单位给予员工的福利，如员工发生工伤，员工在享受了团体意外险的赔付后，依然有权向单位主张工伤赔偿；但雇主责任险的被保险人是雇主即单位，雇主责任险可冲抵单位的责任，如发生雇主责任险范围内的工伤，单位可向保险公司索赔，从而减轻自己的负担。从这个意义上，如单位不购买社保只为员工投保商业保险，建议优先选择雇主责任险。

### 4. 不对入职员工进行入职审查

《劳动合同法》第九十一条规定："用人单位招用与其他用人单位尚未解除劳动关系的劳动者，给其他用人单位造成损失的，应当承担赔偿责任。"第八条规定："用人单位有权了解劳动者与劳动合同直接相关的基本情况，劳动者应当如实说明。"

就我们所知，大部分项目部在招聘时并不大注意上述问题，对劳动者之前的劳动关系是否解除大多未进行审查，这会给企业带来一定的风险。企业在招聘员工特别是较高职务的员工时，应做到如下工作：

（1）招用劳动者时，要求其提供与前单位解除或终止劳动合同的证明，并保留原件。

（2）核实劳动者的个人资料的真实性，比如学历证明、从业经历，要求劳动者承诺未承担竞业限制义务，并可向原单位进行核实。

（3）在劳动合同中明确约定提供虚假信息属于欺诈，劳动合同无效。

（4）填写入职表，明确招聘条件，同时也确定入职的时间（如双方对入职时间发生争议，用人单位应承担举证责任）。

另外还要注意的是，入职时一般应做一定的身体检查，避免员工在入职前已患有疾病特别是职业病，但因没有进行入职身体检查而在入职后才发现病情的情况，如果是风险较大的岗位，则建议定期做职业病检查。

我们就办理过以下一个案件，很能说明问题：

【案例6】入职前未体检，用人单位对职业病全部买单。

> 一家施工单位招聘一名混凝土工人，该工人的主要工作内容是每天用铁锤钢钎打水泥墙壁外凸出的水泥石头，该工人上班一段时间后，身体不适，后进医院检查，经诊断已患上矽肺病，其起诉称："每日工作时间10至12小时，工作环境在室内，通风不畅，没有任何呼吸防护用具，大量的石粉直接吸入原告肺部，使原告在1年零5个月后被诊断出患有《职业性尘肺病的诊断》GBZ 70—2015/XG1—2016的贰期矽肺病。原告达到四级伤残。"原告据此要求赔偿残疾赔偿金401313.5元，抚养费49308元，治疗期间误工费20000元，精神损害抚慰金8万元及其他费用等合计555962元。
>
> 该员工的主要理由是，《职业病防治法》第五十三条规定："劳动者被诊断患有职业病，但用人单位没有依法参加工伤社会保险的，其医疗和生活保障由最后的用人单位承担；最后的用人单位有证据证明该职业病是先前用人单位的职业病危害造成的，由先前的用人单位承担。"同时该法第三十二条规定："对从事接触职业病危害的作业的劳动者，用人单位应当按照国务院卫生行政部门的规定组织上岗前、在岗期间和离岗时的职业健康检查，并将检查结果如实告知劳动者。职业健康检查费用由用人单位承担。"施工单位在招聘时未对该员工进行体检，同时施工单位是该员工的最后用人单位，故医疗和生活保障等工伤待遇应由该施工单位承担。
>
> 实际根据该施工单位的调查，该员工在该施工单位上班之前，曾常年在采石场上班，而采石场粉尘巨大，其矽肺病应在之前工作中就患上，根据上引的《职业病防治法》第五十三条的规定，如施工单位有证据证明该职业病是先前用人单位的职业病危害造成的，可由先前的用人单位承担。但因该施工单位在招聘时未办理任何手续，员工也不承认其曾常年在采石场工作，施工单位也未在员工入职时根据《职业病防治法》第三十二条的规定进行上岗前职业健康检查，其没有证据可证明该职业病是先前用人单位的职业病造成的。
>
> 该案最终因该员工起诉不当（被告主体错误）被法院驳回起诉，但实际施工单位因其入职程序不规范，仍面临承担巨大赔偿责任的风险。

## 5. 违法解除劳动合同

根据《劳动合同法》及其实施条例的规定，有 14 种情况，单位可以解除劳动合同，这 14 种情况分别是：

（1）用人单位与劳动者协商一致的；

（2）劳动者在试用期间被证明不符合录用条件的；

（3）劳动者严重违反用人单位的规章制度的；

（4）劳动者严重失职，营私舞弊，给用人单位造成重大损害的；

（5）劳动者同时与其他用人单位建立劳动关系，对完成本单位的工作任务造成严重影响，或者经用人单位提出，拒不改正的；

（6）劳动者以欺诈、胁迫的手段或者乘人之危，使用人单位在违背真实意思的情况下订立或者变更劳动合同的；

（7）劳动者被依法追究刑事责任的；

（8）劳动者患病或者非因工负伤，在规定的医疗期满后不能从事原工作，也不能从事由用人单位另行安排的工作的；

（9）劳动者不能胜任工作，经过培训或者调整工作岗位，仍不能胜任工作的；

（10）劳动合同订立时所依据的客观情况发生重大变化，致使劳动合同无法履行，经用人单位与劳动者协商，未能就变更劳动合同内容达成协议的；

（11）用人单位依照《企业破产法》规定进行重整的；

（12）用人单位生产经营发生严重困难的；

（13）企业转产、重大技术革新或者经营方式调整，经变更劳动合同后，仍需裁减人员的；

（14）其他因劳动合同订立时所依据的客观经济情况发生重大变化，致使劳动合同无法履行的。

在上述的 14 种情况中，第（2）至第（7）项情况下用人单位无须支付经济补偿，其他情况需要根据劳动者在用人单位的工作年限，按每工作满 1 年支付 1 个月工资的标准支付经济补偿金。而如果用人单位没有上述法定的事由却违法解除劳动合同的，则根据《劳动合同法》第八十七条之规定，需要支付双倍标准计算的赔偿金。

这里要特别强调企业规章制度的重要性。除上述法定的 14 种情况外，用人单位不能根据其他理由解除劳动关系。而在这 14 种情形中，用人单位唯一有自主权的地方就是第（3）项"劳动者严重违反用人单位的规章制度的"，合法有效的规章制度是企业可以有效管理员工的利器。单位制定规章制度应遵循民主程序，应吸收员工参与讨论，同时在制定后必须公示给员工。员工严重违反规章制度的，用人单位可以据此解除劳动合同。

用人单位解除劳动合同，应就其理由保留证据，具体可由当事员工书写事件经过、悔过书、录音、录像等方式取证。用人单位作出解除劳动合同决定的，如有工会，还应通知工会，在听取工会意见后再通知员工本人和工会。员工在劳动关系存续期间因故意或重大过失造成用人单位直接经济损失，用人单位在双方劳动合同解除后可要求员工一次性赔偿。员工应承担的赔偿数额根据员工的过错程度等具体情况酌情确定，且不得把属于用人单位应承担的经营风险扩大由员工承担。

### 6. 未能正确处理加班工资或绩效工资

工资福利管理是用人单位劳动用工管理的基础工作，由工资引起的法律争议是劳动争议中的普遍问题，每个企业会有自己的工资架构，通常工资可分为：基本工资、岗位津贴、绩效奖金、保密费、加班费、提成等。

加班工资是工资的焦点问题，施工单位的员工在施工期间，常常有各种加班，但工资一般都是固定的，并不会额外发放加班工资。就加班工作问题，施工单位应做到：

（1）对员工的考勤进行有效统计、确认，每月应制作考勤统计表，交员工签名。

（2）工资支付表上，应按平时加班、休息日加班、法定节假日加班分别列明加班时数，列明加班费，并由员工签名确认。切忌只有工资总额或没有员工签名确认。

（3）施工单位通常实行月薪制，如不另外计发加班工资，则建议在劳动合同中特别注明其工资已含加班工资。因未特别注明的，其领取的工资将被视为其正常工作时间的工资，其平时8小时以外、周末及节假日的加班都将根据其工资标准，按照1.5倍、2倍、3倍的标准计付加班费用。

【案例7】用人单位与劳动者订立放弃加班费协议被认定无效的案例（来源：人力资源社会保障部、最高人民法院联合发布10起第二批劳动人事争议典型案例之二）。

张某于2020年6月入职某公司，月工资20000元。某公司在与张某订立劳动合同时，要求其订立一份协议作为合同附件，协议内容包括："我自愿申请加入公司奋斗者计划，放弃加班费。"半年后，张某因个人原因提出解除劳动合同，并要求支付加班费。某公司认可张某加班事实，但以其自愿订立放弃加班费协议为由拒绝支付。张某向劳动仲裁委员会申请仲裁，要求支付 2020 年 6 月至 12 月加班费 24000 元。

劳动仲裁委员会认为，某公司利用在订立劳动合同时的主导地位，要求张某在其单方制定的格式条款上签字放弃加班费，既违反法律规定，也违背公平原则，侵害了张某工资报酬权益。故依法裁决某公司支付张某加班费。

绩效工资是根据企业绩效管理制度，对照工作目标和绩效标准，评定员工的工作任务完成情况、员工的工作职责履行程度，并根据绩效考核结果决定发放此部分工资。也有的企业采用提成工资，根据完成一定的工作量来计发工资。

【案例 8】正常工作时间的工资包括基本工资及资金、补贴等基于劳动者向用人单位提供劳动所获得的报酬。

（2014）粤高法审监民提字第 2 号中，广东省高级人民法院认为："根据 1990 年 1 月 1 日实施的国家统计局《关于工资总额组成的规定》第四条的规定，工资总额包括基本工资及资金、补贴等基于劳动者向用人单位提供劳动所获得的报酬。根据双方认可的《2000 年 7 月至 2001 年 7 月曹某工资、福利补贴清单》，在曹某停工前一年的工资待遇中，除月工资 2292 元外，各种节假日补贴以及年终补贴共计 7130 元。曹某在停工的 66.5 个月期间的工资收入损失，除二审判决所确认某公司应予支付的工资损失 152418 元外，还应包括节假日补贴及年终奖金收入损失。"

### 7. 不能有效应对员工提前离职

施工单位实际对员工的依赖性很强，因为建筑施工企业都要具备一定的资质条件，而获得且维持一定的资质等级，都需要一定数量的持有资质证书的员工。故施工单位常常投入很多精力、时间、金钱让员工参加各类培训、考试以培养员工，以便获得并保持相应的资质，同时提升企业自身的技术实力，但有员工还是会因为各种各样的原因提前离职。

施工单位对于提前离职，往往认为企业已投入巨大的精力培养，员工对于提前离职应给予一定的违约金。但根据《劳动合同法》，只有两类情况可以约定违约金：一类是培训费用；另一类是违反竞业禁止的规定。非此两种情况，员工只要提前 30 天提出，就可以没有任何代价地提前解除劳动合同。

对于员工提前离职，不能以高额违约金阻止员工提前离职，企业应以优良福利、良好企业氛围、企业远大前景等吸引员工为企业服务。企业可以设立服务奖，比如员工与企业签订了5年的合同，员工服务满5年的，则企业奖励一定数额的奖金，以此吸引员工按约服务，在约满之前，该部分的奖金可以以借款的方式借给员工；如员工未能服务满的，则该部分款项企业可以以收回借款的方式予以收回。

## 8. 涉及劳动者切身利益的决定未履行公知、告知义务

《劳动合同法》规定用人单位在制定、修改或者决定有关劳动报酬、工作时间、休息休假、劳动安全卫生、保险福利、职工培训、劳动纪律以及劳动定额管理等直接涉及劳动者切身利益的规章制度或者重大事项时，应当经职工代表大会或者全体职工讨论，提出方案和意见，与工会或者职工代表平等协商确定。用人单位应当将直接涉及劳动者切身利益的规章制度和重大事项决定公示，或者告知劳动者。因此，施工单位应完善规章制度、重大事项制定、公示、通知流程，在涉及制定、修改、决定有关劳动者切身利益的规章制度或者重大事项时，应做好：

（1）事前，公布方案以及收集意见。

（2）事中，召开职工代表大会，做好会议纪要以及出席人员签字。

（3）事后，对会议形成的规章制度以及重大事项决定等予以公示和通知。如下发文件，发放员工手册，抄送电子邮件，在企业报刊、局域网、公告栏、宣传画廊上公布等，并设置异议期限，企业应当保留公示或让员工阅读的证明材料。

没有工会及职工代表大会的情况下，尽量让职工在签收该规章制度时注明已完整阅读相关规章制度并同意该等条款；通过集团公司OA系统推送的，同时采取其他方式公示，如邮箱、公告张贴等，或通过技术手段固定已读回执等相关证据。

【案例9】规章制度虽未经民主程序制度，但员工已签收学习，理应知晓公司规章制度，且亦未对公司规章制度的内容提出具体异议，故应受普适性的公司规章制度之约束。

（2020）粤01民终21237号中，广州市中级人民法院认为："关于某广州分公司解除劳动关系的制度依据问题。根据《中华人民共和国劳动合同法》第四条之规定，'用人单位应当依法建立和完善劳动规章制度，保障劳动者享有劳动权利、履行劳动义务。用人单位在制定、修改或者决定有关劳动报酬、工作时间、休息休假、

劳动安全卫生、保险福利、职工培训、劳动纪律以及劳动定额管理等直接涉及劳动者切身利益的规章制度或者重大事项时，应当经职工代表大会或者全体职工讨论，提出方案和意见，与工会或者职工代表平等协商确定。在规章制度和重大事项决定实施过程中，工会或者职工认为不适当的，有权向用人单位提出，通过协商予以修改完善。用人单位应当将直接涉及劳动者切身利益的规章制度和重大事项决定公示，或者告知劳动者。'虽然叶某主张某广州分公司解除双方劳动关系所依据的员工手册未经民主程序制定，但是民主程序仅为制定公司规章制度的程序之一，并非导致员工手册条款全部无效的唯一因素。在考量员工手册具体适用问题上，还应考察该员工手册内容是否为员工知晓、该员工手册内容是否违反法律强制性规定、是否超出了用人单位用工管理自主权的范围以及劳动者有无针对其中部分内容提出反对意见等。本案中，叶某作为某广州分公司一员已经对涉案员工手册予以签收学习，理应知晓公司规章制度，且亦未对公司规章制度的内容提出具体异议，故应受普适性的公司规章制度之约束。而且该员工手册所规定的内容未违反法律强制性规定，亦未超出企业自主管理权范围，故即使该员工手册在制定过程中存在部分程序瑕疵，亦不足以成为完全排除叶某适用该规章制度的理由。"

## 二、劳务分包

合法的分包队伍，包括专业分包和劳务分包。

专业分包与劳务分包有许多相通之处，而劳务分包在劳动用工方面的问题又更为显著，故下文主要讲劳务分包。

劳务分包又称劳务作业分包，是指施工总承包企业或专业承包企业，将所承包建设工程中的建筑劳务作业，发包给劳务承包企业完成的活动。

建筑工人是建筑业发展的基石，为新型城镇化建设和国民经济快速发展作出了重要贡献。当前，建筑工人存在流动性大、老龄化严重、技能素质低、合法权益得不到有效保障等问题。2017 年 11 月 7 日，住房和城乡建设部办公厅发布的《关于培育新时期建筑产业工人队伍的指导意见（征求意见稿）》（建办市函〔2017〕763 号）中指出："深化建筑用工制度改革，建立建筑工人职业化发展道路，推动建筑业农民工向建筑工人转变，健全建筑工人技能培训、技能鉴定体系，到 2025 年，建筑工人技能素质大幅提升，中级工以上建筑工人达到 1000 万，建立保护建筑工人合法权益的长效机制，打通技能人才职业发展通道，弘扬劳模精神和工匠精神，建设一支知识型、技能型、创新型的建筑业产业工人大军。"

预计未来建筑施工劳务资质审批将全面取消，现有劳务班组或有一定技能和经验的班组长将成立作业为主的专业公司或个体工商户，作为建筑工人的合法载体。劳务企业在未来市场将大有可为。而劳务分包是国家着力推行的一项制度，如果该制度得到有效执行，困扰施工行业的农民工相关问题将有望得到缓解，施工单位应顺应这种变化，积极配合推行正规的劳务分包制度。

劳务分包的好处有：

（1）劳务分包无须像工程分包一样经建设单位同意。《建筑法（2019 修正）》第二十九条规定："建筑工程总承包单位可以将承包工程中的部分工程发包给具有相应资质条件的分包单位；但是，除总承包合同中约定的分包外，必须经建设单位认可。"但未规定劳务分包也需要建设单位同意。

（2）实行劳务分包后，施工单位和劳务分包企业就是合同关系，农民工和劳务分包企业建立劳动关系，施工单位不再承担签订劳动合同、缴纳社保等劳动管理的责任和风险，施工单位可以专注于项目的管理。

劳务分包应注意的事项有：

### 1. 劳务分包企业应有劳务分包资质

虽然劳务企业取消资质是大势所趋，但在取消资质前，承包单位仍应关注劳务分包企业的资质问题。劳务分包企业不具备劳务资质的，劳务分包合同会被认定为无效。如果合同无效，则不能根据合同的违约条款来追究劳务分包企业的违约责任，同时施工单位还将承担垫付劳务分包企业工人工资、被认定为违法分包等民事及行政责任。

根据住房和城乡建设部 2015 年颁布的《建筑业企业资质标准》（建市〔2014〕159 号），劳务分包的资质要求已经大为降低，劳务分包不再区分类别和等级，只要具有劳务分包资质，就可以承接各类劳务分包。

### 2. 劳务分包的对象是劳务，不能扩展到工程

劳务分包的指向对象是劳务，劳务分包仅能就劳务进行分包，不能以劳务分包的

名义承包整个建设工程或专业工程。

　　劳务分包通常认为仅提供劳务及与劳务密切相关的简单设备、辅材，不提供大型设备及建材。如一项工程，劳务分包方除分包劳务外还包料、包设备，可能会被认定为工程转包或违法分包。住房和城乡建设部印发《建筑工程施工发包与承包违法行为认定查处管理办法》（建市规〔2019〕1号）规定存在以下情形之一的，应当认定为转包：①合同约定由承包单位负责采购的主要建筑材料、构配件及工程设备或租赁的施工机械设备，由其他单位或个人采购、租赁，或施工单位不能提供有关采购、租赁合同及发票等证明，又不能进行合理解释并提供相应证明的；②专业作业承包人承包的范围是承包单位承包的全部工程，专业作业承包人计取的是除上缴给承包单位"管理费"之外的全部工程价款。对存在以下情形之一的，属于违法分包：①专业作业承包人将其承包的劳务再分包的；②专业作业承包人除计取劳务作业费用外，还计取主要建筑材料款和大中型施工机械设备、主要周转材料费用的。

【案例10】"清包工"被认定为劳务分包。

　　2015年2月，山西某建设有限公司将某项目的室内装修工程发包给深圳中建某公司进行施工。2015年4月深圳中建某公司又将西单元2～29楼房屋精装修工程中的劳务部分分包给叶某，双方签订《劳务分包协议书》，但该协议未约定具体计价方式，仅约定暂定合同价为300万元。在施工过程中，叶某还负责包括采购卫浴洁具、开关、五金等事宜。一审中叶某仅以考勤表、人工工资单、经费支出报销单等证据主张还需支付人工费及材料费200万元。因叶某多份证据未经公司确认，一审法院仅支持30余万元。二审中，法院认为深圳中建某公司属于违法分包，并同意叶某申请对已完工程量进行工程造价司法鉴定，将案件发回重审。由于双方并未明确约定具体结算方式，司法鉴定机构套用定额计算劳务价格。最终确定劳务价格为380余元，深圳中建某公司尚需支付叶某劳务费100余万元。

　　以劳务分包的名义订立工程再分包合同，甚至转包合同的，将被认定为无效。同时，因转包、违法分包行为还会被限制参加工程投标活动、承揽新的工程项目。情节严重者，还会被吊销资质证书。当确需劳务分包企业包人、包料和机械设备时，与劳务分包方另行签订材料委托采购合同和机械设备租赁合同更为妥当，同时施工单位不得将工程的管理权限转移给劳务分包企业，以此避免被认定为工程违法分包或转包。

### 3. 劳务分包企业应当与农民工建立劳动合同关系

2017年住房和城乡建设部办公厅发布的《关于培育新时期建筑产业工人队伍的指导意见（征求意见稿）》（建办市函〔2017〕763号）中曾提出实现两个全覆盖：一是到2020年实现全国建筑工人实名制全覆盖；二是到2020年基本实现劳动合同全覆盖。

其中，"全国建筑工人实名制全覆盖"要求施工总承包企业建立建筑工人实名制管理制度，各地要制定建筑工人实名制管理办法，加强监督检查，建立地区实名制管理平台，及时采集企业现场实名制管理数据。"劳动合同全覆盖"要求施工单位与招用的建筑工人应依法签订书面劳动合同，施工总承包企业要督促分包企业与其招用的建筑工人本人签订书面劳动合同。施工总承包企业要将劳动合同信息纳入实名制管理，严禁用劳务分包合同代替劳动合同，杜绝代签合同。

在2020年5月1日开始实施的《保障农民工工资支付条例》（中华人民共和国国务院令第724号）第二十八条第一款规定："施工总承包单位或者分包单位应当依法与所招用的农民工订立劳动合同并进行用工实名登记，具备条件的行业应当通过相应的管理服务信息平台进行用工实名登记、管理。未与施工总承包单位或者分包单位订立劳动合同并进行用工实名登记的人员，不得进入项目现场施工。"施工总承包单位、分包单位未实行用工实名制管理的，工程建设行业主管部门将责令限期改正；逾期不改正的，责令项目停工，并处5万元以上10万元以下罚款。情节严重的，给予施工单位限制承接新工程、降低资质等级、吊销资质证书等处罚。

因此，劳务企业应当结合工程用工特点、员工任职岗位、时间等情况与农民工签订劳动合同。

### 4. 劳务分包合同应注意约定的内容

#### （1）安全生产责任

建筑施工容易发生安全生产事故，而一旦发生安全生产事故，如存在违反安全管理规定的行为，就可能被追究重大安全责任事故罪等刑事责任。

2004年5月，河南安阳某集团二期建设工地，发生一起烟囱上料处井架特大倒塌事故，死伤数十人，事后追查发现施工人员并无相关资质，事后多人被以重大责任事故罪追究刑事责任，作业人员无资质为其中的一个定罪情节。故在签订劳务分包合同时，应要求分包企业与工人签订劳动合同，分包企业应配备安全生产人员，作业人员持证上岗，未经过培训的人员，应当禁止其在施工现场从事施工活动。劳务分包合同中还应就保险购买、安全施工与检查、安全防护、事故处理等进行约定。

### （2）约定工资代发条款

《保障农民工工资支付条例》（中华人民共和国国务院令第724号）第二十六条、第三十一条、第三十三条规定，施工总承包单位应当在工程建设项目开工之日起三十日内开设农民工工资专用账户，专项用于支付该工程建设项目农民工工资，工程建设领域推行分包单位农民工工资委托施工总承包单位代发制度。除法律另有规定外，农民工工资专用账户资金和工资保证金不得因支付为本项目提供劳动的农民工工资之外的原因被查封、冻结或者划拨。

农民工工资委托施工总承包单位代发制度已全面实施。在签订劳务分包合同时，应约定劳务单位按月考核农民工工作量并编制工资支付表，经农民工本人签字确认后，与当月工程进度等材料一并交施工总承包单位。施工总承包单位根据分包单位编制的工资支付表，通过农民工工资专用账户直接将工资划入农民工的社会保障卡或者其本人工资支付银行卡。在尚未施行施工总承包单位代发农民工工资制度的地区，在签署合同时应注意约定如劳务分包方不能提供或发现未按时发放工人工资的，总包方可直接向其工人发放工资，并从分包方工程款中扣除，同时还应处以违约金。虽然从法律角度讲，只要劳务分包单位是独立法人，施工单位和劳务分包企业订有合同，劳务分包企业的工人是与施工单位没有法律关系的，索要工资自然也不应该找施工单位。但是实际情况常常是工人在没有按时收到工资的情况下，会直接找劳务分包的发包方要钱，如果处理不善，将会引发一系列不利后果。

### （3）明确劳务费的计取标准

费用条款是劳务分包合同的核心条款，对如何计算费用，应有明确的约定。如有劳务分包合同约定劳务费用按照建筑面积计算，但之后双方发生争议，劳务分包方认为的建筑面积是投影面积，而发包方认为的建筑面积是房屋销售中的建筑面积，双方对阳台等是否按照一半面积计算发生重大争议。双方还应对合同约定的劳务费是否包含配合费、税费、规费、安全文明施工费等进行明确。

对于信誉或施工能力存疑的劳务分包商，为保护自身利益，建议施工单位还可以有针对性地增加防范性的条款。如约定劳务分包商擅自停工的，应就工期延误承担违约责任，还可以约定履约保证金、质量保证金等经济手段强化监督制约，保证劳务分包企业严格认真履行合同。

### 5. 对劳务分包企业名下的员工应有书面文件确认

在工地现场，人员较为复杂，既有总包企业的人员、专业分包单位的人员，也有劳务分包单位的人员。而为了工地安全管理，总包单位一般会为每一个进出工地的人员办理工地出入证。在人员众多的大型工地，如果没有良好的登记及相应的管理，在出现工伤、安全事故等问题时，对于人员的归属，往往会发生争议。且在实际操作中，还要防止工人以其属于总包单位人员，但总包单位未与其签订劳动合同为由，对总包单位提起劳动争议仲裁，要求支付双倍工资等问题。

故在劳务分包中，劳务分包企业从项目进人和退人要经过总包单位的同意，人员名单应由劳务分包企业盖章确认。如发生工伤事故或工人对建筑企业提出劳动仲裁，总包单位可凭劳动分包企业提供的工人名单证明该工人系劳务分包企业的工人，消除自身风险。

## 三、包工头队伍

包工头队伍，指的就是施工单位或项目部将项目劳务用工包给包工头，由包工头对外招聘员工向项目提供劳务的一种用工形式。但该模式毕竟和现行的法律规定不一致，容易发生问题。我们处理过这样一个系列案件。

**【案例 11 】**包工头系列案。

某施工单位于 2010 年 3 月将某工程空调水部分分包给谭某，因为工程较小，就没有签承包协议，口头约定 1 个月内完工，按照定额的 70% 结算工程款。谭某随后组织了部分工人进场施工，因组织劳力不够，严重拖延工期，工程接近收尾时，谭某离开工地逃匿，且不发工人工资，对工人说是施工单位不发工钱。

谭某招收的工人随后将工地围了两天，施工单位不得已，根据工人所报的工时和工资单价，帮谭某垫付了全部工资。

事后谭某因项目上未能赚到其预期的利润，心有不甘，由其自己及其兄弟谭某庆对施工单位提起了数起仲裁和诉讼：

1. 谭某申请仲裁案

谭某在 2010 年 7 月，向深圳市劳动人事争议仲裁委员会申请仲裁，以谭某与施工单位存在劳动关系为由，要求：①支付2010年3月18日至2010年5月30日期间拖欠的工资12522元及其25%的经济补偿金3130.5元；②为其补缴在职期间的社会保险。

谭某之所以会提出此要求，是因为施工单位未与其签订承包协议，谭某想浑水摸鱼，以双方存在劳动关系、施工单位未支付工资的名义获利一把。谭某为证明其劳动关系，出示了写有其名字、盖有项目部印章的工地临时出入证，以及考勤表、工资表、完工标示表复印件等材料。

如果施工单位未能提出反证，证明谭某实际和施工单位存在的是承包关系，则法院显然将根据工地临时出入证认定谭某与施工单位存在劳动关系，施工单位将承担支付工资的责任，谭某还可以进一步要求未签订劳动合同等补偿。幸运的是，该施工单位的财务制度还比较完善，谭某之前曾申请过付款，施工单位找出了一份谭某本人签名的《专业工程分包付款申请表》，上面写着"分包单位：谭某"。

法院因此而采信了施工单位所称双方为分包关系的说法，驳回了谭某的仲裁及诉讼请求。

2. 谭某庆第一次申请仲裁案

谭某兄弟谭某庆，与谭某一起在该项目做工。据施工单位的了解，谭某庆应是与谭某兄弟俩一起承包的，但施工单位没有证据可以证明。

谭某庆与谭某一起提起了仲裁，要求：①支付拖欠的工资12642元及经济补偿金3160.5元；②为其补缴在职期间的社会保险。经仲裁、法院审理认为，施工单位将空调水工程的部分工程分包给谭某，但施工单位未能举证证明谭某具有承包资质，且谭某不具备用工主体资格。施工单位将工程违法分包给谭某，而谭某庆在该工程工作的事实双方确认。

本案最终判决施工单位应垫付谭某庆2010年3月18日至2010年5月30日期间的工资7650元及25%的经济补偿金1912元。

3. 谭某庆第二次申请仲裁案

因上一个案件的金额较小，谭某庆2010年12月又提出一个仲裁案，主张其在2010年3月18日至2010年5月30日间天天上班，除正常工作日外，休息日及晚上加班折合加班18个工日，且施工单位未与其签订劳动合同，要求：①施工单位支付工作日加班工资4218元，休息日工资8212元，节假日工资1237元；②未签订劳动合同双倍工资差额21318元；③赔偿经济损失5万元等。

谭某庆提出仲裁请求后,通过不断地上访及到仲裁委闹事,给仲裁委及仲裁员施加了很大的压力。仲裁委在压力下,以谭某庆未能提供存在加班事实的有效证据为由驳回其加班工资的仲裁申请,却认可了其未签劳动合同双倍工资的赔偿请求。

施工单位随后向法院提起了诉讼,法院经审理认为,法院文书已认定施工单位和谭某是分包关系,而谭某庆是和谭某发生的雇佣关系,基于雇佣关系产生的民事权利不适用《劳动法》的调整和保护,不存在加班工资的民事权利,也没有未签劳动合同要发双倍工资的问题。

4.谭某庆第三次申请仲裁案

因上两次仲裁均未达到其预期目的,谭某庆2011年4月第三次提出了仲裁申请。

这一次的仲裁请求是:请求施工单位支付故意克扣、拖欠、拒不支付工资的赔偿金及延长工作时间的工作报酬共计10万元。

这个仲裁请求当然是没有法律依据的,但谭某庆施展其"一哭二闹三上吊"的能力,多次在仲裁委、法院等场所演出要跳楼等戏码。各部门都不堪其扰,最终施工单位作出让步,达成调解,支付了其部分款项,此事才算了结。

使用包工头队伍存在的问题为:

## 1. 用工合法性问题

根据住房和城乡建设部印发的《建筑工程施工发包与承包违法行为认定查处管理办法》(建市规〔2019〕1号)第十二条规定"专业作业承包人将其承包的劳务再分包的属于违法分包",以包工头来承揽劳务分包作业已属违法,该承揽方式已被禁止。

施工总承包、专业承包企业直接雇用一线作业人员,必须与一线作业人员签订劳动合同,对于不与所雇用一线作业人员签订劳动合同或只与班组长签订劳动合同的,按违法分包进行处理;建设行政主管部门和工程质量安全监督机构在对施工现场进行检查时,要将是否签订劳务分包合同作为一项重要检查内容,对没有签订劳务分包合同又不符合直接雇用一线作业人员要求的企业,要依法查处,对问题突出的,要依法处罚,并在市场准入、招标投标、资质增项升级等方面依法进行限制,并记入企业诚信档案;要积极配合社会保障行政部门查处拖欠农民工工资和其他侵害农民工合法权益的违法行为,规范建筑业企业用工管理,维护社会稳定。

## 2. 合同签订问题

根据《劳动合同法》的规定,企业应和与自己有劳动关系的员工签订书面劳动合同,如果不签订的,则自第二个月起至第十二个月需要双倍支付工资。

间接用工模式下,施工单位和劳动者之间并无直接的劳动关系,劳动者是受雇于包工头的,包工头与劳动者建立雇佣关系。但通常情况下,包工头并不会和劳动者签订合同,他们之间只是一个口头的协议,而施工单位往往会给劳动者发放工牌。这时就存在一个很大的风险,即劳动者可能会以其与施工单位建立劳动关系、而施工单位没有与其签订劳动合同为由,向施工单位主张双倍工资以及解除劳动合同等各项经济赔偿。

以下是笔者经办的一宗工地人员利用公司管理不善,有组织有策划提起的劳动纠纷系列案件。

【案例 12 】包工头策划的劳动纠纷案。

2016 年 5 月,李某作为被申请人参与辽宁丹东仲裁委员会审理的一起工程承包合同纠纷案件,该案申请人王某请求深圳某装饰股份有限公司支付劳务费 130 万余元。申请人王某提供的《授权委托书》上载明李某系深圳某装饰股份有限公司派驻到辽宁某酒店项目上的负责人,全面负责项目工程管理等事宜。丹东仲裁委员会经审理认为李某代表深圳某装饰股份有限公司,其与王某签订工程承包合同并达成结算合法有效,深圳某装饰股份有限公司应当承担相应法律后果,并裁决深圳某装饰股份有限公司支付劳务费。

2017 年 5 月,李某及其儿子、王某、何某四人以欠付劳动报酬提起劳动仲裁,因劳动仲裁委不受理该四人随即提起诉讼,四起案件起诉金额合计高达 321 万余元。李某沿用丹东仲裁委的生效裁决书以及《授权委托书》来证明其为公司职员的身份,并主张其在工程期间垫付的各项费用以及工资。李某儿子、王某、何某三人以李某为项目负责人,由其负责招用,且在工地进行工作为由,提出诉请。笔者介入后,经梳理法律关系,固定案件证据,向法院阐明《授权委托书》并非建立劳动关系时出具,系为方便与业主核算工程量而出具,李某等人与深圳某装饰股份有限公司并不存在劳动关系。最终,一、二审法院均采纳笔者观点,驳回李某等人的起诉。

对此问题，施工单位如仍采用此种间接用工的方式，应注意一定要和包工头签订书面劳务分包合同。有人会问，与包工头签订的劳务分包合同是无效的，为何还要签订？但即使该合同是无效的，签订书面的劳务分包合同也是利大于弊。首先，劳务分包合同确认了施工单位与包工头之间的劳务分包关系，避免包工头以其他理由向施工单位来索赔。其次，可以明确双方的结算方式。如没有书面的合同，双方容易就价格等发生争议。

**【案例 13】** 未签订分包合同引发的结算纠纷案。

> 深圳市某劳务公司负责惠州龙门××温泉养生谷消防工程的劳务事宜，2017年劳务公司负责人将地下室消防水工程分包给包工头何某。2018年1月16日，劳务负责人个人与何某签订《消防劳务结算协议》，就结算方式及标准进行约定，按照双方已确认的工程量，套用广联达软件，惠州地区标准，人工定额单价按62元/工日，辅材下浮35%、机械费下浮40%，不计算管理费、措施费、利润、税金。2018年2月6日，劳务负责人个人与何某就结算金额办理确认，何某完成的结算总价为4270309元。事后，何某认为结算方式和计算标准损害了其利益，对结算协议以及结算金额拒不认可，按照其计算劳务完成量应为700万~800万元，并主张应当与劳务公司办理结算。由于协商未果，何某采取口头威胁、纠集亲友在劳务公司及其母公司办公区域纠缠驻点，以及向县建设局、县政府、市建设局、市政府上访、投诉等方式。住房和城乡建设局、劳动执法大队也多次前往项目检查以及召开会议。最后劳务公司不堪其扰，迫于压力重新就结算金额与何某达成调解，劳务公司在427万元的基础上再支付158万元。

除和包工头签订书面劳务分包合同外，还要求包工头和劳动者签订用工合同，并要求包工头将该用工合同提供一份给施工单位。这样的做法可明确包工头与劳动者之间的关系，至少避免施工单位直接承担雇主责任。如劳动者主张其与施工单位建立劳动关系，施工单位可凭其与包工头之间的分包合同以及包工头与劳动者之间的用工合同，证明劳动者与施工单位之间无直接劳动关系。

### 3. 工资发放问题

根据《保障农民工工资支付条例》（中华人民共和国国务院令第724号）第十九

条以及原劳动和社会保障部《关于确立劳动关系有关事项的通知》（劳社部发〔2005〕12号）第四条规定，用人单位将工作任务发包给个人或者不具备合法经营资格的单位，导致拖欠所招用农民工工资的，由用人单位承担农民工工资的清偿责任。即在间接用工模式下，即使施工单位将劳务费支付给了包工头，但包工头拖欠员工工资的，施工单位仍应无条件地垫付拖欠的工资。

就此问题，我们建议：

（1）施工单位应该掌握包工头手下的工人情况，工人进出均应要求包工头进行备案，不能一笔糊涂账，到时人家找上门来也不能确定是否属于垫付的对象。

（2）通过施工总承包单位的农民工工资专用账户资金来发放工资。目前全国各地已全面实施。

（3）如尚未实施施工总承包单位代发工资的地区，施工单位应该对包工头支付工资进行监督。实践中，有的施工单位采取项目部代为发放的做法，经包工头确认后由项目部直接代发，而且发放过程全程录像；有的项目部在发放工程款于包工头后，采取立即张贴公示，督促其及时发放工人工资；还有的施工单位要求包工头按月提供劳动者签名确认的已支付工资的清单，及时掌握工资支付情况。不论采取何种方法，施工单位一定要密切关注工人工资发放的情况，避免出现包工头拖欠工资或者携款潜逃。

（4）应保留部分款项押后支付，以便在出现垫付情况时，可从该保留的款项中支出，避免损失。

## 4. 拒不支付劳动报酬问题

如包工头认为既然有承包企业作为责任方为农民工工资承担清偿责任，其完全无须承担任何责任，可"逃之夭夭"，则大错特错。根据《最高人民法院关于审理拒不支付劳动报酬刑事案件适用法律若干问题的解释》（法释〔2013〕3号）第七条规定："不具备用工主体资格的单位或者个人，违法用工且拒不支付劳动者的劳动报酬，数额较大，经政府有关部门责令支付仍不支付的，应当依照刑法第二百七十六条之一的规定，以拒不支付劳动报酬罪追究刑事责任。"

【案例14】包工头被判拒不支付劳动报酬罪。

雷某从2013年11月起向福建某发展建设公司以包工不包料的形式承包了新兴县"城市世家""御龙庭"项目的外墙、泥水、抹灰等后续工程，由雷某雇请工人施工。双方没有签订承包合同，口头约定福建某发展建设公司按工程进度的80%支付工程款。2014年6月，该工程已基本完工，雷某以福建某发展建设公司没有按约定支付工程款为由拒绝支付张某等23名工人的工资共计人民币72.9万元并逃匿至佛山市。由于无法联系雷某本人，新兴县人力资源和社会保障局以邮寄送达的形式送达《劳动保障监察限期改正指令书》，责令雷某接到指令书之日起5天内付清工人工资，雷某通过其妻子知会收到该指令书后仍不支付工人工资。2015年2月5日，新兴县人力资源和社会保障局依法移送该案至新兴县公安局立案侦查。新兴县公安局于同日对雷某办理网上追逃，并于同年3月25日抓获雷某。

雷某辩解其是因为在承接御龙庭、城市世家的项目工程，开发商拖欠其工程款，通过以欠民工工资的方式向开发商追讨工程款，所以向民工写下假欠条，让民工到新兴县人力资源和社会保障局处向其追讨工资，借此向开发商施压，以达到讨回工程款的目的，其没有拖欠民工工资。

法院经审理认为被告人雷某无视国家法律，采取逃匿等方法逃避支付劳动者的劳动报酬，数额较大，经政府有关部门责令支付仍不支付，其行为已构成拒不支付劳动报酬罪，应处3年以下有期徒刑或者拘役，并处或者单处罚金。根据被告人雷某的犯罪事实、性质、情节、对于社会的危害程度及其悔罪表现，不符合适用缓刑的情形。最终法院判决雷某有期徒刑1年5个月，并处罚金2万元。

我国《刑法》规定："拒不支付劳动报酬罪是指以转移财产、逃匿等方法逃避支付劳动者的劳动报酬或者有能力支付而不支付劳动者的劳动报酬，数额较大，经政府有关部门责令支付仍不支付的，处三年以下有期徒刑或者拘役，并处或者单处罚金；造成严重后果的，处三年以上七年以下有期徒刑，并处罚金。""数额较大"认定标准为：①拒不支付一名劳动者三个月以上的劳动报酬且数额在五千元至两万元以上的；②拒不支付十名以上劳动者的劳动报酬且数额累计在三万元至十万元以上的。"造成严重后果的"认定标准为：①造成劳动者或者其被赡养人、被扶养人、被抚养人的基本生活受到严重影响、重大疾病无法及时医治或者失学的；②对要求支付劳动报酬的劳动者使用暴力或者进行暴力威胁的；③造成其他严重后果的。

施工单位应对此类问题，可以采取以下措施：

（1）在与内部承包人或包工头的协议中约定清楚工人雇佣主体、工资支付责任、建设资金不到位的风险；

（2）让包工头出具承诺书，承诺收到施工单位的款项后优先付清工人工资；

（3）如施工单位须垫付工资的，应与内部承包人或包工头进行确认，由其出具要求公司垫付工人工资的情况说明；

（4）做好拖欠工人工资表的统计，收集工人身份证复印件，并核实工人身份；

（5）在收到社会保障行政部门发出的接受调查文件时，应当积极配合，提供证明资料，如项目施工承包责任书、垫资协议、付款委托书、进度款汇总表、工程款支付凭证、收款收据。

# 本课知识点

本课知识点总结                                              表 2-1

| 关键词 | 操作要点 |
|---|---|
| 直接用工 | 需签订或及时续订书面劳动合同 |
| | 正确理解试用期的规定 |
| | 需按规定办理各项社会保险 |
| | 注意对入职员工进行入职审查,在劳动合同中约定入职条件 |
| | 不能随意解除劳动合同 |
| | 加班工资应明确约定、规范操作 |
| | 员工提前离职应友好协商,慎收违约金 |
| 劳务分包 | 劳务分包企业应符合相应资质要求 |
| | 劳务分包只能分包劳务,不能分包工程 |
| | 劳务分包合同应注意约定对工人的管理 |
| | 应注意约定劳务分包企业所属员工名录 |
| 包工头队伍 | 实质是违法分包,应注意违法分包的法律风险 |
| | 仍应按实际情况与包工头签订分包合同 |
| | 应密切监督包工头向工人发放工资情况 |

# 项目经理立即做

(1)核查项目直接用工人员合同签订情况,做到人人有合同、人人上名单。对工资发放表是否有员工签名等进行检查。

(2)检查与劳务承包企业或包工头队伍之间签订的劳务分包合同,明确其所属的工人名录。

(3)妥善保管考勤记录、工资支付台账。

(4)规范分包队伍的工资发放,做到平时有抽查、月月有检查。

(5)如民工工资需委托代领,则建议最好有公证授权;无法做到公证授权时,则应签署书面授权文件,同时拍摄手持本人身份证、口述授权内容的录像。

# 律师范本

## 范本二：劳动合同书（详版）

使用指南：

这份劳动合同书内容比较齐备，关于合同期限、工作地点、工作时间、劳动报酬、社保等都有约定，比较适合用于与公司直接聘请的员工签订。签订时，用人单位需根据实际情况对空白或多选处进行填写。

甲方（用人单位）：_____

地址：_____

法定代表人：_____

乙方（员工）：_____

住址：_____

身份证号码：_____

固定电话：_____，手机：_____

紧急联系人：_____，联系电话：_____

根据《中华人民共和国劳动法》《中华人民共和国劳动合同法》等有关法律法规的规定，甲乙双方遵循合法、公平、平等自愿、协商一致、诚实信用的原则签订本合同，共同遵守本合同所列条款。

一、合同期限

（一）甲乙双方同意按以下第_____种方式确定本合同期限。

1. 有固定期限：从_____年____月____日起至_____年____月____日止。

2. 无固定期限：从_____年____月____日起。

3. 以完成一定工作任务为期限：从_____年____月____日起至_____项目工作任务完成时止。完成工作任务的标志是_____项目竣工验收。甲方撤出该项目或停建的，合同期限自撤出或停建之日起___日。

（二）试用期为_____个月（试用期包括在合同期限内，如无试用期，则填写

"无")。

甲方对乙方的录用条件为：

1. 资质学历：_____。

2. 工作经验：_____。

3. 工作技能：_____。

4. 其　　他：_____。

二、工作内容和工作地点

乙方的工作内容（岗位或工种）为 _____。乙方同意甲方可根据工作需要或乙方能力等情况对乙方的工作内容进行调整。

乙方的工作地点为 _____ 市。

三、工作时间和休息休假

（一）甲乙双方同意按以下第 _____ 种方式确定乙方的工作时间。

1. 标准工时制，即每日工作 _____ 小时（不超过 8 小时），每周工作 _____ 小时（不超过 40 小时），每周至少休息一日。

2. 不定时工作制，即经人力资源行政部门审批，乙方所在岗位实行不定时工作制。

3. 综合计算工时工作制，即经人力资源行政部门审批，乙方所在岗位实行综合计算工时工作制。

（二）乙方加班须甲方同意并取得上级及行政部门批准认可的加班审批单，否则不视为加班。

（三）乙方依法享有法定节假日、婚假、产假、丧假等假期。

（四）乙方的其他休息休假安排根据公司相关制度进行。

四、劳动报酬

（一）甲方依法制定工资分配制度，并告知乙方。甲方支付给乙方的工资不得低于市政府公布的当年度最低工资。

（二）乙方每月工资 _____ 元（其中试用期每月工资 _____ 元）。甲方支付给乙方的工资已包含可能发生的加班工资。甲方可根据其生产经营状况、乙方工作岗位的变更或工作绩效和依法制定的劳动报酬分配办法调整乙方的工资待遇。

（三）甲方每月 _____ 日发放工资。甲方至少每月以货币形式向乙方支付一次工资。

（四）乙方加班工资、假期工资及特殊情况下的工资支付按有关法律、法规的规定执行。

（五）甲乙双方对工资的其他约定 _____。

五、社会保险

（一）甲乙双方按照国家和省、市有关规定，参加社会保险，缴纳社会保险费。

（二）乙方其他福利待遇根据甲方相关制度执行。

六、劳动保护、劳动条件和职业危害防护

（一）甲方按国家和省、市有关劳动保护规定，提供符合国家安全卫生标准的劳动作业场所和必要的劳动防护用品，切实保护乙方在生产工作中的安全和健康。

（二）甲方按国家和省、市有关规定，做好女员工和未成年工的特殊劳动保护工作。

（三）乙方从事 _____ 作业，可能产生 _____ 职业危害，甲方应采取_____防护措施。

（四）乙方有权拒绝甲方的违章指挥，强令冒险作业；对甲方危害生命安全和身体健康的行为，乙方有权要求改正或向有关部门举报。

七、劳动合同解除

有下列情形及其他法定情形的，甲方可解除劳动合同，甲方无须支付经济补偿金，造成甲方损失的，还应赔偿甲方损失：

（一）以下情形视为乙方严重违反甲方的规章制度（包括但不限于）：

1. 乙方连续旷工 _____ 天或一个自然年度内累计旷工达到 _____ 天的。

2. 乙方在一个月内累计迟到、早退达到 _____ 次或一个自然年度内迟到、早退累计达到 _____ 次的。

3. 不接受甲方安排的工作的。

4. 未能自觉遵守国家和省、市计划生育的有关规定。

5. 有其他严重违反甲方规章制度行为的。

（二）以下情形视为乙方严重失职、营私舞弊（包括但不限于）：

6. 未经公司同意，接受供应商或其他利益方的吃请或收取财物的。

7. 乙方因故意导致公司损失；或乙方因过失导致公司直接损失超过 _____ 元或直接损失加间接损失达到 _____ 元的。

8. 乙方向他人泄漏甲方商业秘密，或乙方自行利用甲方商业秘密。甲方的客户名单、供应商名单、财务信息、公司对外投资信息、合同、产品价格、公司财产信息等均属于甲方商业秘密。

9. 乙方从事其他任何与甲方利益冲突的第二职业或活动。

（三）以下情形视为以欺诈形式订立劳动合同，劳动合同无效：

10. 乙方被查实在应聘时向甲方提供的其个人资料是虚假的，包括但不限于：离职证明、身份证明、户籍证明、学历证明、体检证明等是虚假或伪造的；应聘前患有精神病、传染性疾病及其他严重影响工作的疾病而在应聘时未声明的；应聘前曾受到其他单位记过、留厂察看、开除、除名等严重处分或者有吸毒等劣迹而在应聘时未声明的；应聘前曾被劳动教养、拘役或者依法追究刑事责任而在应聘时未声明的等。甲方除可解除劳动合同外，乙方还应赔偿甲方招录费用、培训费用、工资等损失。

八、合同解除和终止手续

本合同解除或终止时，乙方应在解除或终止后五日内履行下列义务：

1. 向甲方指定的人交接工作；

2. 完好归还其占有的甲方的办公用品、文件、设备等有形或无形资产；

3. 向甲方完整移交载有甲方重要信息的任何载体；

4. 协助甲方清理双方之间的债权、债务；

5. 完成甲方规定的离职流转程序，办理有关离职手续；

6. 处理其他应了而未了的事务。

乙方履行上述义务后，甲方应依法向乙方出具书面证明，结算工资，并在十五日内为乙方办理档案和社会保险关系转移手续。

九、培训费用

乙方接受甲方培训的，应遵守和甲方的服务期的约定（未特别约定的，以劳动合同期限为准），服务期未满而先行离职或被解除劳动合同的，应按未服务期满的期限比例赔偿甲方支付的培训费（包括甲方为乙方培训所支出的培训费、差旅费等一切实际支出）。

十、损失赔偿

（一）乙方因故意造成甲方经济损失的，乙方应按照甲方经济损失的130%赔偿；乙方因重大过失造成甲方经济损失的，乙方应按照甲方经济损失的50%赔偿；乙方因一般过失造成甲方经济损失的，乙方应按照甲方经济损失的30%赔偿。

（二）乙方未提前30天向甲方提出离职申请而自行离职的，甲方有权以乙方未提前天数的工资作为甲方的损失予以直接扣除，甲方损失超出乙方上述工资的，甲方有权另行追偿。

（三）乙方欠付甲方的任何款项，或甲方根据规章制度对乙方作出的任何处罚，以及其他依照法律法规约定和合同约定应承担的赔偿责任，甲方均有权从乙方的工资、奖金及津贴、补贴等（包括并不限于此）中做相应的扣除，但该扣除不得违反法律法规的规定，不够扣除的，甲方仍有权就剩余部分向乙方追偿。

十一、其他

（一）履行本合同所发通知以本合同记载的地址为准，寄送后即视为送达。如乙方地址发生变更，应及时书面通知甲方。

（二）甲方的规章制度（包括但不限于员工手册、岗位职责、培训协议、保密协议、安全准则等）均属合同的附件，其效力与合同条款等同。

（三）本合同一式两份，甲乙双方各执一份。


甲方：（盖章）　　　　　　　乙方：（签名）

法定代表人：

时间：　　　　　　　　　　　时间：


持有劳动合同文本后，员工签名：　　　　　　时间：

## 范本三：劳动用工合同（简易版）

使用指南：

这份用工合同内容较为简单，适合工地项目上聘请员工使用。

甲方：＿＿＿＿＿＿＿＿

乙方：＿＿＿＿＿＿＿＿，身份证号：＿＿＿＿＿＿＿＿，电话号码：＿＿＿＿＿＿＿＿

地址：＿＿＿＿＿＿＿＿＿＿＿＿

甲乙双方经友好协商，达成如下工作协议：

一、乙方在甲方处工作的期限为 ＿＿＿ 年 ＿＿＿ 月 ＿＿＿ 日至 ＿＿＿ 年 ＿＿＿ 月 ＿＿＿ 日或至 ＿＿＿ 项目的 ＿＿＿ 工程完工之日（工程未完工甲方即撤出的，至甲方撤出之日）。

二、乙方工种为 ＿＿＿，工作内容为 ＿＿＿，工作地点为 ＿＿＿＿＿ 工地。

三、乙方每日工作 ＿＿＿ 小时，日工资为 ＿＿＿ 元。

四、乙方同意参加工伤保险，是以工程项目为单位办理社会保险登记。如乙方受事故伤害的，甲方将协助乙方到社保部门申领工伤保险待遇，并按照乙方实际工资支付工伤保险待遇。

五、甲方应对乙方工作提供劳动条件及相应劳动保护。乙方发生工伤的，甲方应及时救治。乙方工伤治疗期间的月工资按日工资 ×21.75 计算。

六、乙方辞职的，应提前 ＿＿＿ 天通知甲方，否则以乙方未按约提前的天数的工资，作为乙方未提前通知给甲方造成损失的赔偿。

七、乙方必须遵守甲方（含项目部）的各项规章制度，服从管理，不参与任何违纪、违法活动，否则甲方可解除本合同。甲方免费提供工地住宿，甲方保证房屋安全，其他安全事宜由乙方自负，与甲方无关。

八、乙方紧急联系人为 ＿＿＿，电话号码 ＿＿＿＿＿，地址 ＿＿＿＿＿，甲方有任何送达给乙方的通知应直接按本合同所载地址或电话送达，如遇紧急情况，可联系乙方紧急联系人。

九、本合同一式两份，双方各执一份，于签章之日起生效。

甲方：

乙方（签名＋指模）：

于 ＿＿＿＿＿＿ 年 ＿＿＿ 月 ＿＿＿ 日签订于 ＿＿＿＿＿＿

## 范本四：工资支付表

使用指南：

书面工资支付台账应当包括用人单位名称、支付周期、支付日期、支付对象姓名、身份证号、工作时间、应发工资项目及数额，代扣、代缴、扣除项目和数额、实发工资数额、银行代发工资凭证或者农民工签名等内容。

根据《深圳市员工工资支付条例》第十五条规定：用人单位支付工资应当制作工资支付表。工资支付表应当有支付单位名称、工资计发时段、发放时间、员工姓名、正常工作时间、加班时间、正常工作时间工资、加班工资等应发项目以及扣除的项目、金额及其工资账号等记录。工资支付表至少应当保存两年。用人单位支付员工工资时应当向员工提供一份本人的工资清单，并由员工签收。工资清单的内容应当与工资支付表一致，员工对工资清单表示异议的，用人单位应当予以答复。

该份工资表确定了正常工作时间工资，详细列上了正常工作时间、正常工作时间工资、加班时间及加班工资，同时对应扣款项也有详细地列举，并有员工声明对此已确认，建议使用时附上银行代发工资凭证。这样可以避免因加班工资、扣款等引发纠纷，同时可作为员工违纪的一个有力证据。

年　月工资支付表

工资计发时段：　年 月 日——　年 月 日　　　　　发放时间：　年 月 日　单位：元

单位：

| 序号 | 姓名 | 正常工作时间 | 正常工作时间工资 | 加班时间及加班工资 | | | | | | 其他应发项目 | | 应发工资 | 应扣款项 | | | | | 实发工资 | 员工声明 | 工资支付清单已领取，并签名 |
|---|---|---|---|---|---|---|---|---|---|---|---|---|---|---|---|---|---|---|---|---|
| | | | | 平时加班 | | 休息日加班 | | 节假日加班 | | | | | 个税 | 社保 | 请假扣款 | 违纪罚款 | 罚款原因 | | | |
| | | | | 工时 | 加班费 | 工时 | 加班费 | 工时 | 加班费 | | | | | | | | | | | |
| | | | | | | | | | | | | | | | | | | | 本人确认本月及以前的工资（含加班工资等）已支付完毕。左侧数据经核对无误 | |

## 范本五：委托代领工资模板

委 托 书

本人×××（身份证号码＿＿＿＿＿＿＿＿＿），因本人个人原因无法领取工资，经本人确认，本人在＿＿＿＿＿项目上从【 】年【 】月【 】日至【 】年【 】月【 】日从事＿＿＿＿工作，工资共计【 】元，本人委托＿＿＿＿＿＿（身份证号码＿＿＿＿＿＿＿＿＿）代为领取。

支付方式：

1. 现金□

2. 银行转账□

账户名称：

账号：

开户行：

公司向＿＿＿＿＿＿支付的行为视为向本人支付，公司向＿＿＿＿＿＿支付的一切后果由本人自行承担，当公司向＿＿＿＿＿＿支付上述金额后，本人不再以任何理由向公司主张支付，本人与公司的工资即为结清。

委托人（签字、手印）：

（附）身份证复印件

## 范本六：班组负责人关于农民工工资实名制发放承诺函

### 关于农民工工资实名制发放承诺函

本人承诺遵守《保障农民工工资支付条例》及××有限公司关于工人工资实名制支付管理制度，具体承诺如下：

1. 我方所有工人进场前办理进退场登记手续，进行安全教育并签订用工合同（工价：小工／普工＿＿＿＿＿＿＿元／日，木工、油漆工、水电工＿＿＿＿＿＿＿元／日，瓦工、焊工＿＿＿＿＿＿元／日），进行实名制考勤打卡。

2. 我方所有工人工资每月由公司按照考勤足额代发（支付方式：建设银行或浦发银行转账）。公司根据当月我方实际产值计算应付我方的款项，由公司先行足额支付工人工资后，有结余的再发放至本人银行账户。当月应付我方款项不足以支付工人工资的，由本人垫付。

3. 我方向公司申请支付至本项目95%结算尾款前，应办理完毕所有工人的退场手续，否则公司有权顺延支付且不承担任何责任。

4. 如我班组出现工人讨薪事件或工人干扰影响工程施工等事件，本人无条件按照合同条款的预定接受公司处罚。在合同约定的处罚基础上，上述事件每发生一次，我方同意额外增加5万元作为违约性处罚。

承诺人（签名、按手印）：

日期：

# 第三课　繁琐的材料采购与分包管理

施工单位与建设单位之间的诉讼随经济周期高低起伏，以施工单位为被告的材料采购与分包工程纠纷案件始终高发。材料采购与分包中施工单位作为甲方，一般处于合同的优势地位，但由于相关工作流程琐碎繁杂，如果管理不当，也易引发争议纠纷，甚至导致施工单位受到建设单位的索赔。因此建设工程材料采购与分包管理应当受到施工单位的高度重视，这对提高企业管理水平也是至关重要的。

建设工程材料采购与分包管理主要分为：合同签订、合同履行、争议及纠纷的处理三个阶段，下面具体来分析其中需要注意的问题。

## 一、材料采购

无论是施工总承包还是专业承包，多数情况下，都是由施工单位采购材料、设备。一项大型工程，建筑材料的费用通常会占到工程总造价的50%以上。在哪里采购、何时采购、采购标准和运输方式等因素，对工程项目的最终盈亏起着决定性的作用。施工单位需要签订大量的采购合同，还有一些机械器具的租赁合同，在这个过程中，涉及的主体多、合同数量多、争议纠纷也多。

对于材料采购，施工单位应在合同签订阶段和履行阶段分别做好风险防控。

### 1. 合同签订阶段的法律风险

合同签订阶段是风险控制的第一关，如果在签订阶段能审慎地进行约定，避免因没有约定或约定不明而带来的风险，对于今后的合同履行无疑是大有裨益的。

在合同签订阶段，施工单位主要注意如下风险：

**（1）来自建设单位的风险**

施工单位需要仔细研读与建设单位的施工承包合同，根据我们的经验，建设单位对材料采购通常会有如下要求：

1）材料甲供，需要提前一定时间向建设单位报告材料采购计划表。如果因建设单位原因未能按此计划采购供应材料导致工期延误，或者导致材料价格上涨，这个计划表就是一份很有利的重要证据。有的承包合同甚至会约定施工单位没有及时报送材料采购计划表的不利后果。对此，施工单位应予特别关注。

2）材料甲指，需要按照建设单位指定的品牌或厂家采购。如，某施工合同约定："49.2 承包人供货与清点要求：承包人必须按招标文件第三卷第七章的材料品牌明细表中列明的材料、设备要求或招标图纸要求，在施工中将选用的材料、设备品牌型号及设备配置的详细清单及样板报设计人、监理人、建设单位批准后方可采购。否则，建设单位对该材料、设备的费用将不予计量和结算，所造成的一切后果由承包人负责。"

如果有类似的约定，施工单位应注意及时报送，并取得批准。未按合同履行此项义务的，则相关的工期延误等责任均由施工单位承担。

3）如果是施工过程中增加的施工承包合同没有约定的采购任务，则需注意对价格、品牌等取得建设单位认可。特别是在装饰工程中，常会因工程需要，临时对原采购计划作出变动，或增加新的采购任务，此时施工单位在接到建设单位指令后，应积极与建设单位沟通，就价格、品牌、厂家、型号等具体细节取得认可，否则今后在结算中会遇到很多问题。尤其在总价包干合同中，这些新增的内容可以作为突破包干范围的利器。

**（2）来自材料供应商的风险**

选择一个合适的材料供应商，材料采购几乎就成功了一半。选择合适的材料供应商，应考虑如下方面：

1）主体合法性

施工单位通常是与代理商或销售员进行协商，但代理商及销售员有时也是鱼目混珠，有不少挂羊头卖狗肉的现象。施工单位在与代理商或销售员协商时，应注意审查其资格的合法性。

**【案例15】** 家具"李逵"变"李鬼"。

> 某装饰公司承接了××办公楼装饰工程，与深圳××家具有限公司（简称"家具公司"）签订了《建筑装饰材料采购合同》，约定采购一批办公家具，合同价为788000元。合同上由家具公司的业务代表何××签字，并加盖公章。
>
> 合同签订后，装饰公司按照合同约定分别开具了两张支票共计40万元（支票收款人为家具公司），家具公司的业务代表何××签收了支票。之后，家具公司供应一批家具，但家具到场后，装饰公司发现这批家具质量有严重问题。于是委托律师向家具公司发出律师函，要求解除采购合同，退还已付款。
>
> 但随后，装饰公司收到家具公司回函，称其未与装饰公司签订过采购合同，也无任何家具购买业务往来，也未收到过货款，采购合同上公章为伪造。
>
> 经过装饰公司调查，何××系家具公司已离职员工，持有家具公司的营业执照等复印件，借家具公司名义与装饰公司签订采购合同，从小作坊内生产了这批家具。
>
> 因何××下落不明，我们建议装饰公司向公安局报案处理。
>
> 上述案件中，正是由于装饰公司对供应商审查不严，对供应商未仔细考察，签订采购合同时也未要求提供完善的资料，才使何××有空可钻。

2）供应能力

供应能力，即潜在供应商的设备和生产能力、技术力量、管理与组织能力以及运行控制等。这些因素旨在考虑供应商提供所需物资的质量与数目的能力以及供应商能否持续、稳定地提供相关服务的能力。

3）产品价格

原材料的价格会影响到最终产品的成本，是选择供应商的主要因素，但不是最重要的因素。综合来看，质量、可靠性以及相关的成本则更为重要。采购的目的之一是以适当的成本来获取满足，但价格不一定是越低越好。

**（3）来自合同条款的风险**

合同条款是对双方约定的书面化固定，合同条款应能全面、正确地反映双方真实意思的表示。施工单位在签订合同条款时，应注意：

1）价格设置

价格条款是采购合同的关键。施工单位应特别注意对材料定价约定要明确、具体、易操作、无争议。

如，一个混凝土购销合同对价格是这样约定的：

需方委托供方供应预拌混凝土，经双方议定，混凝土品种、强度等级、坍落度、数量、单价等如表 3-1 所示（如原材料价格变动，价格另议）。

某工程中混凝土购销合同对价格的约定　　　　　表 3-1

| 产品名称 | 强度级别 | 坍落度（厘米） | 数量（立方米） | 单价（元/立方米） | 工地输送方式 | 备注（特种要求） |
|---|---|---|---|---|---|---|
| 混凝土 | C10 | 8 ~ 10 | | 235 | | 非泵送混凝土 |
| 混凝土 | C15 | 8 ~ 10 | | 245 | | 非泵送混凝土 |
| 混凝土 | C20 | 14 ~ 16 | | 255 | | |
| 混凝土 | C25 | 14 ~ 16 | | 265 | | |

补充说明：

（1）以上单价不含税以及泵送费。

（2）1）37 米泵：泵费按＿＿＿元/立方米，出车保底＿＿＿元（4小时内完成）；超过4小时，每小时保底＿＿＿立方米计算。2）49 米泵：泵费按＿＿＿元/立方米，出车保底＿＿＿元（4小时内完成）；超过4小时，每小时保底＿＿＿立方米计算。3）50 米泵：泵费按＿＿＿元/立方米，出车保底＿＿＿元（4小时内完成）；超过4小时，每小时保底＿＿＿立方米计算。4）52 米泵：泵费按＿＿＿元/立方米，出车保底＿＿＿元（4小时内完成）；超过4小时，每小时保底＿＿＿立方米计算。5）车载泵（包接管）：1 ~ 10层：＿＿＿元/立方米，11 ~ 15层：＿＿＿元/立方米；16 ~ 20层：＿＿＿元/立方米；21 ~ 25层：＿＿＿元/立方米；26 ~ 30层：＿＿＿元/立方米；出车保底＿＿＿立方米（4小时内完成）；超过4小时，每小时保底＿＿＿立方米计算

这其中有个最大的问题，就是"如原材料价格变动，价格另议"，混凝土的原材料有水泥、砂、添加剂等，而且价格变动，并无一个参考的标准，所以很容易在市场价格波动时产生争议。

又如一个钢材购销合同中对价格是如此约定的（表 3-2）。

某钢材购销合同中对材料价格的约定　　　　　表 3-2

| 材料名称 | 规格 | 单位 | 单价 |
|---|---|---|---|
| 盘元 | 综合 | 吨 | 按工程所在地供货时当期信息价下浮　　　（元） |
| 螺纹钢 | φ14 以下 | 吨 | 按工程所在地供货时当期信息价下浮　　　（元） |
| 螺纹钢 | φ16 以上 | 吨 | 按工程所在地供货时当期信息价下浮　　　（元） |
| HRB400 钢筋 | 综合 | 吨 | 按工程所在地供货时当期信息价下浮　　　（元） |

这个约定中的问题是"工程所在地供货时当期信息价",信息价是个笼统的称谓,信息价是每个地市造价管理部门定期采集发布的人工、材料等价格,通常由当地的造价定额站发布。为避免歧义,我们建议写适用信息价时,应写明适用具体信息价的名称,如《深圳建设工程造价信息》。

2)签订主体

为了保证签订主体是合格的,在签订合同之前,对方应提供以下资料:

a. 年检合格并加盖企业公章的营业执照。

b. 法定代表人身份证明和身份证复印件。

c. 如果合同签订人不是法定代表人,还要提供一份公司授权委托书和加盖企业公章的被委托人身份证复印件。

3)质量标准

对于质量标准,施工单位往往容易忽视,常笼统写为合格,或符合国家标准。这样的约定是远远不够的。特别对于一些新型材料或有特殊要求的材料,当出现纠纷争议时,评判质量的标准就尤为重要。我们办理过许多质量纠纷的案件,常出现对标准的争论。

【案例16】因未能提供原产地证明而承担违约责任的供货纠纷。

> 某房地产公司与某电梯公司签订了《××花园三期电梯供货合同》(以下简称"供货合同"),向某电梯公司订购23台电梯,合同价款为9306200元。约定有关电梯设备的配置按"广州某电梯设备及安装附件"执行(《供货合同》第一条第2项),并在长达15页的附件中对所供货物的主要进口件的品牌及产地进行了详细约定。《供货合同》第九条第4项约定"如乙方提供产品或配件出现假冒伪劣产品,除双倍返还定金外,还应向甲方支付合同总价20%的违约金"。
>
> 但在合同履行中,某电梯公司所供电梯大部分与合同要求产地、品牌不符,报关单所载的原产地不符合合同要求、也未注明品牌、进口的单位也非被告。而且电梯在实际运营中出现了很多问题。
>
> 某房地产公司诉至法院,要求某电梯公司支付假冒伪劣产品违约金1778289元(8891400×20%)。
>
> 法院依法判决某电梯公司承担违约金1778289元。
>
> 我们是在某房地产公司起诉后才接手本案的,当时已经在进行鉴定中,原代理

人向法院申请对电梯质量进行鉴定。但其实对本案而言，无需经过质量鉴定，仅需请求某电梯公司承担未交付相关文件的违约赔偿即可。我们接手该案后，变更了诉讼请求，细化了鉴定内容，与鉴定单位进行了积极地沟通。在我们的争取下，鉴定单位对我们提出的异议进行了答复，称"曳引机不同于控制柜内电子元器件……必须经合法渠道进口，即曳引机进口必定有完整的报关资料"。

本案原被告双方争议较大，某电梯公司坚称电梯质量符合合同要求，但是又提供不了合同约定的证明品牌、产地的相关文件，而某房地产公司坚称评判质量的标准就是需要提供合同约定的文件。

还有如下纠纷可供参考：

**【案例 17】**一起因质量标准引发的供货纠纷。

某施工单位与阀门供应商签订了《产品销售合同》，约定阀门供应商向施工单位供应蜗轮手动蝶阀 60 台，供应电动蝶阀 60 台，总价 348000 元，合同价款共计 525120 元。施工单位收货后，在阀门供应商的指导下安装完成。待垂直流湿地自动化安装完成，开始系统调试电动蝶阀供水时，发现几乎全部的电动蝶阀玻璃面板下有积水，电动机进水锈蚀完全损坏。

双方对蝶阀的质量标准争论不一。施工单位查询了相关资料，根据《外壳防护等级（IP 代码）》GB/T 4208—2017 中的规定："外壳防护等级（IP67 代码）是将产品依其防尘、防止外物侵入、防水、防湿气之特征加以分级。IP67 中'6'代表防灰尘等级为灰尘难以进入，完全防尘。IP67 中'7'代表允许短暂放入 0.15～1 米深的水中，时间可长达 30 分钟。"施工方据此认为阀门供应商提供的电动蝶阀不符合约定标准。但阀门供应商抗辩称："质量问题是因原告安装使用不当，未按说明说加盖金属外盖。而且此标准也非针对电动蝶阀的防水等级标准。"

为了避免出现争议时对标准的认识不统一，对约定的标准无法应用的问题，我们建议签订合同时就应对质量标准明确约定，如一份钢材合同的质量标准是这样约定的"1. 乙方所供钢材必须符合《钢筋混凝土用钢　第 2 部分：热轧带肋钢筋》GB/T 1499.2—2018 及《低碳钢热轧圆盘条》GB/T 701—2008 质量标准及甲方要求。2. 乙方必须随货提交质量证明书原件，否则，甲方有权拒绝收货。"

现在有的项目建设有对新工艺新材料的硬性要求，我们的合作伙伴在雄安新区承建的某项目就遇到过这种情况，由于对新材料的质量标准未作明确约定，导致发现效果达不到预期时无法向供应商索赔。

**【案例18】** 来自国外新模板材料的争议。

> 某施工单位为配合总包新技术、新材料、新工艺的应用要求，经总包推荐选用了某国外供应商的 DUO 模及 ST-100 塔体系，并签订了采购合同，合同价格 1588 万元，签订合同的 7 日内支付 50% 合同总价的定金，余款 50% 在交货前 14 天内付清。
>
> 但是按照供应商设计的图纸并在供应商现场技术指导下施工后，施工单位发现该供应商的 DUO 模及 ST-100 塔体系并未像供应商推广介绍时所述："具有构件少、组装快速方便、功效高、成型质量好（可达到清水混凝土效果）等优点"，相反在通过实体施工后发现 DUO 模及 ST-100 塔体系存在致命的质量及安全隐患。
>
> 施工单位认为经过多次现场实体施工，质量均不满足规范要求，认为该产品质量不合格、安全性能无法满足规范要求，故而要求退货处理。施工单位与供应商协商无果，施工单位向我们征询意见，我们查阅了采购合同，发现采购合同中的质量保证条款，仅约定"卖方保证合同内 DUO 全新件系用最上等的材料和头等工艺制成、全新、未曾用过，并完全符合本合同规定的质量、规格和性能"，无对质量标准或性能的详细约定，而由于此材料全部为进口新型材料，国家或行业均无对应标准可参照。我们分析从质量不合格角度要求解除合同比较困难，建议客户从合同目的、虚假宣传等角度入手，可进一步搜集证据证明供应商曾承诺达到何种使用效能。

4）验收方法

材料数量验收方法不正确，也容易造成材料数量亏损。建议约定送货单必须由两个指定收料人同时签收，按月进行结算。把月结的材料数量与工程形象进度所使用的数量及预算的数量进行比较，做到节点过程控制。

对于主要材料数量的验收应根据材料的特点加以特别约定，如我们设计的某混凝土供货合同，对供货数量作如下约定：

供货数量应按签单数结算，如需方对供方所供混凝土是否够量有疑问，需方可按《预拌混凝土》GB/T 14902—2012 中的规定用过磅形式随机抽验供方所供混凝土是否足量（按抽检三车平均值计算）。如抽验结果误差在 ±2% 以内，双方互不追究；如抽验结果为负差且负差大于 2% 时，则当日抽验前发出车数均应按抽验结果计算方数（尾数尾车除外）。

如石材买卖合同，由于送货到施工现场时，现场收货人员仅是简单地验收外包装，并不会拆开仔细查验，因此建议对验收方法应按照实际情况如实陈述，收货仅是对数量、包装的签收，质量应以实际拆开使用时或者以建设单位的认可为准。

如钢材买卖合同，因钢材每批次都必须送检，建议可在合同中直接约定以政府检测机构的检测结果为准。

5）送货方式

运输费用是一笔相当大的开支，而且送货方式还涉及风险转移的时间问题，所以该部分一定要约定明确。

特别要指出的是，《民法典》第六百零七条规定："出卖人按照约定将标的物运送至买受人指定地点并交付给承运人后，标的物毁损、灭失的风险由买受人承担。当事人没有约定交付地点或者约定不明确，依据本法第六百零三条第二款第一项的规定标的物需要运输的，出卖人将标的物交付给第一承运人后，标的物毁损、灭失的风险由买受人承担。"由此看来，在签订采购合同时，一定要注明具体的交付地点，避免不必要的风险承担。

关于在途运输标的物的风险转移：如果选择供货方送货方式，则风险在采购方工地交货时转移；如果选择采购方提货方式，则风险在供货方提货时转移。《民法典》第六百零六条规定："出卖人出卖交由承运人运输的在途标的物，除当事人另有约定外，毁损、灭失的风险自合同成立时起由买受人承担。"本着对采购方（即买受人）有利的角度出发，在签订合同时，应明确约定标的物在运输途中出现的毁损、灭失由出卖人负责，把可能出现的风险降到最低。

6）订货单与送货单

由于材料的购买常常分批次送货，于是在签订买卖合同后，施工单位通过发送订货单来提出送货要求，供应商通过送货单来确认送货事实。实践中订货单和送货单的格式常常是供应商来提供的，而施工单位有时会忽视这些单据上对自身不利的条款。

如，某供应商的送货单上就有这些备注信息：

a. 请核对以上货品名称、数量、金额，收货后 15 天内未提出任何异议，视为确认。

b. 如发现品质问题，3 日内通知供方，经双方确认后予以解决，未配套使用我公司产品，出现品质问题，我司概不负责。

c. 此价格为确认价格，未经供方同意，不得变更。

d. 此发货单为本公司收款依据，具有法律效力。

一旦有这些信息，当事后收货方对所收货物有异议时，逾期提出的将难以得到支持。

7）结算付款程序

对于付款程序，施工单位作为付款人为了控制风险，我们建议可以约定收款时供应商应提供相关的资质证件、质检文件，还要核实合同内容、原始单据及已履行债务情况。特别要注意的是，当经办人与合同主体不一致时，应向经办人索要债权转移证明和授权委托书，以上手续齐全后，才可办理付款。

办理结算时，应约定必须经由特定人、特定部门的审查及签字盖章。

如，我们设计一合同的付款方式为：

"每月 20 日前，乙方将甲、乙双方签字认可的送货单交甲方材料部，甲方材料部核实数量、金额无误后通知乙方对账，对账后乙方与甲方办理验收单，乙方提供与验收单金额相吻合的含税发票。如乙方未按时提供发票，甲方视此款未结算，不作为当月货款处理。"

8）专利权

这也是平时容易忽视的一个内容，对于一些新型材料，应特别对此加以约定，供应方应保证施工单位在使用该货物或其他任何一部分时，不受第三方提出的侵犯其专利权、商标权和工业设计权的起诉。

【案例 19】轻钢龙骨引发的知识产权侵权案。

某装饰公司承接了某花园装修案，向一家建材商场购买了几千块钱龙骨。突然一日接到深圳市中级人民法院传票，被 JP 公司告上了法庭。

JP 公司诉称，"自接式轻钢龙骨及多功能槽型龙骨"系 JP 公司之专利产品，并获得了专利号。该专利是 JP 公司的研究成果，仅由 JP 公司投产制造生产并销售。某装饰公司使用的产品未经 JP 公司授权，根据《专利法》相关规定："发明和实用新型专利权被授予后，除本法另有规定外，任何单位和个人未经专利权人许可，都不得实施其专利，即不得为生产经营目的制造、使用、许诺销售其专利产品。"因此，请求法院判令某装饰公司停止使用侵权龙骨并销毁，并赔偿 JP 公司经济损失 10 万元。

某装饰公司觉得非常冤枉,他们使用的龙骨是通过正常途径购买而来,但是由于购货量少,无合同也无发票,收据也已遗失。由于无法证明是正常途径购买而来,某施工单位与 JP 公司最终达成和解,赔偿 JP 公司 1 万元。

本案中 JP 公司在全国各地有很多类似索赔案件,其专利技术的撤销之诉也早有定论,故而本案中无法采取类似措施。而由于没有购买凭证,某装饰公司选择和解是最经济的解决方式。

【案例 20】负氧离子健康板侵权案。

某医院装饰项目,总包方将精装工程分包给装修公司,装修公司根据设计图纸要求自行采购其分包范围内的负氧离子健康板等材料,于 2020 年 12 月 28 日与荆门 ×× 健康科技有限公司签订了负氧离子健康板购销合同。施工过程中工务署及总包单位均收到某负氧离子健康装饰工程管理有限公司发送的律师函,称装修公司采购的负氧离子健康板涉嫌侵犯其发明专利,且已提起诉讼。

我们代表总包方对项目资料进行了分析,认为总包方对此不应承担责任,原因是:①总包通过合法招标选定室内装饰工程分包单位;②分包单位根据设计图纸要求,按照采购流程自行采购负氧离子健康板;③分包单位采购的负氧离子健康板具备相应检测报告、合格证;④根据供应商提供资料,其生产的负氧离子健康板具备专利证书。

后在某负氧离子健康装饰工程管理有限公司起诉的案件中,法院委托广东省知识产权保护中心鉴定所对被诉侵权产品是否具有发明专利"ZL2013×××× 一种轻质高强蛭石硅酸钙板及其制备方法"权利要求 1 的技术特征进行鉴定,鉴定单位对此鉴定任务申请退案,认为根据目前材料,无法将被诉侵权产品蛭石硅酸钙板与该技术特征进行对比,也无法确定产品的形成工艺,故而认为仅凭目前的鉴定材料,不能得出明确的鉴定结论。

该案以原告撤诉告结。

9）违约责任

施工单位应注意对供应商在供货质量及供货是否按时等两方面设定违约金,以督促供应商按合同履行义务。另外要特别注意自己付款违约金的约定,常出现施工单位未留意，结果付款违约金约定为 10‰ 或更高，其实按这样标准计算下来，违约金将会是个非常庞大的数字。

## 2. 合同履行阶段的法律风险

好的合同需要得到好的执行，在合同履行过程中存在的法律风险可以督促双方按合同履行各自义务。需注意的主要有：

### （1）与项目负责人做好合同交底

通常签订合同的人与具体经办人都是不同的，所以合同签订后，应与项目相关负责人做好合同交底，如向预算员、材料员、报管员、资料员、财务人员等做相关提示。

有一个真实的笑话，某项目的项目经理下采购单时，只要了 200 吨钢材，结果对方送来了 400 吨。而项目材料员也全部签收入库了。之后项目经理质问材料员为什么要全部收下时，材料员振振有词回答说，反正都要用到的，早收晚收一个样。材料员就没想到过，钢材价格是在实时波动的，而且收货后马上面临支付货款，直接影响到项目资金的安排。

### （2）合同履行合理通知、催告义务

施工单位需要履行的通知义务有：通知送货、通知验货、通知退货、通知维修等。对方履行出现违约行为的，除非是根本违约，否则一般应先催告其履行。

如一钢材购销合同中约定：

"甲方根据工程进度需要，分期分批向乙方购进所需钢材，甲方每次需货时，应提前 4 天通知乙方所需钢材的规格、型号、数量，乙方应在 4 天内将该钢材送到甲方工地。"

"乙方应在收到甲方退货通知后 _ 日内将货物退出现场，如逾期未清退出场的，则视为乙方放弃该货物的所有权，甲方有权任意处置。乙方并应在收到甲方退货通知后 _ 日补足合格的钢材，逾期则视为未按时供货。"

### （3）制定完善的验收管理制度

进入现场或仓库的材料必须严格按照供、需双方在合同中约定的标准，参照国家或地方（行业）验收规范进行质量、数量、环保、职业健康安全卫生方面的验收和复验。供应材料不符合约定的，应做好记录，经供需双方签字确认或通过其他方式固定证据，及时提出索赔。

【案例 21】一起未能鉴定的石材供应纠纷案。

> 某施工企业与石材企业订立《产品购销合同》，约定："同批次石材不能有明显色差，同一立面的供货，色系必须保持基本一致，并且乙方必须按照甲方采购下料单进行供货，严格控制颜色的匹配性。"
>
> 石材铺贴后，施工企业认为相关石材存在严重色差，而石材的铺贴位置为涉案工程的外墙底部和内庭的外墙底部，对涉案工程的外观有着非常强的装饰作用，业主及监理多次提出强烈质疑。双方发生诉讼后，施工企业向法院提出对石材进行鉴定，确定存在明显色差的问题。
>
> 但因施工企业和石材企业未对石材进行封样，鉴定单位表示无法鉴定，鉴定因此未能进行。

根据上述案例，一方面，施工单位对于容易发生质量争议的材料，应尽量采用"封样"的形式保存样品及固定证据，以避免供货企业以次充好；另一方面，对于质量问题，应在验货环节及时提出，比如石材色差问题，就应在收货时及时提出，而不是在铺贴上去后再行提出。

在一个关于石材厚度的质量争议案件中，法院认为："涉案项目是 ×× 公司收货后自行施工，其在本案所主张的石材厚度未达标准的问题属于外观可判断之差异，如有质疑亦应是在施工之时发现并提出。而 ×× 公司在施工时未发现厚度差异，却在石材铺贴完成两年之后，主张质量问题，不符合常理。"

（4）收集有利证据

施工单位依约履行合同的同时，督促供方严格履约，未按约履行的，应注意收集固定证据，为索赔做好准备，为结算争取主动。供方未按约定时间供应材料的，应保管好己方通知供方供应以及供方实际供应时间的证据，同时固定迟延供货造成工期损失、停工待料损失等方面的证据；供方供应的材料不符合国家规定或合同约定的质量标准的，应当保管好相关的验收及质量检测证据，同时计算重新供货造成的工期损失、停工待料损失，以及材料质量不符合要求造成的返工等损失，收集和固定相关证据。

## 3. 争议及纠纷的处理

在材料采购中，有几个问题需要重点讨论：

（1）发票和税点

在材料采购过程中，就发票和税点的问题，施工单位或现场的项目经理不够重视，发生很多损失，项目经理在现场应注意如下几个问题：

1）所有材料采购都应该向卖方索取发票

在营改增背景下，增值税专用发票可以抵扣进项，不能提供发票的，将极大增加施工单位的税负。

2）材料采购合同应明确约定税点

一般纳税人和小规模纳税人提供的税点不一，小规模纳税人提供的增值税专用发票税点为3%，和一般纳税人提供的13%的税点有着巨大的区别。

3）千万不要虚开增值税发票

《刑法》第二百零五条规定："虚开增值税专用发票或者虚开用于骗取出口退税、抵扣税款的其他发票的，处三年以下有期徒刑或者拘役，并处二万元以上二十万元以下罚金；虚开的税款数额较大或者有其他严重情节的，处三年以上十年以下有期徒刑，并处五万元以上五十万元以下罚金；虚开的税款数额巨大或者有其他特别严重情节的，处十年以上有期徒刑或者无期徒刑，并处五万元以上五十万元以下罚金或者没收财产。

单位犯本条规定之罪的，对单位判处罚金，并对其直接负责的主管人员和其他直接责任人员，处三年以下有期徒刑或者拘役；虚开的税款数额较大或者有其他严重情节的，处三年以上十年以下有期徒刑；虚开的税款数额巨大或者有其他特别严重情节的，处十年以上有期徒刑或者无期徒刑。

虚开增值税专用发票或者虚开用于骗取出口退税、抵扣税款的其他发票，是指有为他人虚开、为自己虚开、让他人为自己虚开、介绍他人虚开行为之一的。"

根据以上的《刑法》规定，让他人为自己虚开，就属于虚开增值税专用发票罪，在现实中，有些施工单位不能取得足额的增值税专用发票，就采取让和自己没有真实交易关系的人以代开的方式获取发票，或虽然开票人和自己有真实交易关系，但以放大交易金额的方式开具增值税专用发票，这些都是触犯《刑法》的行为。

《最高人民法院关于虚开增值税专用发票定罪量刑标准有关问题的通知》（法〔2018〕226号）第二条规定："在新的司法解释颁行前，对虚开增值税专用发票刑事案件定罪量刑的数额标准，可以参照《最高人民法院关于审理骗取出口退税刑事案件具体应用法律若干问题的解释》（法释〔2002〕30号）第三条的规定执行，即虚开的税款数额在五万元以上的，以虚开增值税专用发票罪处三年以下有期徒刑或者拘役，并处二万元以上二十万元以下罚金；虚开的税款数额在五十万元以上的，认定为《刑法》第二百零五条规定的'数额较大'；虚开的税款数额在二百五十万元以上的，认定为刑法第二百零五条规定的'数额巨大'。"

### （2）项目印章问题

在材料采购纠纷中，有一类纠纷非常引人关注，就是使用项目部印章（有时甚至是项目技术章）对外签署的合同包括签署的结算书是否有效，卖方可否要求施工单位支付材料款。

就目前的司法实践来看，如果该合同已经履行，法院一般认可合同的有效性。为有效控制项目章对外使用带来的风险，施工单位应严格管控项目章，不要将项目章用于对外合同的签署，还可以在合同中约定结算确认等无权使用项目章进行确认。

对于材料采购，施工单位还应采取如下防范及处理措施：

1）严格执行材料采购审批程序，严格把好进场材料质量关，责任到人。

2）规范材料验收制度和进场手续，所有材料必须经材料和试验部门验收合格后方能进场使用，对不合格材料及时清退出场。

3）在采购合同中约定："当因材料质量原因造成工程停工或返工时，供货方应负全部责任并承担相应的费用损失。"

4）按合同约定及时支付材料款，确实有支付压力的，提前做好与供应商的沟通工作，避免供应商起诉。

5）项目部建立合同档案及分类管理办法、合同管理办法、合同印章、项目部印章管理办法、合同授权委托管理办法等，对材料、设备采购和租赁进行合同管理。项目部审查和修改各种材料、设备采购和租赁合同文本，做好重大专业采购租赁合同审查和合同签订过程协商谈判工作。

## 二、分包管理

建设工程分包管理是施工单位的一个主要任务，作为总包方，根据《建筑法（2019修正）》的明确规定，需要与分包单位共同向业主承担工程质量的连带责任。施工总包单位的分包管理风险贯彻在施工的全过程，以下分三部分来分析：

### 1. 合同签订阶段的法律风险

#### （1）来自建设单位的风险

《建设工程质量管理条例（2019修正）》第七十八条第二款规定，本条例所称违法分包，是指下列行为："1）总承包单位将建设工程分包给不具备相应资质条件的单位的；2）建设工程总承包合同中未有约定，又未经建设单位认可，承包单位将其承包的部分建设工程交由其他单位完成的；3）施工总承包单位将建设工程主体结构的施工分给其他单位的；4）分包单位将其承包的建设工程再分包的。"

合法的分包单位应该是总承包合同中有约定或经过建设单位认可，而且有相应资质的，这里容易忽视的是"经过建设单位的认可"。

**【案例22】清扫合同也是分包合同吗？**

某装饰公司承包施工某综合会馆项目，施工合同中约定"承包商在电站工作，现场因其主要责任导致发生火灾、死亡事故的，扣除其合同总价10%"，并约定分包未经建设单位同意的，需缴纳20万元违约分包罚款。

当某装饰公司施工完成后，需打扫清理现场准备移交，于是与某清洁服务公司签订《室内清洗合同》，合同价为7000元，约定由某清洁服务公司来进行现场清扫。清洁服务公司在清洁幕墙过程中，发生了一起工人坠落死亡事故。建设单位根据施工合同的约定，要对某装饰公司处予违法分包罚款20万元及安全事故罚款95万元。

是否构成违法分包是本案的一个关键，我们认为某装饰公司与某清洁服务公司签订的是《室内清洗合同》，约定的是将本工程的部分清洗工作交由清洁公司来做，该合同的标的是清洗服务工作，只是普通的服务。《室内清洗合同》仅是某装饰公司就施工过程中采购的清洁服务合同，也可说是某装饰公司聘请的清洁人员，而聘请清洁人员与分包工程二者性质是完全不同的。建设单位不能简单地将外聘清洁、保安或餐饮等与建设工程资质管理无关的普通服务等同于建设工程分包。

当然，如果要杜绝此类争议，凡是分包合同就都往建设单位处报告或备案即可。

另外还有一个是建设单位直接分包的问题，建设单位直接分包与施工总包单位分包性质不同，引发的法律责任也不同，如果将建设单位直接分包工程签订合同表现为施工单位直接分包，则会加重施工单位的责任，此种情况下建议最好保留建设单位指定施工单位的依据。实践中还存在建设单位将不具备资质的企业和个人介绍给施工总包单位的现象，而施工总包单位碍于建设单位压力被迫接受，建议对此情况应特别慎重，当分包工程质量和进度出现问题时，施工总包单位往往碍于建设单位情面不能或无法采取处罚措施，从而对项目经营构成风险。

**（2）来自分包商的风险**

合同当事人主体合格，是合同得以有效成立的前提条件之一。而合格的主体，首要条件应当是具有相应的民事权利能力和民事行为能力的合同当事人。撇开资质问题，在实务中重点防范的对象就是个人挂靠单位与我方签订的合同对个人实力与单位资质的调查了，这一块是造成经营风险与法律风险的重灾区，应引起我们的高度重视。分包单位常出现的问题有：

1）分包队伍无法人资格；

2）分包队伍有法人资格但无相应资质；

3）分包工程量超过合同约定范围；

4）分包队伍实际施工能力达不到项目部的预期要求。

以上1）、2）可能引发分包合同的法律效力问题，3）可能引发工程结算问题，4）可能引发工程进度、质量、安全等问题。

**（3）来自合同条款的风险**

1）合同文本的使用。由于合同文本不统一，各项目部在签订分包合同时大量使用对方提供的合同文本，提供合同文本方往往会在合同的核心条款上偏向己方，或者在部分条款中隐含着法律风险或经营风险，而上述条款往往是非专业人员认识不到的。

2）合同文字不严谨。不严谨就是不准确，容易发生歧义和误解，导致合同难以履行或引起争议。依法订立的有效的合同，应当体现双方的真实意思。而这种体现只有靠准确明晰的合同文字。

3）合同条款不完整。常见漏掉的往往是违约责任、送达方式。当进入诉讼时，施工单位往往发现，特别是一些和个人签订的合同，往往面临送达难的问题。

4）分包单价约定方式上的风险。单价内容包含不全面、较模糊。价格条款是采购合同的关键条款，施工单位由专业造价人员对价格条款进行审定。以下是我们经办的一个案件，正是由于对延长使用的单价未作约定，对税费承担未作约定，导致施工单位蒙受很大损失。

**【案例23】**钢管租赁费用之争。

蔡××与某建筑公司公司签订《7号、8号厂房外加、防护专项施工及满堂架、围墙、钢管、扣件、安全网租赁合同》，约定某建筑公司将该厂房的脚手架、安全防护专项交由蔡××施工。合同内容有脚手架搭拆和钢管租赁，约定脚手架搭拆单价按投影面积 7.5 元 / 平方米计算，超期按相应的单价补偿。钢管租赁价格为每月每吨 110 元，扣件每月每个 0.2 元。因蔡 ×× 搭拆的脚手架使用超期，双方曾口头达成协议按 3 元 / 平方米补偿，但后蔡 ×× 要求按搭拆价格 7.5 元 / 平方米，要求某建筑公司支付工程款 41 万余元，而某建筑公司主张需支付的工程款为 69539 元。

某建筑公司认为延期使用的租金应按照合同约定的钢管、扣件等材料租赁的费用来分析计算，延期使用外架仅是使用已经搭设好的外架，仅产生租赁费用，而不产生"材料准备、运输装卸、组织施工、维修"等工作费用，如参照合同中材料单价的约定，每平方米分析单价为 2.7 元左右。

但是由于合同中未对单价作出明确约定，某建筑公司非常被动，最终还是以和解方式结案，支付蔡 ×× 款项 30 余万元。而根据某建筑公司之前的测算，已经无需再支付任何款项。

除了分包工程的单价外，分包合同的材料价格设置也需要引起重视，有的分包合同约定主材材料涨价风险由施工队全部承担；或者主要材料没有参考基价，或参考基价不科学，材料调整不合理，容易形成扯皮现象。

5）工期。为了控制工期，施工单位应要加强对分包队伍的计划管理，充分考虑异常天气对工期的影响，在合同中写清阶段目标及关键控制点，并制定相应的奖罚措施。作为合同附件应让分包人承诺投入本工程足够的主要机械及人员，否则需承担一定的违约责任。

对于工期的约定，有些分包项目因为不能准确预计施工时间，所以工期就写"以甲方通知为准"或"配合甲方进度"，这种约定完全不能达到控制工期的效果，一旦分包单位无法很好的控制其工程进度，将严重拖累总包单位，而施工单位还将没有很好的合同依据对分包单位进行处罚。

6）质量。建议在合同中应明确分包队伍的质量责任、对工程的质量要求以及发生质量事故的处罚措施和违约责任。或者约定进度款与质量挂钩，当质量不合格时，进度款可以少付或不付。

7）工程付款及结算。有的分包合同没有约定有效的结算程序，也没有约定结算最终签字的有效性，导致最终结算产生很多争议。我们建议在分包合同中应约定结算程序，所有的结算单及附件的表格要使用统一的表格；对结算时间、结算资料签字有效人均应予以说明；对不符合合同，不符合实际施工或不符合结算程序的结算单不应予以结算；合同外杂项工程应及时结算，同时要做好结算台账，避免超结算。

有的分包合同约定，待建设单位付款后，总包再付款给分包，由此出现总包拒付款时，其抗辩理由是建设单位尚未付款。这样的约定是否有效？有的地方法院支持这种约定。

如，《北京市高级人民法院关于审理建设工程施工合同纠纷案件若干疑难问题的解答》第二十二条规定："分包合同中约定待总包人与建设单位进行结算且建设单位支付工程款后，总包人再向分包人支付工程款的，该约定有效。因总包人拖延结算或急于行使其到期债权致使分包人不能及时取得工程款，分包人要求总包人支付欠付工程款的，应予支持。总包人对于其与建设单位之间的结算情况以及建设单位支付工程款的事实负有举证责任。"

8）变更约定风险。在合同中约定合同变更的风险承担，如有变更数量按建设单位批复约定给予施工队结算，新增项目不及时约定结算单价，则按建设单位批复单价收取一定管理费确定新增项目单价。如有建设单位变更承包范围等，也应在合同中约定由此产生的风险承担。

9）对分包商工人管理。一个项目同时会有多支队伍在施工，为了完善工人管理，建议在分包合同中设立一个工人名单的附件，并实行动态管理，根据实际入场及时变更。这样在出现工人工伤纠纷时，能很容易地找到其归属。

## 2. 合同履行阶段的法律风险

在合同履行阶段，施工单位常犯如下错误：

### （1）应当发出的函件没有发

催告行为是具备一定法律效力的，如未明确约定履行时间时，可通过催告来确定；诉讼时效的中断，也可以通过催告来实现；在解除合同过程中，催告其完成合同义务也是必经程序。

但施工单位往往是重事实轻证据，常常客观上是做了催告或通知等行为，但苦于没有相应的证据来证明，当发生纠纷时陷入因无法举证而败诉的局面。

### （2）结算手续不严格

我们遇到这样一个案件，分包合同中约定承包方式是包工包料，而双方结算仅对人工进行了对量付款，分包单位后来主张还未结算完，对材料这块未做结算。

根据总包单位的陈述，实际上分包单位只是包工而未包料。但一审、二审均支持了分包单位的主张。可能这个案件中总包单位是冤枉的，但其没有证据证明其对分包合同承包方式有变更。

施工单位在办理结算时，应严格对照分包合同，结算原始资料应有现场技术员、分管领导签字，还应有分包单位的负责人签字确认。结算单签字程序要完整，签字要齐全，要严格控制合同外结算。

**（3）农民工的管理**

农民工工资及工伤问题一直是让施工单位头疼的两大问题，在施工过程中，我们建议施工单位可以做好如下防范措施：

1）分包单位必须具备施工资质和法人资格，在分包合同中附上分包单位人员名单，避免分包单位人员与施工总包单位人员混淆。

2）监督分包单位为雇用人员交纳工伤保险，要求分包单位到商业保险公司为雇用人员购买雇主责任险，或由项目部统一购买再分摊给各分包单位，降低工伤风险。一旦发生意外伤害事故，要积极帮助被保险人向保险公司索赔，并协调分包商与民工做好赔偿工作，签订赔偿协议、及时把问题解决，以免后患。

3）每月动态掌握分包单位聘用农民工的花名册（体现姓名、性别、家庭住址、身份证号码、工种等），并留存身份证复印件，注明进退场时间（也有利于治安）。必须每月掌握分包单位聘用农民工工资的发放情况，并现场监督民工工资的发放。如由施工单位代发，必须让分包单位出具代付工资委托书。

4）由总包单位统一按项目购买工伤保险的，要及时督促各分包单位将工人信息提交至总包单位处，总包单位要及时将工人信息动态增补至工伤保险经办机构。如未及时将信息补充登记至建设项目工伤保险信息中，则工伤保险服务中心会认定该等人员未购买工伤保险。一旦发生工伤，则建设单位要承担责任。各地"工伤保险服务中心"在动态实名管理中有具体操作细则，有些地方规定相对有利于施工单位，例如湖南省常德市规定人员进退场变动后、发生事故后建筑施工企业在一定期限内补办登记同样视为已参加工伤保险〔《常德市人力资源和社会保障局、常德市住房和城乡建设局关于进一步加强我市建筑施工企业参加工伤保险工作的通知》（常人社发〔2015〕33号）〕。

【**案例** 24】总包单位因未及时更新分包单位工人信息至工伤保险机构，工人发生事故的，总包单位承担连带责任。

> 某项目，总包单位将某专业工程分包给分包单位施工，《分包合同》中约定："若承包人已办理工伤保险的，分包人可以享用，相应的保险费用由分包人承担，从每月应支付分包工程款中扣除。"履约过程中，总包单位按照一定比例在月度计量时扣除保险费用，并向分包单位提供了依据《关于进一步做好建筑业工伤保险工作的意见》规定要求办理的以项目名义购买的工伤保险参保证明。
>
> 后分包单位某工人张某，因交通事故被认定为工亡，因未有工伤保险参保记录，张某家属要求提起劳动仲裁，要求分包单位赔偿一次性工亡补助及抚恤金共计约150万元。
>
> 分包单位后发函至总包单位，提出系因总包单位未将孙某信息录入以项目名义购买的工伤保险参保记录，导致张某无法享受工伤保险待遇。
>
> 经核实，张某入场时，分包单位已向总包单位提交劳动合同备案，且总包单位也向张某履行代发农民工工资相关义务的记录。

根据《人力资源和社会保障部　住房城乡建设部　安全监管总局　全国总工会关于进一步做好建筑业工伤保险工作的意见》（人社部发〔2014〕103号）第八条规定，落实工伤保险先行支付政策。未参加工伤保险的建设项目，职工发生工伤事故，依法由职工所在用人单位支付工伤保险待遇，施工总承包单位、建设单位承担连带责任。为免争议进一步扩大，该总包单位与分包单位后系协商处理此事，由双方各承担一半责任。

### 3. 争议及纠纷的处理

施工总包单位与分包单位存在的争议主要有如下种类：

（1）分包单位工期迟延，造成施工总包单位的工期也迟延；

（2）分包单位施工质量不合格，造成施工总包单位被建设单位索赔，或罚款；

（3）分包单位的安全管理出现问题，造成施工总包单位承担安全责任；

（4）分包单位人员出现工伤，造成施工总包单位被追索承担法律责任。

面对这些纠纷，施工单位应采取如下防范及处理措施：

（1）做好分包单位的进场登记工作，施工过程中密切注意施工单位的施工进度，当发现有迟延时，应根据情况采取督促、增加人工、罚款等措施；

（2）施工过程中加强对分包工程施工质量的检测，发现质量不合格时，立即发出书面整改通知，勒令分包单位及时进行整改；

（3）要求分包单位做好安全教育及安全交底工作，并要求提供相关的书面依据；

（4）要求分包单位为员工购买相关保险；

（5）对分包单位的人员进行动态管理，做到一人一证，持证进出、持证上岗。

根据我们的经验，总包单位有以下几类常见的分包纠纷。

**（1）与分包单位的质量纠纷**

当分包单位施工质量不合格时，总包单位需要做的是通知其及时整改。当分包单位不能及时整改，总包单位需要自行或聘请第三方整改时，则特别注意要发函通知分包单位，并把需维修部位或维修内容详细列明。如经与分包单位协商另行聘请第三方整改时，也需及时与分包单位办理书面确认手续。

**【参考文书2】**通知园林公司整改的函

---

### 关于加快 ×× 大厦园林工程施工及整改的
### 催告函

深圳市 ×× 园林工程有限公司：

贵司（作为承包人）与我司（作为发包人）签订了《×× 大厦项目园林工程施工合同》，约定由贵司承包 ×× 大厦项目园林工程的施工。按照上述合同约定，工程工期总日历天数为 75 天，贵司应于 2021 年 9 月 30 日前完成合同范围内的全部施工内容。

合同专用条款第 6.4 条约定，节点工期延误的，每延误一天违约金为 2 万元。总工期延误 20 天以内的，违约金为 2 万元 / 天，延后 20 天以上的部分，违约金 5 万元 / 天，延后 90 天以上的部分，违约金 10 万元 / 天，不设上限。

合同专用条款第 6.6 条约定，节点工期或总工期延误达 15 天的，发包人如选择将承包人未施工的部分或全部工程另行发包给第三方施工，第三方施工造价直接从发包人与承包人按照本合同约定计量计价规则得出的结算金额中扣除，同时按照第三方施工造价的 20% 计取发包人另行发包的管理费。

贵司施工过程中，工期长时间延误，工程收尾及整改进度已严重滞后。我司与贵司于 2022 年 5 月 24 日召开现场沟通会议，就相关问题作深入沟通，贵司承诺限期完成未完收尾工程及整改工程，后贵司向我司出具《园林分区落实整改维修事项清单表》电子版，承诺于2022年6月期间分区完成收尾及整改工程，于2022年6月30日完成所有施工。

但贵司未遵守承诺在《园林分区落实整改维修事项清单表》签字盖章，现场施工推进亦极度缓慢，基本处于停滞状态。我司项目负责人每天口头、微信催促贵司，于2022年6月17日向贵司发送《工作联系函》，但贵司不为所动，计划内明确之事项依然未完成。

现距离贵司承诺施工完成之最后日期仅余3天，我司现郑重函告贵司：请贵司高度重视我司项目，立即采取有效措施组织施工，于承诺期限即2022年6月30日前完成园林工程收尾及整改工作。如贵司不能如期完成上述工作，我司将不得不另请第三方来完成，届时所有费用及损失将全部由贵司承担。

我司与贵司的所有往来函件及相关签署文件，均不视为我司认可贵司工期顺延或者对贵司工期延误的谅解，我司保留根据合同追究贵司责任的权利。

综上，请贵司审慎对待！

附：未完成维修及整改项目清单

深圳市××有限公司<br>××××年××月××日

### （2）为分包单位垫付工人工资

《保障农民工工资支付条例》第二十五条规定："施工总承包单位与分包单位依法订立书面分包合同，应当约定工程款计量周期、工程款进度结算办法。"第三十条规定："分包单位对所招用农民工的实名制管理和工资支付负直接责任。施工总承包单位对分包单位劳动用工和工资发放等情况进行监督。分包单位拖欠农民工工资的，由施工总承包单位先行清偿，再依法进行追偿。工程建设项目转包，拖欠农民工工资的，由施工总承包单位先行清偿，再依法进行追偿。"

所以按照上述规定，总包单位对分包单位有监督和先行清偿的义务，但实践中也会出现有恶意讨薪的情况，总包单位在垫付分包单位工人工资时，应特别注意在过程中做好通知、核实、发放签收等工作。

1）及时通知分包单位工人讨薪情况，催促其尽快核实待支付工资数额并及时支付。

2）告知分包单位，因其拒不支付工人工资，总包单位将依法代付，限期要求其核实待支付工资数额，否则将按工人主张金额支付，代付工资金额将从分包单位工程款中直接扣除。

3）代付工资后，再告知分包单位实际发放情况，要求把代付工资金额从分包单位工程款中扣除。

### （3）清退不合格分包单位

当分包单位质量和进度无法满足合同或现场要求时，总包单位有时就想把分包单位清退出场，此时应注意：

1）解除分包合同是否有合同依据，有的分包合同会约定解除合同的条件，此时应首先查阅分包合同。

2）当没有合同依据时，则考虑是否满足法定解除条件，法定解除在《民法典》第五百六十三条中有详细约定，常用条件是"当事人一方迟延履行主要债务，经催告后在合理期限内仍未履行。"

3）需要发函通知分包单位对已完工程的工程量及工程质量进行清点和验收，如分包单位拒绝配合的，则需考虑对已完工工程办理现场公证。

【参考文书3】关于解除合同及核对货物清单的函

---

#### 关于解除合同及核对货物清单的通知函

致：佛山市××金属制品有限公司

你司与我司于2019年6月4日就××项目工程（以下简称"本工程"）共同签订了《不锈钢/玻璃采购及安装合同》（合同编号：SBHTBH-190××2，以下简称合同），合同明确约定了双方相应的权利及义务。

合同签订后，你司屡屡出现违约情形，主要为：

1.合同约定你司提供的不锈钢材质为304，你司提供的经我司初步检测为201，我司仅以常规手段检查（磁性检查）而允许进场；

2.合同约定你司提供的不锈钢材料应使用电镀技术，然你司为偷工减料，提供的非电镀，造成已完工的不锈钢柱面漆面大片脱落；

3.不锈钢现交货时间严重滞后；

4.不锈钢现场到货与图纸不符；

5.不锈钢制品现场安装质量问题。（详见附件）

---

针对你司的根本违约行为，我司多次向你司该项目负责人×××总经理（联系方式：137×××，邮箱：×××@126.com），微信及电话沟通，无果。于2020年5月21日，发送《关于装饰不锈钢现场到货与图纸不符事宜》；2020年6月1日，发送《工程催告函》；2020年6月19日，向你司发送《关于不锈钢制品现场安装质量问题事宜》，以上文件发送至你司负责人邮箱及微信，均未予理睬且未采取有效的补救措施，至今仍未停止违约行为。2020年7月1日，向你司发送了《关于对已供货产品数量及质量进行清点的通知函》，通知你司在2020年7月3日到现场共同对你司已供应产品的数量及质量进行清点、核查，但你司未派人前来，我司根据清查情况制作了清单附后。

综上所述，我司根据合同约定特发此函，函告如下：

为防止损失进一步扩大，我司现决定按照合同第十条约定，正式函告你司解除合同，本函件发出之日起即为合同解除之日，我司将另行安排第三方供应商对你司的不合格产品及施工部位进行拆除并重新供货及安装，由此产生的全部费用由你司承担。

请你司在收到本函件后2个工作日内到达项目现场，与我司人员对我司核查制作的清单再次核对，并搬清你司提供的未施工的不合格不锈钢材料，逾期未到的，将视为你司认可我司制作的清单，并同意我司拆除重做的整改方案。同时，我司保留向你司追究违约责任的权利，如因你司违约行为导致业主单位等其他方对我司的索赔主张全部由你司负责，如因此造成我司涉诉的费用也全部由你司承担。（包括但不限于诉讼费、律师费、差旅费、保全费、执行费等）

专此函达！

深圳市××股份有限公司

××××年××月××日

# 三、涉及的刑事犯罪

在材料采购和分包过程中，施工单位人员也容易发生一些刑事犯罪行为，可能存在的刑事犯罪有：

### 1. 受贿罪、行贿罪

并非只有国家机关工作人员或国有公司、企业或者国有单位中从事公务的人员才会犯受贿罪，根据《刑法》第一百六十三条的规定："公司、企业或者单位的工作人员，利用职务上的便利，索取他人财物或者非法收受他人财物，为他人谋取利益，或者在经济往来中，利用职务上的便利，违反国家规定，收受各种名义的回扣、手续费，归个人所有的，数额较大的，可构成非国家工作人员受贿罪。犯此罪的，处三年以下有期徒刑或者拘役，并处罚金；数额巨大或者有其他严重情节的，处三年以上十年以下有期徒刑，并处罚金；数额特别巨大或者有其他特别严重情节的，处十年以上有期徒刑或者无期徒刑，并处罚金。"

上述的非国家工作人员受贿罪与普通的受贿罪之间的差别在于主体不同以及处罚不同，受贿罪的主体是国家工作人员，其处罚较重，最高可至死刑；而非国家工作人员受贿罪的主体是非国家工作人员，其处罚最高是无期徒刑。

同样的，并非只有对国家工作人员行贿才构成犯罪，根据《刑法》第一百六十四条之规定，为谋取不正当利益，给予公司、企业或者其他单位的工作人员以财物，数额较大的，构成对非国家工作人员行贿罪，可处三年以下有期徒刑或者拘役；数额巨大的，处三年以上十年以下有期徒刑，并处罚金。

根据《最高人民检察院、公安部关于公安机关管辖的刑事案件立案追诉标准的规定（二）》第十条、第十一条："非国家工作人员受贿数额在三万元以上的，应予立案追诉。对非国家工作人员行贿案，个人行贿数额在三万元以上的，单位行贿数额在二十万元以上的，应予立案追诉。"

对非国家工作人员行贿罪和行贿罪的区别在于处罚不同，行贿罪的处罚最高可至无期徒刑。

如果施工单位工作人员利用职务之便，以各种名义收受劳务承包单位或原材料供应单位的财物（包括购物卡等），为劳务承包单位或原材料供应单位谋取利益的，是一种商业贿赂行为，涉嫌构成非国家机关工作人员受贿罪。如果该工作人员是被挂靠的国有公司从事公务的人员或是派遣到挂靠单位从事公务的人员，或在挂靠后与被挂靠的国有公司签订了劳动合同等，则因身份特殊，而可能构成受贿罪。同时，劳务分包或原材料供应单位则涉嫌单位行贿罪，如果是个人行为则该个人涉嫌构成对非国家机关工作人员行贿罪或行贿罪等。

【**案例25**】为催要材料款及结算款，材料供应商负责人向施工单位工作人员送"好处费"，构成行贿罪；收受好处者，构成受贿罪。

> 某施工项目，施工总承包单位为国有企业。某材料供应商主要经营沙子、水泥、石材、钢材等，供应商负责人申某，为向该项目供应材料及催要材料款，向该项目物资供应负责人罗某分六次转账支付好处费12万元。为了加快办理结算及催要计算款，申某又向罗某支付好处费3万元。
>
> 申某到案后如实供述犯罪事实，认罪态度较好，定罪为行贿罪，判处有期徒刑二年，缓刑三年；罗某定罪为受贿罪，判处有期徒刑五年。

### 2. 职务侵占罪

职务侵占罪，根据《刑法》第二百七十一条的规定："公司、企业或者其他单位的人员，利用职务上的便利，将本单位财物非法占为己有，数额较大的，构成职务侵占罪，处三年以下有期徒刑或者拘役，并处罚金；数额巨大的，处三年以上十年以下有期徒刑，并处罚金；数额特别巨大的，处十年以上有期徒刑或者无期徒刑，并处罚金。"《最高人民检察院、公安部关于公安机关管辖的刑事案件立案追诉标准的规定（二）》第七十六条规定："职务侵占案（刑法第二百七十一条第一款）公司、企业或者其他单位的人员，利用职务上的便利，将本单位财物非法占为己有，数额在三万元以上的，应予立案追诉。"

如果施工单位或项目经理等与被挂靠单位建立了劳动关系，而利用职务之便（包括利用了本人的职权或地位所形成的便利条件，或通过其他人员利用职务或地位上的便利条件），虚报项目的工程量或材料使用情况，将单位财物非法占为己有，数额达到五千元至一万元以上，则应予立案追诉。当然，如果该工作人员是国有单位从事公务的人员或是派遣到国有单位从事公务的人员，则因身份特殊，可能构成贪污罪。

# 本课知识点

本课知识点总结 表 3-3

| 知识点 | 操作要点 |
|---|---|
| 材料采购 | 按合同约定及时向建设单位报告，对采购的型号、价格应事先得到建设单位书面确认 |
| | 采购合同中材料定价约定应明确、具体、易操作，无争议 |
| | 注意规范送货、验收和结算程序，及时支付相关款项 |
| 工程分包 | 合法的分包行为应经得建设单位同意，分包人具备相应的分包资质 |
| | 严格项目部印章的管理，严禁项目部对外签订分包合同 |
| | 对分包队伍加强管理，特别注意规范付款及民工工资的发放 |

# 项目经理立即做

（1）检查项目已签的分包合同和材料合同，注意是否已经建设单位批准或备案，合同条款是否完备，是否存在潜在风险。

（2）对分包合同和材料合同中约定不够完善的地方，及时签订补充协议进行补充。

（3）检查材料买卖合同的订货单和送货单，核实是否有对自身不利的信息。

（4）制定分包项目和材料采购的相关管理制度，向相应的管理人员做好合同交底和培训工作。

（5）严格项目部印章的管理，对印章的使用要专人负责，有登记、有留存。

# 律师范本

## 范本七：工程技术资料专用章使用承诺书

使用指南：

这份承诺书可应用于内部承包或联营合作项目，承包方或合作方在领用工程技术资料专用章（项目用章）时进行签署。其目的在于规范项目章的使用，降低承包方或合作方滥用项目章的风险。

其中承诺人签字要与项目承包责任人一致，如承诺人是公司，需法定代表人签字加盖公章，并附法定代表人证明书，委托代表签字的需提供授权委托书及法定代表人证明书；如承诺人是个人，需提供有效身份证复印件，签字并加按手印。


_____公司：

本人（公司）××负责承建施工的_____项目，因工程需要，特申请工程技术资料专用章。本人（公司）知晓此印章仅限于工程技术资料专用，并严格遵照贵司规定妥善保管和使用本枚印章。为此，本人（公司）郑重承诺如下：

1. 不得使用本枚印章签订任何合同，包括劳动合同、工程分包合同或劳务分包合同、材料采购、机械设备租赁合同以及其他任何经经济类合同或协议；

2. 不得使用本枚印章签署送货单、结算书、欠条等与经济有关的文件；

3. 不得使用本枚印章为他人或他单位提供任何责任的经济担保；

4. 不得使用本枚印章以任何形式向甲方收取工程款；

5. 不得刻制抬头冠有"×××有限公司"字样的任何印章；

6. 工程竣工交付后60日内，本人负责将本枚印章归还贵司办公室。

如违反上述承诺内容，每次罚款5万元，并就因此造成的损失对公司承担全部责任。

特此承诺

后附：印章样式

承诺人：

日　期：　　年　　月　　日

## 范本八：工程技术资料专用章

使用指南：

项目部印章会涉及表见代理的问题，项目部滥用印章导致不利后果由公司承担的事例层出不穷，我们建议项目章上应明确注明"经济合同类无效"，同时建议项目章应到公安机关进行备案，这样可以有效防止被伪造的风险。

印章样式：

```
_____公司



        ××项目部

     工程技术资料专用章

     （用于经济合同类无效）

   有效期：
   有效期：×年×月×日至×年×月×日
```

注：有效期可注明项目开工、竣工日期。

## 范本九：农民工工资确认单

### 农民工工资确认单

本人_____（姓名），_____（男／女），现年_____岁，_____族，身份证号_____。本人于_____年_____月_____日到_____年_____月_____日在_____项目施工，由_____单位管理，班组组长为_____。本人考勤_____天，应收工资_____元（大写：_____），前期已收到工资_____元（大写：_____），_____单位欠付本人工资_____元（大写：_____）。

本确认单经确认人签字后生效，且不可撤销。

本人承诺以上内容真实无误，如有诈骗、敲诈勒索等非法讨薪情况发生，本人承担一切责任。

附件1：身份证复印件（本人签字、手印）

附件2：银行卡号复印件（本人签字、手印）

确认人（签字、手印）：

年　　月　　日

## 范本十：农民工工资确认单

### 农民工工资结清确认单

本人＿＿＿＿＿＿＿（姓名），＿＿＿＿（男／女），现年＿＿＿＿＿岁，＿＿＿＿族，身份证号＿＿＿＿＿＿＿＿＿＿＿＿＿＿＿。本人于＿＿＿＿年＿＿＿＿月＿＿＿＿日到＿＿＿＿年＿＿＿＿月＿＿＿＿日在＿＿＿＿＿＿＿＿＿＿项目施工，由＿＿＿＿＿＿＿＿＿单位管理，班组组长为＿＿＿＿＿＿＿＿＿＿。本人考勤＿＿＿＿＿天，应收工资＿＿＿＿＿＿＿＿＿＿元（大写：＿＿＿＿＿＿＿＿＿＿＿＿），前期已收到工资＿＿＿＿＿＿＿＿元（大写：＿＿＿＿＿＿＿＿＿＿），＿＿＿＿＿＿＿＿＿＿单位欠付本人工资＿＿＿＿＿＿元（大写：＿＿＿＿＿＿＿＿＿）。

本人承诺具备完全民事行为能力，且在工地施工期间及退场时身体健康、未受到人身伤害等损害。本人已收到剩余工资＿＿＿＿＿＿＿＿＿＿元（大写：＿＿＿＿＿＿＿＿＿＿）。至此，本人在＿＿＿＿＿＿＿＿＿＿＿＿项目的劳动所得已全部结清，本人个税问题由本人与＿＿＿＿＿＿＿＿＿＿单位协商处理，与＿＿＿＿＿＿＿＿＿＿公司无关。

本人郑重承诺自领取工资后不再出现上访讨薪、闹事、静坐等对＿＿＿＿＿＿＿＿＿公司产生困扰的行为，因此产生的纠纷本人独自承担，与＿＿＿＿＿＿＿＿＿＿公司无关。

本人承诺以上内容真实无误，如有诈骗、敲诈勒索等非法讨薪情况发生，本人承担一切责任。

本确认单经确认人签字后生效，且不可撤销。

附件：身份证复印件（本人签字、手印）

确认人（签字、手印）：

年　　　月　　　日

# 第二篇

## 工程管理

# 第四课　需严防死守的工期管理

当施工单位向建设单位索要工程款时，建设单位最经常的反击动作是什么？工期索赔。

工期索赔其实是一把双刃剑，当项目经理对于工期索赔没有法律意识的时候，建设单位的工期索赔往往会给施工单位带来非常大的杀伤力；而当项目经理对工期索赔有深刻理解时，施工单位则可以对建设单位进行反索赔，为施工单位创造利润。

## 一、严峻现实

建设工程工期是承发包双方均非常重视的，对建设单位来说，工期对其利益影响重大，工期延误将会导致建设单位发生重大损失，故其对于工程工期非常重视，工期一旦逾期，建设单位有很强的动力对施工单位进行索赔。

但工期问题又非常复杂，工期延误的原因有很多，按主体来划分的话，大致有如下原因：

（1）建设单位原因：设计图纸未能及时到位、建设单位使用要求改变而进行设计变更、建设单位资金投资不足而致工程迟缓、甲供材不及时到货、应确定事项不及时确定、场地拆迁不彻底、甲分包过多延误工程进度等。

（2）承建单位原因：承建单位包括总承包单位、专业分包单位、材料供应单位、设备制造安装单位等，具体情形包括人力、技术力量投入不足，施工方案欠佳，出现施工质量问题需处理，所采用工程材料、产品质量差需要整改，工程材料供应不及时等。

（3）外部单位原因：其他单位临近施工的干扰，与工程有关的市政、规划、消防、电力、自来水、电信等部门没有及时协调而受到的影响等。

（4）不利自然条件：发生了不可抗力，如台风、暴雨、非典、新冠疫情、电网不正常停电、不明障碍物等。

施工合同普遍对工期有明确的要求，并约定有严格和明确的违约责任，施工单位如工期延误，极易引起建设单位的索赔。

从我们的办案经验来看，施工单位起诉建设单位要求支付工程款时，建设单位经常会反诉工期，以此作为不付或减少支付工程款的抗辩理由。对于建设单位而言，反诉工期非常容易，仅需提供合同证明合同约定的工期，并提供开工许可证及竣工验收报告证明实际的工期，如实际工期长于合同约定工期，则建设单位就可据此根据合同约定来追究施工单位延期施工的责任。而对于施工单位来说，因过程中施工资料有限，举证证明工期延误不是自身责任是一件工作量非常大、难度很高的工作。

在 2019 年，我们收集到近五年来最高人民法院和各高级人民法院裁判的，关于建设单位向施工单位进行工期索赔的案例 226 份。在这些案例中，工期索赔获得法院支持的有 94 例，占比 41.5%。就发包人主张索赔并获支持的 94 个案例来统计，发包人总索赔金额 136951.83 万元，法院支持金额 27827.81 万元，支持率为 20.31%。

发包人提起工期索赔的 226 份案例中，从诉讼请求主张看，主要分为三类：

（1）按照合同约定，主张逾期竣工违约金，该类型案例有 173 例。

（2）除主张逾期竣工违约金外，还主张承包人向其承担逾期竣工损失（如直接损失：向房屋买受人逾期交房损失、逾期办证损失、银行贷款利息损失、人员开支、监理费等；间接损失：如商铺租金损失、经营损失等），有 39 例。

（3）纯主张逾期竣工损失，该类型案例有 14 例。

发包人工期索赔获法院支持金额最高的 10 个案件见表 4-1，其中法院判决支持发包人向承包人索赔金额最高的达到 2365 万元。

发包人工期索赔金额获法院支持最高的十大案例　　　　　　　　　　表 4-1

| 二审法院 | 发包人索赔金额（万元） | 发包人获支持金额（万元） | 案号 |
|---|---|---|---|
| 广西高院 | 3520 | 2365 | （2016）桂民终 272 号 |
| 江苏高院 | 9800 | 2237 | （2013）苏民终字第 0320 号 |
| 云南高院 | 2990 | 1535 | （2018）云民终 972 号 |
| 最高院 | 3424 | 1454 | （2017）最高法民终 716 号 |

| 二审法院 | 发包人索赔金额（万元） | 发包人获支持金额（万元） | 案号 |
|---|---|---|---|
| 江苏高院 | 13150 | 1411 | （2018）苏民终 27 号 |
| 辽宁高院 | 2850 | 1051 | （2014）辽民一终字第 00265 号 |
| 天津高院 | 3558 | 933 | （2016）津民终字 320 号 |
| 浙江高院 | 2991 | 920 | （2016）浙民终 940 号 |
| 辽宁高院 | 1760 | 912 | （2014）辽民一终字第 00334 号 |
| 浙江高院 | 3500 | 800 | （2015）浙民终字第 25 号 |

从上述数据和我们的办案经验来看，工期索赔对施工单位的威胁很大，一旦发包人的工期索赔成立，则施工单位将面临很大的损失，本就不高的利润很可能付之东流甚至陷入亏本的境地。

## 二、重要防控节点

工期责任已成为施工单位合同履行中的一个最大风险，那应当如何控制工期风险呢？

从一个工程的施工过程来看，工程可能会经过工程开工、工程停工、提前使用、竣工验收等几个重要节点。从防范工期索赔的角度，施工单位对以下这几个重要节点应加以重点防范。

### 1. 开工日期

（1）开工日期以实际开工时间为准，施工许可证仅是认定开工日期的参考文件

工期的长短，需要开工时间（起算时间点）和竣工时间（截止时间点）两个时间点来界定，开工时间也是工期计算中易起争议的问题。

开工时间，是指工期开始计算、工程开始正式施工的日期。通常来说，开工时间就是开工通知记载的时间。实践中，对于开工通知与施工许可证记载的开工时间不一致时，应以哪个时间为准常有一些争议。

开工通知是监理指令的一种，是工程开始动工时，由监理单位下达的开工书面文件。

施工许可证是政府主管部门下发的对建筑施工单位符合各种施工条件、允许开工的批准文件，是建设单位进行工程施工的法律凭证，也是房屋权属登记的主要依据之一。

这两份文件均是判断开工时间的重要书面证据，但是，当这两份文件记载的开工时间都不同时，该以哪个为准？因为在实践中没有取得施工许可证就提前施工的违法现象较为普遍，施工单位对此问题往往主张在取得施工许可证之前的施工属违法行为，不应计算在工期内，应以施工许可证取得或记载的时间作为开工的时间。

2021年1月1日生效的《施工合同纠纷司法解释（一）》第八条对此已做出了明确的规定，当事人对建设工程开工日期有争议的，人民法院应当分别按照以下情形予以认定："1）开工日期为发包人或者监理人发出的开工通知载明的开工日期；开工通知发出后，尚不具备开工条件的，以开工条件具备的时间为开工日期；因承包人原因导致开工时间推迟的，以开工通知载明的时间为开工日期。2）承包人经发包人同意已经实际进场施工的，以实际进场施工时间为开工日期。3）发包人或者监理人未发出开工通知，亦无相关证据证明实际开工日期的，应当综合考虑开工报告、合同、施工许可证、竣工验收报告或者竣工验收备案表等载明的时间，并结合是否具备开工条件的事实，认定开工日期。"

从以上规定来看，应以实际开工时间作为认定开工时间的依据，只有在实际开工日期无法确定时，才参考施工许可证等文件综合认定开工的时间。施工单位不应存有施工许可证颁发的时间或记载的开工时间在后，应以施工许可证颁发的时间或记载的开工时间作为起算工期的侥幸。除非施工单位在接到开工通知后，以未取得施工许可证为由拒绝施工，否则其主张很难获得法院的支持。

**（2）开工通知下发后不具备开工条件的，应及时提出异议**

在工程实际施工过程中，建设单位一般会以开工令的形式，要求施工单位开始施工，并开始计算工期，如此时开工条件仍不具备，施工单位应及时对建设单位的开工令进行回复，将现有工程状况及不满足开工条件的情况一一列举，主张工期应推迟计算。

以下介绍一个我们经办的案例，借以说明施工单位在这种情况下应进行的做法。这是一家我们认为值得学习的施工单位，能做到这样非常不容易。

【**案例 26**】一家值得学习的施工单位对开工时间的较真。

> HX 花园四期工程位于深圳市龙岗区，建筑面积 58000 平方米。签订的施工合同约定工期从 2003 年 9 月 15 日至 2004 年 6 月 15 日（后双方协商工程竣工并取得备案时间为 2004 年 7 月 1 日），主体结构封顶时间为 2004 年 2 月 1 日。如因乙方原因，每迟延 1 天封顶，乙方应向甲方支付违约金 5000 元；如因乙方原因未能按时取得竣工验收备案证书，每迟延 1 天，乙方应向甲方支付违约赔偿金 1 万元，并承担由此违约而给甲方带来的所有损失。
>
> 该工程于 2003 年 10 月 6 日由监理发出开工令，但是当时仍有部分施工图尚未完成，施工单位收到开工令后，立即发出一个《HX 花园开工日期回复报告》，对开工令的发出表示质疑，并逐项列举不满足正式开工的条件，称不能以开工令发出的时间作为开工时间。
>
> 该工程完工后，双方为停窝工损失、工程款等问题向仲裁委申请仲裁时，开工时间是案件的一大争议焦点。此时，施工单位就把《HX 花园开工日期回复报告》作为一个重要证据提交，而且得到了仲裁庭的支持，开工日期未能按开工令发出的时间计取。

下文就是这份值得施工单位学习的对开工日期异议的报告，报告的内容逐项列举了不能正常开工的理由，条理清楚、理由充分，并提出了起算开工时间的条件。

【**参考文书 4**】HX 花园开工日期回复报告

> 深圳市 ×× 实业发展有限公司、深圳 ×× 建设监理有限公司：
>
> 我公司于 2003 年 10 月 6 日和 2003 年 10 月 11 日分别接到贵公司关于 HX 花园四期工程地下室、幼儿园、3 栋、4 栋、6 栋及 1 栋、2 栋、5 栋已具备了开工条件，可以投入施工的通知。而我公司项目部认为，该工程具备开工条件存在许多实质性问题。暂时还不能确定正式开工日期。只是在现阶段尽可能配合贵方要求，动工挖土，做好前期准备工作。但不能作为计算合同工期的依据。原因如下：
>
> 一、该工程自进场至现在，还没有一份全面完整的图纸，无法进行全面技术交底及各工种衔接配套工作安排。以下是我司接到各种图纸的具体记录：
>
> 1. 9 月 11 日收到建施、水施、电施图三套（无结构施工图）。

2. 9月18日收到结施图三套，甲方通知9月20日图纸会审。

3. 9月19日接甲方通知，地下室基础结构施工图需要修改，同时9月20日图纸会审取消。

4. 9月24日晚接到甲方通知我司去拿地下室基础结构修改图，9月26日图纸会审。9月25日上午8：30我司有关人员到贵司取图时，被告之基础结构修改图还有问题，需要修改，不能给我司，同时取消9月26日图纸会审。

5. 10月1日收到所有栋号基础设计平面图结施01号～06号，同时通知10月2日下午2：30图纸会审。

（1）结施01号～06号仅有基础平面布置图，无基础埋深标高，无柱和剪力墙配筋图。

……

二、本工程7栋号九层因基础处理，需要检测后才能施工。

三、施工场内还存在影响施工条件的障碍物（如通讯电缆等）未采取措施，影响项目正常施工。

四、施工报建手续，需要合理报建期限，才能领取施工许可证。

综合所述，由于存在以上因素，其正式开工日期暂不能确定，正式计算合同工期的开工时间，我们认为须具备以下条件：

1. 有完整的施工图。

2. 进行过全面系统的图纸会审。

3. 能够具备有完整施工条件的场地和所有各栋都能开工的条件。

以上是我司项目部对现阶段正式进入施工合同工期计算的异议及提议，望贵公司及监理公司根据现阶段的实际情况考虑，抓紧落实，解决以上问题。谢谢。

此致

敬礼

深圳××建筑工程有限公司

HX花园四期工程项目部

××××年××月××日

从以上案例可知，施工单位应谨慎对待开工时间的界定，对于实际开工时间，施工单位应考虑两种特殊情况：

（1）开工时间是否为全面开工的时间？

有的工程施工面大，可能做进度计划安排时考虑的是全面开工，但是到实际开工时，发包人可能只能移交部分工作面，施工单位只能部分开工。这种情况产生争议时，如果施工过程中施工单位未提出过异议，则事后只能从施工方案或进度计划中寻找证据，但通常施工单位提交给发包人的施工方案比较粗糙，难以找到这方面的有利证据。

（2）实际开工时间滞后于发包人指令

当发包人签发开工报告后，或取得施工许可证后，工程仍不具备正式开工的条件，如有施工图纸不齐，或不具备工作面等情形，而此时施工单位未能及时提出书面的异议，则日后对开工日期产生争议时，无法就实际开工时间进行举证。

对此，我们提醒施工单位注意：

（1）当工程暂不具备开工条件时，应及时对开工要求提出书面异议，便于今后对开工时间的认定。

（2）如工程施工面大，在签订施工合同或做投标方案时，应特别注意对开工时间的概念进行界定，即是否为全面开工；或者在方案中对工序、进度计划等详细标明。

（3）建设项目尚未取得施工许可证，工程不具备开工条件的，施工单位可以拒绝施工。但如果施工单位并未因此提出异议或实际停工，则人民法院在判定工期延期责任时，仍将以实际开工日期作为工期起算的时点。

（4）特别注意工作面的移交。工作面移交，关键是要证明工作面移交的时间、工作面移交的内容。如土建工作与装饰工作的配合中，土建施工面已完成，移交给装饰施工单位施工。此时应由土建施工单位与甲方、监理及装饰施工单位四方共同验收并签字认可，这样既可以区分日后工期延误的责任，也可以区分日后成品工作损坏的责任承担。特别是对于一些装饰工程，为了不影响建设单位经营，可能是分层移交施工，如果未对工作面移交有书面证据，日后很难说清移交日期，难以界定工程的开工时间。

## 2. 工程停工

工程停工是工程在施工过程中不正常的状态，有的是全面停工，也有部分停工。停工必然引发工期的延长、停窝工的损失，工程交付时间的延后等不利后果，对承发包双方的影响都是巨大的。

（1）只有非施工单位原因引起的停工，才能工期顺延及索赔

停工的原因有很多，根据引发主体的不同，可以分为：

1）因建设单位原因导致的停工。建设单位有时由于建设计划有变，或由于资金问题主动暂停施工。有时由于建设单位付款或其他配合工作不利，施工单位提出的停工。

2）因施工单位原因导致的停工。由于施工单位人员、材料、机械供应的原因导致的停工。

3）因第三方原因导致的停工。由于恶劣天气，或政府临时管制等原因导致的停工。

如果停工的原因不是施工单位自身，则施工单位将获得工期顺延并可向建设单位进行索赔；如果停工的原因在于施工单位自身，则工程逾期后建设单位可向施工单位进行工期延误索赔。

**（2）施工单位停工，应具备充足的理由**

非施工单位原因致使合同无法履行时，施工单位要善于运用停工权。《民法典》第八百零四条规定："因发包人的原因致使工程中途停建、缓建的，发包人应当采取措施弥补或者减少损失，赔偿承包人因此造成的停工、窝工、倒运、机械设备调迁、材料和构件积压等损失和实际费用。"

施工单位采取停工措施应谨慎，不当停工可能遭受建设单位的索赔。

1）停工手续的完备性。停工应当具备充足的理由及相应证据。如：按照合同约定支付工程进度款一般需要承包人向建设单位申报，且申报材料应有有效的签收。

2）停工时间的选择。一般进度款相差几天不宜停工，建议一般应考虑在1个月以上。当然法律没有明确的时间规定，施工单位应视具体时间情况而定。

3）停工的经济性、安全性。要注意停工是否在施工阶段节点上，停工对质量或安全不能造成影响。停工是手段，不是目的。停工应不影响工程质量、不发生安全事故。

**（3）停工后应及时进行工期索赔**

1）停工过程中应连续致函建设单位，以引起其重视。同时为索赔停工所带来的损失做好证据准备。

有些施工单位在发包人迟延支付工程款等发包人违约情形发生后，以停工等方式进行应对，这种应对方式本身没有问题，是维护自身利益的重要手段，但一定要有相应的依据证明已停工，否则后期双方对工期延误的原因各执一词时，施工单位仍需承担工期延误的证明责任。

2）停工应与索赔相呼应。施工单位的停工如符合法律规定并有足够证据，建设单位就应当给予赔偿。施工单位的索赔成功与否，很大程度上取决于索赔证据及索赔工作是否充分。施工单位应对施工现场人员、设备等进行统计并由监理确认。编制停工索赔书报监理确认，并送至建设单位。不要在最后造价结算时再提停工索赔，否则会产生确认上的困难和结算上的纷争。

3）停工后应有效固定已完成的工程现状：

a. 停工后建议施工单位应做好工程的看管保卫工作，并做好必要的安全措施。

b. 如具备调解的，建议可先与建设单位协商就已完成的工程进行验收和结算，便于今后下一步措施的采取。

另外关于停工后应如何索赔及索赔有哪些项目，我们将在签证索赔一课中详细论述，此处不再赘述。

## 3. 提前使用

施工是个漫长的过程，除了法律规定的竣工验收之外，如果建设单位提前使用或接受工程移交，对工期认定也有非常重要的影响。

提前使用或移交是指尚未办理竣工验收，建设单位就要求使用或移交，这种情形常出现在工业厂房项目、商业类项目中。《建筑法（2019 修正）》第六十一条第二款规定："建筑工程竣工经验收合格后，方可交付使用；未经验收或者验收不合格的，不得交付使用。"

鉴于此法律规定，《施工合同纠纷司法解释（一）》第九条、第十四条对提前使用的法律后果作了进一步规定：

（1）未经竣工验收建设单位擅自使用的，视为工程质量合格。

（2）未经竣工验收建设单位擅自使用的，以转移占有工程之日为竣工日期。

此处值得注意的问题是，双方协商的提前使用是否导致该司法解释规定的擅自使用的法律后果。我们认为，如果双方对提前使用的协议中未对质量及竣工日期做特别约定的话，不论是协商还是擅自，其直接的后果都是一致的——建设单位尚未办理竣工验收即使用。未办理竣工验收，则意味着工程质量未得到评定，而建设单位提前使用，则表示建设单位已经认可了工程达到了使用的标准，是合格的。建设单位的提前使用，则工程已转为建设单位占用，从占用的角度来说，施工单位已不再占有工程，工程已完工。故而不论未经竣工验收建设单位的使用是擅自或是经双方协商，其对于承发包双方而言，引起的法律后果都是相同的。

但仍有一点不同，就是对于第三人造成的损失责任承担是不同的，如是建设单位擅自使用，则因工程提前使用引起的质量问题对第三人造成损害的，建设单位需承担主要责任；如是双方协商使用的，则承发包双方根据过错原则来分担责任。施工单位在签订移交协议时，应注意写明交付时间、交付内容、提前交付使用原因，最好能够约定因提前交付所产生的一切法律责任均由建设单位自行承担。交付后要注意收集保留建设单位实际使用建设工程的证据。

## 4. 竣工验收

竣工验收是非常重要的法律行为，住房和城乡建设部《房屋建筑和市政基础设施工程竣工验收规定》（建质〔2013〕171号）第五条列举了达到竣工验收的11个条件：

1）完成工程设计和合同约定的各项内容。

2）施工单位在工程完工后对工程质量进行了检查，确认工程质量符合有关法律、法规和工程建设强制性标准，符合设计文件及合同要求，并提出工程竣工报告。工程竣工报告应经项目经理和施工单位有关负责人审核签字。

3）对于委托监理的工程项目，监理单位对工程进行了质量评估，具有完整的监理资料，并提出工程质量评估报告。工程质量评估报告应经总监理工程师和监理单位有关负责人审核签字。

4）勘察、设计单位对勘察、设计文件及施工过程中由设计单位签署的设计变更通知书进行检查，并提出质量检查报告。质量检查报告应经该项目勘察、设计负责人和勘察、设计单位有关负责人审核签字。

5）有完整的技术档案和施工管理资料。

6）有工程使用的主要建筑材料、建筑构配件和设备的进场试验报告，以及工程质量检测和功能性试验资料。

7）建设单位已按合同约定支付工程款。

8）有施工单位签署的工程质量保修书。

9）对于住宅工程，进行分户验收并验收合格，建设单位按户出具《住宅工程质量分户验收表》。

10）建设主管部门及工程质量监督机构责令整改的问题全部整改完毕。

11）法律、法规规定的其他条件。

### （1）施工单位完工后宜尽早申请竣工验收

达到以上条件，工程即可办理竣工验收。施工单位应在工程完工后，尽早提交工程竣工报告。

很多时候，我们发现施工单位为了达到逼迫建设单位付款的目的，将工地牢牢控制在手，在工程完工后迟迟不申请竣工验收，有的项目经理还声称这是"留置行为"，其实这是很危险的行为，极容易引起建设单位工期索赔的扩大。

这是一个让施工单位损失惨重的案件，这个案件直接导致了负责该项目的分公司倒闭，所有员工全部分流。

【案例 27】一起故意不申请竣工验收导致工期高额索赔的案件。

××工业园 1 ~ 6 栋厂房和宿舍楼工程，项目总建筑面积为 77246 平方米；双方约定工程应在 2006 年 5 月 10 日前完工，约定工期延误日罚 5 万元，造价从 650 元／平方米单价包干（不含税）调高为 800 元（含税），但前提是保证工期。

该工程实际于 2007 年 8 月 6 日才办理竣工验收。工程移交使用后，建设单位申请仲裁要求施工单位承担工期违约责任，仲裁申请为：1. 请求确认工程余款为 20704170.82 元（造价从 800 元／平方米调至 650 元／平方米，涉及减少工程款 11470876.5 元）；2. 请求赔偿工期违约金 26774000 元及律师费 200 万元，涉案金额合计 40244876.5 元。

我们作为被申请人 ××建筑公司的代理人，仔细审阅了工程资料，与项目管理人员充分沟通后发现，该工程完工时间实际是 2006 年 9 月 19 日，但是工程完工后，施工单位因与建设单位对于付款有争议，施工单位为了给建设单位压力，故意拖延不办理竣工验收。

在办理这个案件中，我们压力非常大，因为建设单位的工期索赔金额高达 2000 多万元，而施工单位在完工后不申请竣工验收并无恰当的理由。如施工单位在工程完工后立即申请竣工验收的话，则可以减少将近一年的工期违约责任，但因为缺乏这个资料，我们必须寻找可以支持延误一年时间的工期顺延资料来减轻施工单位责任的证据。幸运的是，我们在代理这个案件时，立即提出了支付工程款的反请求，并查封了该项目，而在艰难的审理过程中，由于建设单位急于转让该工程，双方最终以和解结案。

施工单位如果在完工后不想立即交工，拖延办理竣工验收手续的，应慎重考虑可能带来的工期风险。我们建议达到完工条件时，如不能立即申请办理竣工验收，也应设法制作或固定证明工程已完工的证据，比如写一份完工报告并提交给建设单位。

**（2）竣工验收产生的法律后果**

竣工验收一旦确定，则会产生相应的法律后果，直接影响到施工单位的经济效益。所以竣工日期的确定非常重要，其会产生如下法律后果：

1）工期计算截止。竣工验收即意味着施工单位施工任务的全部完成，工期计算截止。对计算施工单位是否存在工期延误有着直接影响。

2）付款条件的成就。通常施工合同中会把竣工验收作为一个付款条件，当办理竣工验收后多少日内，付至一定的比例。这是分析建设单位违约责任，计算违约金的基础。

3）工程保管义务的转移。竣工验收办理后，即要移交工程，移交工程可能按合同约定来办理，或者由施工单位、建设单位提出均可。

4）工程保修期开始起算。《建设工程质量管理条例（2019修正）》第四十条规定"建设工程的保修期，自竣工验收合格之日起计算。"

5）工程结算的开始。竣工验收办理后，承发包双方即可对工程开始办理结算。如合同对结算约定有期限，则需注意结算的诉讼时效问题。

**（3）竣工日期确定的原则**

施工中竣工日期的表现形式有多种，当存在多个竣工日期或完工日期时，竣工日期一般按如下原则来确定：

1）以双方确认的日期为竣工日期。如果双方当事人签字确认了竣工日期，则认定该确认的日期为竣工日期。确认的形式一般为书面，可以是竣工验收登记表、协议、会议纪要、往来函件、监理记录等。

2）建设工程经竣工验收合格的，以竣工验收合格之日为竣工日期。建设单位或监理单位已组织验收并在填写的《建筑工程验收报告书》或相关文件上签字确认验收合格的，应认定工程验收合格，对工程中存在的质量问题应作为保修期内质量问题处理，建设单位以工程存在质量问题为由，要求裁决不支付或延缓支付工程款的，不予支持。

3）施工单位已经提交竣工验收报告，建设单位拖延验收的，以施工单位提交验收报告之日为竣工日期。建设单位接到施工单位竣工验收报告后，无正当理由不组织验收，经过一定合理时间后应视为工程已竣工验收，建设单位以工程未验收或存在质量问题为由，要求裁决不支付或延缓支付工程款的，不予支持。

4）建设工程未经竣工验收，建设单位擅自使用的，以转移占有建设工程之日为竣工日期。

下文是一份提前交工协议，这个项目在施工中也存在工期延误的情况，而且因为甲分包的事由致使工程一直无法办理竣工验收，而建设单位又需提前使用厂房，在此情况下，施工单位拟定了本协议，确定竣工日期，互免违约责任。

【参考文书5】××厂房交工协议

## 交工协议

建设单位： ［以下简称甲方］

施工单位： ［以下简称乙方］

××公司工业厂区B型厂房工程从2010年3月开工以来，在施工过程中得到了甲方和监理公司的大力支持和帮助，乙方在此表示衷心的感谢。在甲乙双方的相互支持、理解、配合与共同努力下，在交工之际，经甲乙双方友好协商，并总结前期工作，签定本交工协议。

1. 乙方承包范围内工程于2010年12月24日进行了初步验收，整改工作于2011年1月11日已完成，但因其他非乙方工作导致本工程不能办理竣工验收，双方商定工程的移交日期为2011年1月20日，并以此作为乙方实际竣工验收日期，保修期也从移交之日起算。

2. 甲、乙双方于本协议签订之日将工程交与甲方，即日起由甲方负责工程的保护、安全等工作。

3. 由于施工过程中存在多方面原因，导致本工程交工日期与合同约定竣工日期有差异，本着互谅互让的原则，甲乙双方约定，均互不追究工期延误的违约、索赔等责任。

4. 工程已近尾声，双方应尽快推动和完善××科技公司工业厂区B型厂房工程的工程变更、签证、工程预算和结算工作，并按合同约定支付后续工程款，使双方继续友好合作，达到双赢的结果。

5. 为了配合本项目的移交计划，乙方在交工前尽快做好2011年1月6日会议纪要所明确的乙方应完成的项目施工。

6.本协议一式四份，甲乙双方各执两份，从双方签字盖章之日起生效。

　　甲方（签章）：　　　　　　　乙方（签章）：

　　代表　　　　　　　　　　　　代表

　　二〇　　年　　月　　日

### （4）施工单位办理竣工验收需注意事项

基于竣工验收重要的法律意义，施工单位在办理竣工验收时，应特别注意：

1）及时报送竣工验收的申请。及时办理竣工验收的重要性，在上文中已详细阐述，此处不再赘述。

2）办理竣工验收时认真填写相关表格，特别是对竣工日期的填写应谨慎对待。我们遇到有些项目经理根本未深思过竣工日期所带来的法律后果，填写竣工日期非常随意，有的填写的是合同约定的竣工日期，有的填写的是申请验收日期，还有的是空白。我们建议项目经理填写竣工日期时，应充分评估项目工期风险，做好对应防范措施。

一般来说，在双方矛盾没有尖锐化之前，承发包双方都是相处较愉快的，所以对工期延误的事情施工单位在办理竣工验收前就应尽量处理完，而且此时双方处于良好合作关系时，也较容易处理。通常的做法是双方签订书面协议，互相免除双方在合同履行中的违约责任，对工期违约责任一揽子解决。

3）注意收集建设单位擅自提前使用的证据。当未办理竣工验收，而建设单位也未与施工单位签订移交或提前使用的协议时，施工单位应特别注意收集建设单位擅自提前使用的证据。这种证据可以是拍照、录影、报纸新闻报道、公证等。我们曾办理过一个案件，是通过在图书馆中查找一年多前的报纸，找到当时项目开业的新闻报道来证明建设单位的使用时间，但不是所有的项目都会这么幸运能够找到报纸报道。

我们有一个施工单位客户，其承接了某商场的装饰工程，一层施工完后，由于质量问题与建设单位产生争议，建设单位将其他工程另行分包给他人，施工完的一层商场未办理移交、竣工验收，而建设单位就实际使用。施工单位对该商场开业有拍照，并摘录了一些网站招商宣传资料。我们审查这些资料后，建议施工单位对于网站的招商宣传资料做公证，避免日后矛盾爆发时建设单位修改网站内容，该客户也立即采纳了我们的意见。

有的施工单位会重视建设单位的提前使用情况，可是他们的重视仅限于拍几张照片了事，在法庭上，仅有照片证明力是很有限的，对此，我们的建议是有公开发行报纸报道的，应保留报纸原件；没有公开发行报纸报道的，应做公证保全。

4）施工单位在验收交工前应对以下几点进行审查，以规避风险：

a. 签证是否落实；

b. 工期是否无责任；

c. 工程款支付是否有保障；

d. 结算是否落实；

e. 工程资料、工程移交是否规范。

下文是一份在竣工验收前发给建设单位的函件，该工程施工合同约定工期延误日罚1万元，该工程工期延误将近一年，为了规避工期违约责任，施工单位发出此函件，要求互免施工中的违约责任，并得到了建设单位同意。由此免除了高额的索赔。

**【参考文书6】请求免除双方违约责任的函**

××房地产开发公司：

"××花园"工程自开工以来，在施工过程中得到了贵司和监理公司的大力支持和帮助，在此表示衷心的感谢。本工程在双方的相互支持、理解、配合与共同努力下，我司施工期间克服了垫资施工、劳动力紧缺及资源上涨等各方的困难，保证了工程连续施工，其中一期工程（1号～13号）已于2015年12月竣工验收，二期14号～15号楼于2015年12月21日竣工验收，二期16号～20号楼计划2016年1月竣工验收，保障了贵司投资效益在房价高峰期之前提前实现的目标。很好地配合了贵司的销售计划。

本工程因多方面原因，导致竣工验收日期与合同约定竣工日期有差异，本着互谅互让的原则，经双方协商，贵司不追究我方工期延误的违约、索赔等责任，我司也不追究资金延期支付的违约责任。

特此函告，望及时确认！

【建设单位确认】

建设单位在该函件上盖章并签字，批示："同意××建筑公司关于上述致函的要求"。

（5）竣工验收办理后需注意要整改的工作或增加的工作内容的处理

按前文所述，竣工验收即指施工单位已全部完成了施工任务，但是由于实践的复杂，也会出现竣工验收先办理，还留有需整改的工作或又增加的工作内容。对此，施工单位应注意的是：第一，约定明晰，对于需整改的工作或增加的工作内容逐项列举，写清工作内容；第二，手续完备，需整改的工作或增加的工作内容做完后，应办理验收或移交手续。

【案例28】未完工程约定不具体导致的一起工期赔偿案。

深圳市龙岗区 BJ 商业大厦，之前已完成工程竣工验收，但承发包双方又在办理竣工验收后签订一份《补充协议（5）》，其中第三条约定"乙方确保三个月内完成尚未完成的工程量以及部分项目的整改。"施工单位称此处的未完工程是指竣工验收后建设单位发出的一张工程变更单上所载内容，而建设单位称是幕墙和室外工程，双方对此争执不下。

由于承发包双方的证据均不能充分证明未完工程的内容，而且也没有证据证明未完工程的完成时间，该案最终以一张维修签单认定全部完工时间（晚于补充协议约定的时间），施工单位承担了部分工期违约金。

本案的施工单位工作欠缺方面体现在：一是补充协议对所需整改的内容未详细约定，二是相关整改完成后无书面验收记录。以致于在后来的案件审理中，双方争议非常大，虽然经过争取避免了部分损失，但未能达到应有的效果。

【案例29】工程竣工但未移交发包人，利息及保修期自移交之日起算。

在最高人民法院（2019）最高法民再218号中，工程于2013年12月30日竣工验收，但于2015年1月20日才移交给发包人，法院认为根据《建筑工程质量管理条例》的规定，建设工程的保修期自竣工验收合格之日起计算。但是案涉工程因为双方发生纠纷的缘故，在验收合格之后并未实际交付，而是隔了长达一年的时间后才交付，如以竣工验收合格之日计算保修期，则有违质量保修的立法原意，降低了施工方的质量保修责任，故以案涉工程实际交付之日，即2015年1月20日作为保修期的起算点。

# 三、工期顺延要点

实际施工工期较约定工期迟延的，如施工单位可证明该迟延不是施工单位责任的，可主张工期顺延，从而避免承担工期违约责任。面对工期延误，施工单位需举证证明引起工期延误的责任不在己方，其中的举证工作非常重要且繁琐，这就要求施工单位在施工过程中要做好工期顺延的签证等基础工作。

工期顺延是由于非施工单位原因造成的工期延误，应给予施工单位工期补偿，除工期补偿外，施工单位还可主张因此带来的费用补偿。

## 1. 顺延原因

造成工期顺延的原因是多方面的，具体分为如下几类：

（1）建设单位的原因。如建设单位迟延付款、迟延提供场地、迟延提供图纸、迟延发出工作指令、迟延材料定质定价、迟延提供材料、迟延提供其他配合工作等。

（2）不可抗力原因。如恶劣天气、恶劣地质灾害、2020年初的新型冠状病毒肺炎疫情等。

（3）其他第三方原因。如政府特别管制、第三方分包影响、其他第三方原因等。

有以上影响工期的事由发生是否就可使施工单位工期顺延？答案是未必，发生上述原因后，施工单位还应立即依据合同向建设单位提出索赔，否则法院可能不予认可。

我们办理过的一个案件就出现过这样的问题，有建设单位迟延付款的事实，但是施工单位并未提出过因迟延付款需顺延工期的索赔，法院据此认为，虽然建设单位有迟延付款，但是不必然影响到工程的正常进展，理由是施工单位从未对此提出过要求。

工期可顺延的条件通常由承发包双方在合同中约定，基于施工单位在承发包关系中的弱势地位，施工合同中对工期可顺延的条件常常约定的非常苛刻。有时施工单位在发生争议后向我们咨询，说不合理的工期条款能否为无效。我们认为，是否能认定为无效，必须符合《民法典》第六章第三节关于无效的条件，比如违反法律、行政法规的强制性规定，违背公序良俗或虚假的意思表示等情形。施工合同是当事人双方对自身权益的处理，一般不涉及违反法律、行政法规的强制性规定、违背公序良俗，也很难说是对方恶意串通，损害他人合法权益。

所以施工单位面对激烈的市场竞争，应有充分的思想准备，合同一旦订立必须严格履行，不要抱有侥幸心理。

【案例30】一起高额的工期索赔案。

> 这是我们目前见到的判决施工单位工期赔偿额最多的案例，而且是经最高人民法院终审审理的，该案判决施工单位赔偿建设单位延期交房3000余万元违约金。
>
> 施工合同约定工程开工日期为1998年6月18日，竣工日期为1999年5月31日。其中B栋1999年5月31日完工，C1、C2栋1999年2月15日完工；合同包干价款为6000万元，因乙方原因工程不能按期竣工，由乙方承担违约责任，并处以罚款。其奖罚额度为：C1、C2栋如按期完工，则一次性奖励35万元；如不能按期完工，因乙方原因，按35万元处以罚款；延误工程一个月后，每天按合同价款千分之一罚款。B栋如按期完工，则一次性奖励35万元；如不能按期完工，因乙方原因，按35万元处以罚款；延误工期一个月后，每天按合同价款千分之一罚款。实际C1、C2栋逾期至2000年1月8日竣工，B栋更迟至2001年9月才竣工，建设单位按照合同约定，认为施工单位应支付违约金5280万元。
>
> 审理过程中，对于工期延误的原因重点进行了审理及鉴定，最终法院认为施工单位提出的设计变更影响工期没有充分证据，而造成工期延误的B栋基坑工程质量事故责任经鉴定为施工单位承担主要责任。施工单位提出的施工合同工期违约条款与奖惩条款不一致，显失公平，应为无效条款理由无法律依据，法院认为双方当事人签订的合同系双方的真实意思表示，合同内容不违反法律、法规的禁止性规定，为有效合同。最终法院判决施工单位应支付工期违约金30321836.22元。施工单位不服一审判决上诉至最高人民法院，最高人民法院经审理认为建设单位因施工单位违约遭受的损失已高达7000多万元，而一审判决施工单位承担的违约金仅30321836.22元，可以充分证明合同约定的违约金数额不是过高，而是过低。最终判决驳回上诉，维持原判。

施工合同是承发包双方在施工过程中的最高指引，一切施工活动都围绕施工合同展开，施工单位现场管理人员必须充分研读施工合同，注意到施工合同中的风险点，按照施工合同约定办理工期顺延的各项手续。

## 2. 顺延程序

住房和城乡建设部及国家工商行政管理总局联合制定的《建设工程施工合同（示范文本）》GF—2017—0201第19.1规定："承包人的索赔：根据合同约定，承包人认为有权得到追加付款和（或）延长工期的，应按以下程序向发包人提出索赔：

（1）承包人应在知道或应当知道索赔事件发生后 28 天内，向监理人递交索赔意向通知书，并说明发生索赔事件的事由；承包人未在前述 28 天内发出索赔意向通知书的，丧失要求追加付款和（或）延长工期的权利……"

根据上述规定，承包人认为有权延长工期的，应在知道索赔事件后 28 天内发出索赔通知书，否则将丧失要求延长工期的权利。

这是国家制定的建设工程施工合同示范文本，具有很强的指导性。大部分开发企业制定的施工合同文本对于施工单位工期索赔的程序性要求更苛刻。

那么，就这样的条款，法院是否会支持呢？

【案例 31】未按照合同约定办理签证，不能免除逾期竣工违约责任。

> ××建设公司系施工单位，聚××实业公司系建设单位，聚××实业公司主张××建设公司存在逾期竣工违约行为，××建设公司以聚××实业公司存在拖欠工程进度款等问题导致工程进度滞后。
>
> 四川高院认为，××建设公司还主张聚××实业公司存在拖欠工程进度款、配套施工进度延误、原施工单位施工造成的质量问题一直未解决等问题导致工程进度滞后，但根据双方约定可知，因不可抗力或聚××实业公司原因需要顺延工期的，××建设公司应当以书面形式向聚××实业公司提出报告，并形成关于工期索赔的签证，但××建设公司并未举示相关证据，故不能免除××建设公司的逾期竣工违约责任。［案号：（2018）渝民终 245 号］

《施工合同纠纷司法解释（一）》第十条规定："当事人约定承包人未在约定期限内提出工期顺延申请视为工期不顺延的，按照约定处理，但发包人在约定期限后同意工期顺延或者承包人提出合理抗辩的除外。"

所以施工企业如果当时没有及时申请工期顺延，在后续的施工过程中，施工单位也不能直接"躺平"放弃，仍应通过多种方式让建设单位对顺延事项进行确认，比如在（2019）浙民终 1182 号案件中，法院认可了承包人的如下合理抗辩理由：

【案例 32】未按约定期限及形式提出工期顺延申请的补救。

> 华某公司未在约定期限内、以约定形式和程序提出工期顺延申请，但其在 2014 年 3 月 29 日的会议中明确提出由于业主方原因导致其工期延误四个月并要求业主方在五天内回复，但康某公司未对此作出回应，且现有证据可以证明涉案工程施工过程中确实存在图纸多次修改、施工方案未能及时确定等情形，故可视为华某公司已作出合理抗辩，对该四个月工期予以扣除。

### 3. 注意事项

施工单位办理工期顺延的书面表现形式有工程联系单、报告、函件、会议纪要等，其性质可归纳为签证和索赔。

工期的签证是承发包双方对工期顺延达成一致的书面形式。施工单位在办理工期签证时，应特别注意：

（1）需要对工期顺延天数具体化。如只是简单地同意顺延工期，并无具体天数，则日后难以计算工期顺延天数。

【案例 33】证据未明确要求确认延误工期多少天，法院未确认工期顺延。

> 温×× 公司系施工单位，×× 特公司系建设单位，×× 特公司主张 ×× 建公司拖延工期应承担逾期竣工违约金，温×× 公司抗辩称已通过工程联系单等方式主张过工期顺延。
>
> 江苏省高级人民法院认为，根据 2011 年 9 月《建设工程施工合同》通用条款第 13.2 款的约定，温×× 公司主张工期延误应当要向美×× 公司出具书面的延误工期报告。本案审理中，温×× 公司亦提供了两份延长工期报审表，请求延长工期。除此之外，虽然温×× 公司还提供了工程联系单、开工通知书、报告及函等证据证明案涉工程逾期竣工系美×× 公司直接发包土方、景观绿化、室内装修及未及时支付工程款、未依约退还保证金等原因而导致。然除两份延长工期报审表外，温×× 公司提供的其他证据中均没有要求确认延误工期多少天的明确内容，亦没有×× 特公司或监理公司明确同意延长工期的答复意见。一审关于温×× 公司逾期竣工天数及违约责任的认定并无不当，本院予以维持。温×× 公司关于逾期竣工违约责任认定不当的上诉主张无事实依据，本院不予支持。［案号：（2018）苏民终 27 号］

（2）工期签证上应注意对工期延误状态的描述，如涉及多少人员停工，是哪一个工作面的停工等，为今后的工期延误费用索赔打好基础。

（3）确保工期签证上的签字人有权确认签证。如合同有特别约定需盖章等形式，也应注意及时办理。

工期索赔是当出现非施工单位原因导致工期延误时，施工单位向建设单位提出的工期顺延的主张。施工单位单方提出的工期顺延索赔成功的基础在于充分的事实、确凿的证据。而这些事实和证据只能来源于工程承包全过程的各个环节之中。关键在于用心收集且整理好，并辅之以相应的法律法规及合同条款，使之真正成为成功索赔的依据。施工单位应注意：

（1）充分掌握招投标文件、合同条款及相关的法律法规。项目部每个专业、每个部门都应认真学习。在工程开工前应搜集有关资料，包括工程地点的交通条件，"三通一平"情况，供水、供电是否满足施工需要，地下水位的高度，土质状况，是否有障碍物等。组织各专业技术人员仔细研究施工图纸，互相交流，找出图纸中疏漏、错误、不明、不详、不符合实际、各专业之间相互冲突等问题。

（2）在图纸会审中应认真做好施工图会审纪要，因为施工图会审纪要是施工合同的重要组成部分，也是索赔的重要依据。

（3）认真做好施工组织设计及专项施工方案，施工进度、劳动力及工机具计划，也是工程索赔的依据。在区分关键线路、分析设计变更是否影响到工期时，施工组织方案往往是重要的证据。

（4）充分利用监理的独立法律地位。虽然监理是由建设单位聘请，但是我国推行建筑工程监理制度，监理在法律上及合同上都有独立的法律地位。审判实践中也常常把监理意见作为评判事实的重要依据，特别是对工程的事实状态，监理的意见往往能得到法院的采纳。我们建议如签证不易办理时，施工单位争取努力让监理能确认某项事实的具体情况。

### 4. 工期违约金

工期违约金是施工单位对工期违约所承担的违约责任，一般有约定时从约定。很多施工合同都会有迟延一天罚款多少的约定，有的是合同总价的百分比，有的是直接约定迟延一天罚多少金额，如5万元、10万元。在对待工期违约金时，施工单位需注意：

（1）合同约定的违约金计算方式一般均有效，除非严重偏高或偏低时可以要求法院调整。如违约金不足以弥补建设单位实际损失时，建设单位还可要求按照实际损失来赔偿。建设单位的实际损失，包括银行贷款利息、逾期交房赔付给小业主的违约金、房屋预计出租收益、房屋预计营业收益等。

（2）施工单位约定工期违约金或出具相关承诺书时，需对可能带来的法律后果有充分预计，切勿作出一些不切实际的承诺。

（3）施工合同没有约定违约金或约定不明确的，法院可能会按以下不同方式处理：

1）建设单位没有证据证明其因此所受损失的，按银行同期固定资产投资，利率按实际延期日期计算。

2）建设单位有证据能证明其因此所受损失的，施工单位应承担建设单位因逾期所造成的损失，但不得超过合理限额。建设单位所建房屋系自用房屋，实际损失以不超过本地区同类房屋的租金为限，并应考虑一定的房屋空置率；建设单位所建房屋系商品房，实际损失以不超过建设单位已经预售房屋逾期交付的违约金为限。

3）建设单位因施工单位延误工期而同意先行接受已完工程的，施工单位只承担未完部分工程逾期的违约责任。

4）如施工合同约定不同阶段形象进度的完成期限的，因施工单位未完成该阶段形象进度，施工单位只承担该阶段形象进度的违约责任。

5）施工合同对施工单位工期延误的违约金有最高赔偿额或占总造价比例约定的，从其约定。但过高或过低，当事人有权请求调整。施工合同约定违约金过高的，施工单位可申请法院或仲裁机构调整。

# 本课知识点

本课知识点总结                                                            表 4-2

| 知识点 | 操作要点 |
| --- | --- |
| 工程开工 | 如收到开工令后现场不具备开工条件的，应及时发函指出 |
| | 实际开工时间大大迟于合同约定，可考虑索赔 |
| | 工程开工时间与工程造价密切相关，在标书制作、合同拟定和入场时应区分情况，认真对待 |
| 工程停工 | 发生停工事件时，应注意收集、固定引发停工的相关证据 |
| | 停工后应及时向建设单位和监理单位申报停工人员、现场材料等信息，以便于后续索赔 |
| 中间验收 | 中间移交应做好中间验收手续，约定质量、保修等责任承担 |
| | 对合同约定的中间节点，应办理相应的验收手续 |
| 提前使用 | 建设单位提前使用在法律上对工期、质量的责任认定非常关键，对提前使用，应注意收集好证据 |
| 竣工验收 | 工程完工后，一般宜尽早提交竣工验收报告 |
| | 竣工验收前应审查是否存在工期违约问题，及时采取对应措施 |
| | 对未办理竣工验收，建设单位提前使用的情况，及时做好证据固定 |
| | 对竣工验收后的整改工作或增加工作，应详细约定，完成后应办理验收手续 |
| 工期顺延 | 注意熟悉掌握合同中关于工期顺延的约定 |
| | 出现顺延情况，及时做有效签证或做好基础证据材料 |
| | 工期延误违约金一般从约定，如未约定具体金额，工期延误时施工单位仍需承担违约责任 |

# 项目经理立即做

（1）认真查阅施工合同中关于开工、竣工、工期顺延的约定，对照合同约定检查在建项目是否存在工期拖延的情况。

（2）根据合同约定及工程实际情况，界定实际开工时间，并做好相关证据收集工作。

（3）检查工程施工中遇工期应顺延情形是否已办理相应签证，评估项目的工期拖延违约赔偿风险。

（4）当承包范围内工程完工时，应及时申请竣工验收，固定竣工验收日期。

（5）如遇中间移交的，则应对移交范围、移交工程质量、保修、安全保卫等做详细约定。

（6）如存在严重逾期情况，可利用交工验收等关键节点，和建设单位签订补充协议，相互免除违约责任。

# 管理表单

## 表单一：工期风险管控表

工期风险管控表

项目名称：

| 合同开工时间 | | 合同竣工时间 | | 合同工期天数 | |
|---|---|---|---|---|---|
| 实际开工时间 | | 竣工验收时间 | | 实际工期天数 | |
| 报送验收时间 | | 项目移交时间 | | 项目使用时间 | |
| 合同违约责任 | | | | | |

| 延误情形 | 延误天数 | 证明材料 |
|---|---|---|
| 发包人未按约提供图纸 | | |
| 发包人未按约提供施工条件 | | |
| 发包人提供基准点等存在错误 | | |
| 发包人未及时通知开工 | | |
| 发包人未按约支付工程款 | | |
| 发包人或监理人未及时批复 | | |
| 发包人直接分包项目迟延 | | |
| 发包人供应材料迟延 | | |
| 非施工单位引起的停工 | | |
| 设计变更影响关键线路 | | |
| 其他非施工单位因素 | | |

# 律师范本

## 范本十一：结算协议书

### 结算协议书

发包人：_____有限公司（以下简称甲方）

承包人：_____有限公司（以下简称乙方）

甲乙双方于_____年_____月_____日签订_____建筑工程施工合同之补充协议合同（以下简称原合同），由乙方承包甲方发包的_____工程（以下简称本工程），现本工程已于_____年_____月_____日通过竣工验收并交付使用，对此，甲乙双方经平等协商，就本工程结算及工程款等相关事宜达成如下条款，供双方共同遵守：

第一条 双方经审核并共同确认本工程结算总价款为_____元（大写：_____），该价款为最终结算价款，双方对此不再有异议。

第二条 甲方已支付的工程价款经双方确认为：_____元（大写：_____）。本工程乙方已提供发票金额为_____元（大写_____）。

第三条 根据合同保修条款，除防水工程保修期为5年外，其他专业工程保修期为2年；从验收合格之日（_____年_____月_____日）起算保修期，其他专业工程保修期截止_____年_____月_____日止已到期，按原合同约定甲方应扣留防水工程质保金为_____元（大写：_____）；质量保修期满经甲方或者甲方指定的公司确认无质量问题或者虽有质量问题但扣除相关费用后尚有剩余的，余款支付方式按主合同相应条款执行。

第四条 根据上述确定的结算及付款情况，双方确认甲方还应付工程款项为_____元，大写：_____。

第五条 除工程质量责任（含材料设备质量不符合要求）、责任方对第三人应进行旳赔偿，以及发生保修条款规定的违约事项仍需按原合同及相关补充协议约定承担责任外，双方同意互不再追究对方在履行原合同及相关补充协议过程中的责任，自愿放弃向对方索赔的一切权利。

第六条 本协议自双方签字并盖章后生效。本协议一式六份，甲方执四份，乙方执二份。

第七条　因履行本协议发生争议的，双方应协商解决、协商不成的，任一方有权向项目所在地有管辖权的人民法院提起诉讼。

甲方：

日期：


乙方：

日期：

本课内容
责任主体
应承担的责任
风险控制点

# 第五课　让人纠缠不清的质量管理

建设工程参与主体众多，当出现某项质量问题时，引发的原因可能是多种多样，谁来承担责任，需要承担什么责任，实践中往往争辩不休，有时政府行政机构会主持鉴定，进行处罚，有时会诉至法院由法院委托专业鉴定机构进行鉴定，裁判责任归属。对于施工单位而言，按时完成符合约定质量标准的工程，是主要的合同义务，所以在履约中必须严控质量管理。

## 一、责任主体

建筑工程质量的概念是一个广义的范畴，不仅指施工质量，还包括建设单位的组织管理质量、勘察设计单位的勘察设计质量、监理单位的监理质量，所有参与工程建设的单位都需要对工程质量负责。

【**案例 34**】六家单位作为共同被告的质量纠纷案。

广东省中山市××商住楼工程，拟建建筑物地上塔楼 33 层、裙楼 4 层、地下室 2 层。2011 年 6 月 28 日，广东省 SY 地下工程有限公司进场进行基坑支护工程施工。在施工过程中，总包单位于同年 10 月 25 日进行基坑内第二道锚索工作面以上的土方开挖。2011 年 11 月 8 日，基坑西北侧 A~B 段临时板房附近地面发生坍塌，导致与坍塌面平行具基坑边线约 3 米的珠海~中山~广州的天然气管道产生水平滑移和变形，引发险情。由于基坑支护施工单位与建设单位就损失赔偿无法协商一致，基坑支护施工单位遂诉至法院，要求建设单位支付工程款 209 万元及利息，并支付损失 243 万元。建设单位提起反诉，要求基坑支护施工单位赔偿损失 2167 万元，支付工期延误违约金 36.5 万元。

该案审理中追加了总包单位、地质工程勘察单位、基坑设计单位、基坑监测单位、主体建筑设计院、监理单位，共 6 家单位作为第三人。

经法院委托的鉴定单位鉴定，建设单位在填筑临时施工便道时造成基坑 A ~ B 段严重超堆荷载而且不及时卸载，又不委托岩土工程勘察企业进行基坑支护工程专门勘察；总包单位在土方开挖过程中随意开挖，在靠近基坑边搭建临时施工用房进而加大地面超堆荷载而不及时卸载，这些行为严重违反工程建设强制性标准，直接导致事故的发生，这是事故的主要原因，故建设单位和总包单位依次共同承担事故的主要责任。监理单位、基坑设计单位、监测单位应依次共同承担事故的次要责任，建设单位应当承担基坑事故衍生的珠海~中山~广州的天然气管道相邻受损事故的全部责任。

该质量纠纷历经多次鉴定、两个行政诉讼，一个行政复议，最终 2019 年 11 月法院判决支持基坑支护施工单位的诉求，驳回了建设单位的反诉请求。第三人责任问题，由于该案件中原被告均未对此进行主张，所以法院认为建设单位可以在承担责任后依法另行主张。

这是一起典型的诸多责任主体承担责任的质量纠纷案件，参与工程建设的 8 个主体均被作为案件当事人进行审查，由此可以看到建设工程质量纠纷主体的复杂性，我们接下来一一对此进行分析．

## 1. 建设单位

建设单位，也称为发包人，它是依法设立的、对建设工程进行投资并享有权利的投资人。《民法典》《建筑法（2019 修正）》和《建设工程质量管理条例（2019 修正）》规定了建设单位有提供符合要求的建设工程技术资料、提供合格的建筑材料，依法分包的义务。《施工合同纠纷司法解释（一）》更加明确列举了建设单位应承担过错责任的三种情况，但按照现行法律法规，建设单位对工程质量缺陷应承担过错责任的情况不止于此，具体有：

**（1）不按照规划条件进行报建及建设**

《中华人民共和国城乡规划法》第四十条规定进行工程建设的，建设单位需办理建设工程规划许可证；第四十三条规定建设单位应当按照规划条件进行建设。各地会有具体的规划技术规定，如《广州市城乡规划技术规定》《中山市城市规划技术标准与准则》等，具体说来就规划条件是指用地性质、用地面积、建筑密度、容积率、计算容积率、建筑面积、绿地率、建筑间距、建筑退让、停车配建、公共服务设施、新能源汽车充电设施，出让地块如涉及地下空间开发利用，应明确地下空间使用性质、水平投影范围、垂直空间范围、建设规模、公建配套要求及出入口、通风口和排水口的设置要求等内容。

在实践中常会出现进行规划验收后，建设单位又私自改建或搭建，因此造成不少质量隐患。

**（2）不顾实际的降低造价、缩短工期**

《建设工程质量管理条例（2019修正）》第十条第一款规定："建设工程发包单位不得迫使承包方以低于成本的价格竞标，不得任意压缩合理工期。"不顾客观实际的造价，不顾施工工艺要求，任意缩短工期，必然导致施工单位偷工减料，导致工程质量低劣。

最高人民法院冯小光法官在《试论施工合同法律效力的判断原则》一文中提到，压缩合理工期是违法行为；工程是有定额工期的，最低工期是国家强制性标准，按照国家标准化法规定，国家强制性标准必须执行。有的地方行政主管部门会规定低于定额工程多少比例是不合理的，如北京市住房和城乡建设委员会文件显示，合同工期少于定额工期的30%以上部分为"压缩的合理工期"。《深圳市建设工程工期管理办法》规定，招标人确定的招标工期不宜低于定额工期的80%，低于定额工期80%的，建设单位应当组织专家论证，并采取相应的技术经济措施。而且规定合同工期相对定额工期压缩超过20%的，或者在工程实施过程中依照本办法压缩合同工期的，施工项目应当计算相应的赶工费用。

**（3）不按建设程序运作，不提供规范的建设工程技术资料**

《建设工程质量管理条例（2019修正）》及《民法典》均规定了建设工程先勘查、后设计、再施工的原则，建设单位有提供施工必要条件的义务。但有的建设单位出于经济利益或其他需要，边勘察、边设计、边施工，甚至造成等图施工的现象，图纸没有审核，设计与实际不符，这些都很容易给工程质量带来先天不足。《施工合同纠纷司法解释（一）》第十三条的第一种情况便是"提供的设计有缺陷"，这是建设单位违反义务的一种结果。

如前述广东省中山市××商住楼工程基坑坍塌事件中，建设单位的过错在于未向设计单位或施工单位提供珠海~中山~广州的天然气管道地下管线资料，应承担未按《建设工程安全生产管理条例》第六条规定影响施工单位提供基坑周边准确、完整的地下管网布置资料的责任，而且建设单位还未委托专门基坑支护工程勘察。

**（4）在设计或施工中提出违反法律、行政法规和建设工程质量、安全标准的要求**

《建筑法（2019修正）》第五十四条第一款规定："建设单位不得以任何理由，要求建筑设计单位或者建筑施工单位在工程设计或者施工作业中，违反法律、行政法规和建设工程质量、安全标准，降低工程质量。"《建设工程质量管理条例（2019修正）》第十条第二款也做了类似规定。由于工程的建设单位对设计单位、施工单位有着很大的支配权，故建设单位提出的要求，设计单位、施工单位很少会予以拒绝，甚至一些不合理的要求也会不顾法律法规的规定而照做不误。这时，建设单位、设计单位、施工单位应对工程质量承担连带责任。

如（2019）吉24民终903号民事判决书，建设单位为节省工程成本与施工单位协商将消防工程的金属管更换为PVC管，造成项目不能验收，故而建设单位对涉案工程大部分不能使用、不符合设计要求存在过错，不能因此抗辩拒付所有工程款。

**（5）将工程发包给没有资质的单位或将工程任意肢解分包**

《建筑法（2019修正）》第二十二条规定："建筑工程实行招标发包的，发包单位应当将建筑工程发包给依法中标的承包单位。建筑工程实行直接发包的，发包单位应当将建筑工程发包给具有相应资质条件的承包单位。"该法第二十四条第一款规定："提倡对建筑工程实行总承包、禁止将建筑工程肢解发包。"我国对建筑市场实行严格的行业准入制度，工程的勘察、设计和施工必须委托或分包给持有工商营业执照和相应资质等级证书的勘查、设计单位和施工单位。如果违反这些规定，无资质或超越资质承接工程将很有可能造成质量问题。肢解分包往往会造成施工现场的混乱，不利于工程的统筹安排，所以这也是法律所明文禁止的。《施工合同纠纷司法解释（一）》第十三条第三种情况列举了其中的一点"直接指定分包人分包专业工程"，这也是实践中较为突出的问题。

（6）采购的建筑材料、建筑构配件和设备不合格或给施工单位指定厂家，明示、暗示使用不合格的材料、构配件和设备

《建设工程质量管理条例（2019 修正）》第十四条规定："按照合同约定，由建设单位采购建筑材料、建筑构配件和设备的，建设单位应当保证建筑材料、建筑构配件和设备符合设计文件和合同要求。建设单位不得明示或者暗示施工单位适用不合格的建筑材料、建筑构配件和设备。"《施工合同纠纷司法解释（一）》第十三条第二种情况便是："提供或者指定购买的建筑材料、建筑构配件、设备不符合强制性标准。"建筑材料、建筑构配件和设备是建设工程质量的根本保证，如果这都无法保证，更无从去谈建设工程的质量合格了。

综上，建设单位应对自身上述行为所造成的工程质量问题承担责任。需要指出的是，《施工合同纠纷司法解释（一）》第十四条还规定了建设单位对工程质量承担的一种推定过错责任："建设工程未经竣工验收，发包人擅自使用后，又以使用部分质量不符合约定为由主张权利的，人民法院不予支持；但是承包人应当在建设工程的合理使用寿命内对地基基础工程和主体结构质量承担民事责任。"也就是说即使建设单位没有上述行为，但只要是未经验收擅自使用建设工程的，建设单位也要对工程质量承担部分责任，这里施工单位的部分责任就转移到建设单位身上。

## 2. 施工单位

施工单位即指承包人，施工单位应当在其资质等级许可的范围内承揽工程，并对建设工程的施工质量负责。《施工合同纠纷司法解释（一）》第十三条列举的发包人（建设单位）承担责任的三种情况，如果承包人（施工单位）对此有过错的，也应承担过错责任，所以施工单位应就下列行为对施工质量承担责任：

（1）不按设计图纸施工、违反施工技术标准施工以及在施工过程中偷工减料。《建筑法（2019 修正）》第五十八条规定："建筑施工企业对工程的施工质量负责。建筑施工企业必须按照工程设计图纸和施工技术标准施工，不得偷工减料。工程设计的修改由原设计单位负责，建筑施工企业不得擅自修改工程设计。"《建设工程质量管理条例（2019 修正）》第二十八条也做了相应规定。所以施工单位应按照工程设计图纸和施工技术标准施工，严格执行每道工序的操作规范，检查建筑材料、构件的质量。

如前述广东省中山市 ×× 商住楼工程基坑坍塌事件中，总包单位承担主要责任的原因是其违反工程建设强制性标准，随意开挖土方，地面超堆荷载。

（2）不具备相应资质进行施工和其他违法活动。《建设工程质量管理条例（2019修正）》第二十五条规定："施工单位应当依法取得相应等级的资质证书，并在其资质等级许可的范围内承揽工程。禁止施工单位超越本单位资质等级许可的业务范围或者以其他施工单位的名义承揽工程。禁止施工单位允许其他单位或者个人以本单位的名义承揽工程。施工单位不得转包或者违法分包工程。"施工单位应在资质许可的范围内施工，无资质与超出资质施工将会直接导致施工合同的无效。这条规定的义务主体不仅包括施工单位，也包括建设单位，如果建设单位明知施工单位是不具备相应资质进行施工的，那么因此造成工程质量问题的，建设单位与施工单位应共同承担责任；如果建设单位将工程指定给无资质的分包单位，施工单位不反对的，建设单位与施工单位也都应共同对工程质量问题承担责任。

关于资质的具体规定，可以查询住房和城乡建设部发布的《建筑业企业资质标准》（建市〔2014〕159号）。

（3）未采用合格的建筑材料、建筑构配件和设备。《建筑法（2019修正）》第五十九条规定："建筑施工单位必须按照工程设计要求、施工技术标准和合同的约定，对建筑材料、建筑构配件和设备进行检验，不合格的不得使用。"《建设工程质量管理条例（2019修正）》将上述检验的标的扩及到了商品混凝土。大部分的工程都是采用包工包料的承包方式，建筑材料、建筑构配件和设备的不合格是造成建筑施工质量问题最直接的原因之一，施工单位不仅应对自身采购的材料负责，还应对工程使用的材料负责，如果建设单位采购或指定的材料不符合工程质量要求，即建设单位存在《施工合同纠纷司法解释（一）》第十二条第二种情况时，施工单位未尽到足够的检验义务，未提出异议的，施工单位应对所造成的工程质量问题承担责任。

（4）对在质量保修期内出现的质量缺陷不履行质量保修义务的。《建筑法（2019修正）》第六十条规定："建筑物在合理使用寿命内，必须确保地基基础工程和主体结构的质量。建筑工程竣工时，屋顶、墙面不得留有渗漏、开裂等质量缺陷。对已经发现的质量缺陷，建筑施工企业应当修复。"《建设工程质量管理条例（2019修正）》也分部分项规定了不同的保修期限。如果约定的保修期限低于法律规定，或者施工单位在保修期限内不履行保修义务，施工单位应按照法律规定承担责任，履行保修义务或对所造成的损失进行赔偿。

所以施工单位是工程的施工者，对工程质量的最终形成起到关键作用，提供合同的产品是它的主要合同义务，它对施工质量负有主要的责任。

### 3. 勘察、设计单位

勘查、设计单位是指通过建设行政主管部门的资质审查，从事工程测量、水文地质勘察、岩石工程和工程测量，以及从事建设工程可行性研究、建设工程设计、工程咨询等工作的单位。《建筑法（2019 修正）》第五十六条规定："建筑工程的勘察、设计单位必须对其勘察、设计的质量负责。"勘察、设计单位应对下列行为负责：

（1）不按照工程建设强制性标准进行勘查、设计。《建设工程质量管理条例（2019 修正）》第十九条规定："勘察、设计单位必须按照工程建设强制性标准进行勘察、设计，并对勘察、设计的质量负责。注册建筑师、注册结构工程师等注册执业人员应当在文件上签字，对设计文件负责。"工程建设强制性标准是工程建设技术和经验的积累，只有满足工程建设强制性标准才能保证质量，才能满足工程对安全、卫生、环保等多方面的质量要求。不符合工程建设强制性标准的行为必将给工程质量留下无穷隐患。

（2）没有资质或超出资质承揽工程。《建设工程质量管理条例（2019 修正）》第十八条规定："从事建设工程勘察、设计的单位应当依法取得相应等级的资质证书，并在其资质等级许可的范围内承揽工程。禁止勘察、设计单位超越其资质等级许可范围或者以其他勘察、设计单位的名义承揽工程。禁止勘察、设计单位允许其他单位或者个人以本单位的名义承揽工程。"勘察、设计活动需要有专业技术人员、技术装备等，违反了资质管理规定将直接导致勘察、设计合同无效，并对勘察、设计的质量造成隐患。

（3）提供的勘察成果或设计质量有问题。《建设工程质量管理条例（2019 修正）》第二十条规定："勘察单位提供的地质、测量、水文等勘察成果必须真实、准确。"第二十一条规定："设计单位应当根据勘察成果文件进行建设工程设计。设计文件应当符合国家规定的设计深度要求，注明工程合理使用年限。"勘察、设计单位应按照规定提供符合合同约定的勘察、设计文件，勘察、设计活动不仅要满足强制性的标准，还应保质保量，它的任何疏忽与不合格将导致一系列的后果。

如前述广东省中山市 ×× 商住楼工程基坑坍塌事件中，设计单位的过错是依据不准确的岩土分布状况，采用不合理的岩土力学参数，导致支护结构没有更高的安全储备，因此承担次要责任。

所以，勘察、设计是工程建设的基础，施工单位的施工过程是按照勘查、设计的成果来进行的，勘察、设计单位对工程质量的责任也是工程质量责任中重要组成部分。

### 4. 监理单位

监理单位，是指经过建设行政主管部门的资质审查，取得监理资质证书，具有法人资格的监理公司。监理单位应当根据监理合同，客观、公正地执行监理任务。《建筑法（2019 修正）》第四章规定的就是建筑工程监理，其中第三十二条规定："建筑工程监理应当依照法律、行政法规及有关的技术标准、设计文件和建筑工程承包合同，对承包单位在施工质量、建设工期和建设资金使用等方面，代表建设单位实施监督。"监理单位虽然不直接实施建设行为，但它应当对下列行为造成的工程质量缺陷和质量安全与其他责任人共同承担责任。

（1）不按照法律、法规以及有关技术标准、设计文件和建设工程承包合同进行监督检查的项目。《建设工程质量管理条例（2019 修正）》第三十六条："工程监理单位应当依照法律、法规以及有关技术标准、设计文件和建设工程承包合同，代表建设单位对施工质量实施监理，并对施工质量承担监理责任。"第三十七条及第三十八条规定了应采取的监理形式和方式。监理单位代表建设单位对工程质量进行控制，对工程最终质量起到非常重要的作用。在缺乏必要监督的情况下，施工单位的施工质量就很容易出现问题，这时，监理单位应就自身的不合格监理行为与工程质量的其他责任人共同承担责任。

（2）未在核定的监理范围内从事监理活动。《建设工程质量管理条例（2019 修正）》第三十四条规定："工程监理单位应当依法取得相应等级的资质证书，并在其资质等级许可的范围内承担工程监理业务。禁止工程监理单位超越本单位资质等级许可的范围或者以其他工程监理单位的名义承担工程监理业务，禁止工程监理单位允许其他单位或者个人以本单位的名义承担工程监理业务。工程监理单位不得转让工程监理业务。"第三十五条规定了工程监理单位的回避义务。可见国家对监理的业务范围也是有着严格规定的，这是为了监理单位具有监督规范施工的能力和保证监督的公正性。

如前述广东省中山市 ×× 商住楼工程基坑坍塌事件中，监理单位的过错在于对严重不符合工程建设强制性标准的基坑外地面超重荷载、基坑开挖过快等严重违章操作行为，没有督促整改并落实制止或消除措施。

综上，监理单位的工作内容决定了监理单位对工程建设承担的责任有两方面：第一是对工程质量缺陷承担的间接责任，如果监理单位不按上述规定执行监理义务，造成工程质量缺陷的，监理单位应与其他责任人共同承担责任；第二是必须对因工程质量事故引发的包括安全事故在内的其他事故承担直接责任。由于监理单位或监理人员的不作为、失职或者渎职行为造成工程质量事故或其他责任事故的，应依法承担相应的责任。

## 二、应承担的责任

建设工程实行的是国家强制性的质量标准，违反了强制性标准应承担相应的法律责任。因工程质量不仅关系到承发包双方的权利义务，更关系到千家万户的人身财产安全，所以法律对工程质量法律责任有着特别的规定，有作为合同主体的公司需承担的责任，还有作为直接责任人的自然人需承担的责任。

### 1. 民事责任

民事责任是民事主体对于自己因违反合同，依法应当承担的民事法律责任。因施工单位原因造成工程质量不合格的，通常由施工单位来承担民事责任，不会直接由非合同主体的自然人来承担。施工单位应承担的民事责任有：

（1）合同约定的违约责任；

（2）不得交付使用，造成工期延长的，应赔偿建设单位工期损失；

（3）返工、修复并承担修复费用；

（4）修复后仍不合格的，建设单位可拒付工程款；

（5）对建设单位或第三人因建筑工程不合格受到损害的，应当给予赔偿。

另外，根据《建筑法（2019修正）》规定，总承包单位应当对分包工程的质量与分包单位承担连带责任。

如施工单位认为不应承担质量责任，一般认为举证责任应由施工单位承担，证明质量问题（缺陷或瑕疵）是由建设单位或第三方的过错所造成。此时，需通过质量鉴定来解决，通过鉴定质量合格或者质量问题由建设单位所造成的，鉴定时间不计在工期之内。

当合同没有约定质量的违约责任时，通常可以通过第三方专业机构鉴定来确定责任主体，进而确定维修方案，对维修方案进行计价来明确修复费用。

【**案例 35**】某冷链物流园 1 号冷库及配套工程质量纠纷案。

深圳市某冷链物流园 1 号冷库及配套工程，总建筑面积约 34279.33 平方米，合同价款为 56734191.79 元，2011 年 10 月 10 日通过竣工验收，因建设单位拖延办理结算，施工单位遂诉至法院，要求以送审价为准，要求建设单位支付结算尾款 23496405.14 元。建设单位认为施工单位工期严重拖延，工程验收半年后才完成竣工资料归档，提起反诉，要求建设单位支付工期违约金 7618606.37 元，就逾期竣工、迟延交付工程资料行为赔偿 30531867.63 元，对地面开裂进行修复及赔偿修复对经营造成的损失，反诉请求合计 44395284.61 元。

诉讼中争议最大的是地面开裂问题，根据建设单位的申请，法院委托深圳市质量技术监督评鉴事务所对涉案工程的屋顶防水、楼板、墙体质量进行查验，查验结果认为楼板（装饰层）混凝土多处存在开裂，其原因为收缩变形及保护层过厚的问题；附属楼梯与主体间连接处开裂、存在高差，其原因为楼梯与冷库主体结构的基础不在同一持力层，两者存在差异沉降造成的。而且另外还委托了鉴定单位对质量问题修复方案及修复费用进行鉴定，经鉴定修复费用为 226 万元。

该案件 2019 年 5 月取得一审判决，法院判决施工单位按鉴定结果承担维修费用，但对建设单位主张的修复使经营受到影响的损失，法院认为依据不足，不予支持。

该案是一个典型的质量责任判决方式，通过鉴定对每一个环节予以专业论证。实践中当客观上不具备鉴定基础时，裁判机构也会根据实际情况予以酌定。

【**案例 36**】某住宅项目外墙渗漏质量纠纷案。

深圳市某某城六七期施工总承包工程，包括 7 栋高层住宅，1 栋多层会所及 1 个公交车站，合同暂定总价 315662085.88 元，工程于 2011 年 8 月 29 日开工建设，2013 年 3 月 10 日验收完成。

工程竣工验收后，发生大量外墙渗漏情况、地下室渗漏水，标准层（内墙）电梯厅空鼓瓷砖脱落等质量问题，因小业主对原施工单位不信任，建设单位委托第三方进行维修。

建设单位称发生的维修费用共计 23622765.3 元，但施工单位对这些维修费用不予认可。建设单位向深圳国际仲裁院申请仲裁，要求施工单位支付维修费用、维修期间的监理费用、维修期间的办公支出费用、专家鉴定费、物业管理费停车费损失、支付小业主赔偿损失、工期违约金、律师费、商誉损失、资金支付利息等合计48591326.78元。

仲裁庭认定施工单位应对涉案工程存在的外墙空鼓开裂渗水、地下室渗漏水质量缺陷承担保修责任，对电梯厅瓷砖空鼓脱落质量问题的发生承担90%的责任。仲裁庭认为施工单位默认了建设单位委托第三方参与维修，但对维修费用认为有一定的不合理性，对此建设单位有主要责任，施工单位有次要责任。因此建设单位主张的与维修相关费用的金额不能作为本案施工单位应当承担费用的依据，由于维修工作已经完成，无法进行委托鉴定，故而仲裁庭参照5%的保修金标准，确定施工单位需承担的维修费用为16601305.87元。另外还裁决施工单位需支付物业管理费、停车费3351932.73元。

## 2. 行政责任

除了民事责任外，对于因施工单位造成的工程质量不合格，施工单位及主要负责人员还可能会被要求承担行政责任。

施工单位承担行政责任的表现形式有：

（1）罚款；

（2）没收违法所得；

（3）责令限期改正；

（4）责令停业整顿；

（5）降低资质等级；

（6）吊销资质证书。

主要的施工负责人员的行政责任有：

（1）停止执业；

（2）吊销执业资格证书；

（3）不予注册。

行政责任的规定主要见于《建筑法（2019修正）》和《建设工程质量管理条例（2019修正）》，施工单位有如下情形的，应承担相应的行政处罚：

（1）施工单位在施工中偷工减料的，使用不合格的建筑材料、建筑构配件和设备的，或者有不按照工程设计图纸或者施工技术标准施工的其他行为的，责令改正，处工程合同价款百分之二以上百分之四以下的罚款；造成建设工程质量不符合规定的质量标准的，负责返工、修理，并赔偿因此造成的损失；情节严重的，责令停业整顿，降低资质登记或者吊销资质证书。

（2）施工单位未对建筑材料、建筑构配件、设备和商品混凝土进行检验，或者未对涉及结构安全的试块、试件以及有关材料取样检测的，责令改正，处 10 万元以上 20 万元以下的罚款；情节严重的，责令停业整顿，降低资质等级或者吊销资质证书。

（3）施工单位不履行保修义务或者拖延履行保修义务的，责令改正，处 10 万元以上 20 万元以下的罚款。

（4）涉及建筑主体或者承重结构变动的装修工程，没有设计方案擅自施工的，责令改正，处 50 万元以上 100 万元以下的罚款。

（5）注册建筑师、注册结构工程师、监理工程师等注册执业人员因过错造成质量事故的，责令停止执业 1 年；造成重大质量事故的，吊销执业资格证书，5 年以内不予注册；情节特别恶劣的，终身不予注册。

【案例 37】海南"5·17"塔式起重机坍塌事故。

2018 年 5 月 17 日，海南×××小区三期项目 A 栋工地在塔式起重机拆卸时发生坍塌较大事故，造成 4 人死亡。海南省安监局公开"5·17"塔式起重机坍塌较大事故调查报告。调查组建议：责令总包单位停业整顿，降低资质等级；责令监理单位停业整顿，降低资质等级；塔式起重机租赁单位法人、施工单位安全员，建议移送司法机关立案审查；施工单位项目经理、技术负责人，建议吊销其一级注册建造师证，五年内不得再次注册。监理单位项目总监、监理工程师建议吊销其注册监理工程师证，五年内不得再次注册。

2019 年 4 月，住房和城乡建设部曾对此事故发出两份处罚决定，项目总监被吊销注册监理工程师注册执业证书，5 年内不予注册，监理单位被责令停业整顿 60 日。

如住房和城乡建设部的处罚决定：

**建督罚字〔2019〕21 号**

王××：

2018 年 5 月 17 日 11 时 10 分左右，××小区三期项目 A 栋工地在塔式起重机拆卸时发生坍塌较大事故，造成3人当场死亡，1人送医院抢救无效死亡，事故直接经济损失663万元。根据《海南省人民政府关于五指山市颐园小区三期项目"5·17"塔式起重机坍塌较大事故调查处理意见的批复》认定，该事故是一起较大生产安全责任事故。你作为项目经理，长期不到岗履行安全生产管理职责，未执行强制性标准，对安全事故负有重要责任。

根据《中华人民共和国行政处罚法》第四十二条规定，我部于2019年7月8日向你单位发出了《住房和城乡建设部行政处罚意见告知书》（建督罚告字〔2019〕68号），受你委托的吴××于2019年8月8日签收，未在规定时间内提出书面陈述（申辩）或提出听证要求。

依据《建设工程安全生产管理条例》第五十八条规定，我部决定吊销你的建筑工程专业一级建造师注册证书，且自吊销之日起5年内不予注册。请你在收到本决定书之日起15日内，持一级建造师注册证书和执业印章到湖北省住房和城乡建设厅办理相关手续。

如对本处罚决定不服，你可自收到本处罚决定书之日起60日内向我部申请行政复议或6个月内向人民法院提起行政诉讼。

联系人：××

联系电话：××××××

中华人民共和国住房和城乡建设部

2019年10月24日

### 3. 刑事责任

建设单位、设计单位、施工单位、工程监理单位违反国家规定，降低工程质量标准，造成重大安全事故，构成犯罪的，对直接责任人员依法追究刑事责任。这里所指"构成犯罪"主要是指构成工程重大安全事故罪。依照《刑法》第一百三十七条："建设单位、设计单位、施工单位、工程监理单位违反国家规定，降低工程质量标准，造成重大安全事故，对直接责任人员，处五年以下有期徒刑或者拘役，并处罚金；后果特别严重的，处五年以上十年以下有期徒刑，并处罚金。"

此处刑事责任仅是针对直接责任人员，没有单位犯罪的此项规定。

何为重大安全事故？现行《生产安全事故报告和调查处理条例》第三条规定：

"重大事故是指造成 10 人以上 30 人以下死亡，或者 50 人以上 100 人以下重伤，或者 5000 万元以上 1 亿元以下直接经济损失的事故。"

1999 年 1 月 4 日重庆綦江县 ×× 桥整体垮塌事故，造成死亡 40 人、受伤 14 人，直接经济损失约 631 万元。李 ××，该桥工程施工技术总负责人，因对该起事故应负直接责任。被判处犯工程重大安全事故罪，处于有期徒刑 10 年，并处罚金人民币 20 万元。费 ××，该桥工程施工承包总负责人，被判处犯工程重大安全事故罪，处于有期徒刑 10 年，并处罚金人民币 50 万元。

如（2018）鄂 07 刑终 46 号刑事判决书：2016 年 12 月 2 日 5 时 45 分许，李某某（已判刑）驾车搭载 19 人行至葛湖公路 K3+913（处于葛湖公路 K3+880 ~ K4+340.576 段）时，因大雾天气，能见度较低，李某某采取转向措施不当致使该车驶出路外，翻坠至路右坡下水塘中，导致车上乘坐的 18 人死亡、1 人受伤。经鉴定，18 名被害人系生前溺水死亡。经交通运输部公路科学研究所司法鉴定中心鉴定，事故发生地点路段的护栏设置情况、标线施划情况不符合设计文件和相关标准规范的要求；事故地点所处路段未施划相应的标线是导致本次交通事故发生的原因之一；事故地点所处路段未设置护栏加重了本次事故后果的严重程度。该项目的项目监理项 ×× 被判犯工程重大安全事故罪，判处有期徒刑两年。项目经理伍家辉被判犯工程重大安全事故罪，判处有期徒刑两年，并处罚金人民币 5 万元。施工单位的技术人员詹 ××、事故路段的现场监理何 ×× 犯工程重大安全事故罪，免予刑事处罚。

## 三、 风险控制点

引发工程质量问题，可能是建设单位的原因，也可能有设计单位、监理单位、勘察单位，或者使用者的责任，在牵涉面广的情况下，作为施工单位，该如何保证施工质量，防范质量风险？需要引起注意的有如下几方面。

### 1. 施工图纸

按图施工是施工单位的法定义务，这里施工单位应注意"图"是什么图纸，不是什么主体出具的图纸都可以作为施工的依据，作为施工的依据应满足如下几个条件：

（1）由有资质的设计单位设计，根据不同的图纸要求加盖有图纸报审章、节能设计章、出图章等以及注册建筑师、结构工程师、设备工程师的注册章等印章。

（2）通过政府部门审批。审批单位有：规划部门、公安消防局、公安交通局、绿化管理部门、人防办、建设主管部门等，如果是中小学教学楼工程，还要得到所在区、县教育局的批准。

（3）设计变更的图纸也经过相应的审批。涉及建筑和结构变更的必须进行图纸审查，小变更的应持设计院的设计变更通知单到审图单位，审查之后加盖审图章；大变动的，如层高加高、轻质隔墙改为砖墙等，需要设计院重新出具图纸，然后送审图单位，审查之后加盖审图章。如涉及消防和规划的需要到消防部门及规划局审查。

施工单位在施工过程中，常常由于工期紧，或迫于建设单位压力而忽视了图纸应有的审批，由此带来的却是无尽的隐患。

施工图纸的部分要特别注意的就是设计变更的问题，设计变更是指施工图编制出来后，经过设计单位、建设单位和施工单位洽商同意对原设计进行的局部修改。施工单位始终要牢记一点——只有设计单位才有权力出图或修改图纸。

设计变更有如下类型：

（1）在建设单位组织的有设计单位和施工单位参加的设计交底会上，经施工单位和建设单位提出，各方研究同意而改变施工图的做法，都属于设计变更，为此而增加新的图纸或设计变更说明都由设计单位或建设单位负责。

（2）施工单位在施工过程中，遇到一些原设计未预料到的具体情况需要进行处理，因而发生的设计变更。如工程的管道安装过程中遇到原设计未考虑到的设备和管墩，在原设计标高处无安装位置等，需改变原设计管道的走向或标高，经设计单位和建设单位同意，办理设计变更或设计变更联络单。这类设计变更应注明工程项目、位置、变更的原因、做法、规格和数量，以及变更后的施工图，经三方签字确认后即为设计变更。

（3）工程开工后，由于某些方面的需要，建设单位提出要求改变某些施工方法，或增减某些具体工程项目等，如在一些工程中由于建设单位要求增加的管线，再征得设计单位的同意后出设计变更。

（4）施工单位在施工过程中，由于施工方面、资源市场的原因，如材料供应或者施工条件不成熟，认为需改用其他材料代替，或者需要改变某些工程项目的具体设计等引起的设计变更，经双方或三方签字同意可作为设计变更。

设计变更无论是由哪方提出，均应由监理单位会同建设单位、设计单位、施工单位协商，经过确认后由设计部门发出相应图纸或说明，并由监理工程师办理签发手续，下发到相关单位付诸实施。

《建筑法（2019 修正）》第五十八条明确规定："工程设计的修改由原设计单位负责。"所以，施工单位始终要牢记一点，即只有设计单位才有权力出图或修改图纸。施工单位必须注意：设计变更只有建设单位同意是不够的，只要是设计变更，一定要经由规范的程序，需要有建设单位、设计单位书面同意才可以实施，否则将面临擅自变更图纸的后果，并需承担由此带来的一切责任。

下面是我们经办的一个非常经典的关于按图施工的案例，这个案例被深圳市中级人民法院收入了案例审判指导。

【**案例38**】深圳某油库外管工程管架倾斜质量纠纷案。

> 深圳某油库外管工程，由深圳市某石油化工公司发包给某建筑公司，承包范围包括管架基础、管支架、托架、静电接地、管道制安及防腐、保温等所有工程项目，于 1999 年 3 月 18 日通过某石油化工公司组织的竣工验收，质量优良。
>
> 2003 年 7 月 23 日在台风"伊布都"到来期间，某石油化工公司油库安全员检查发现，由施工单位施工的码头 42 根管架（165 ～ 207）基础全部暴露，其中 8 根管架倾斜。
>
> 某石油化工公司认为，根据设计图纸的要求该油库外管沿码头沿岸的 42 个管架地基处理必须采用搅拌桩复合基础，8 根管架的倾斜是由于建筑公司未按设计图纸要求进行桩基础施工，擅自背离设计，没有按设计图纸打基础，违规施工造成的。某石油化工公司以此为由，于 2004 年 9 月 30 日向深圳市中级人民法院起诉，索赔金额共计 1896.9 万元。
>
> 某石油化工公司提供了双方之间的施工合同、补充协议、施工图、竣工图来证明合同关系及应做搅拌桩的事实，提供了管架重建维修合同、部分工程款发票、油品仓储合同、热油报价单、统计表来证明所受的损失。
>
> 建筑公司接到起诉状后非常震惊，因为涉案工程造价才 810 万元，而被告索赔高达 1896.9 万元，且涉案工程早已于 1999 年 3 月 18 日通过竣工验收。接到法院应诉材料后，该建筑公司经过慎重考虑，选择了我们作为其代理律师。接受委托后，我们与建筑公司多方沟通，做了大量的工作。
>
> 本案法院最终认为：本案争议焦点为原告发包给被告承建的输油管混凝土框架

基础是否存在工程质量问题，被告对框架基础未做混凝土搅拌桩而改做钻孔灌注桩是否擅自变更施工设计图纸问题。根据原、被告所委托的设计单位深圳化工设计院出具的施工图纸表明，该框架基础是采用搅拌桩复合地基方案处理的，但被告在施工过程中认为现场地质条件不适用搅拌桩而改用了钻孔灌注桩方案，其没有通过设计单位进行变更设计图纸就没有施工的依据，也没有认定工程竣工验收、结算及技术质量的依据。被告是采取与原告有关工程人员及监理单位的相关人员商议，即边施工边设计的做法，设计单位对此做法也没有作出明确追认。因此，从严格和规范意义讲被告改用钻孔灌注桩的做法手续上是不完善的，但原告及其监理单位在施工现场也没有明确提出异议，故原、被告对工程实际施工方案的后果均应负责。最终以判决被告支付 40 万元赔偿金而告终。

施工单位在本案中的致命点是没有直接证据证明，取消搅拌桩是甲方及设计单位同意的，变更手续不完善。为了避免不必要的损失，施工单位在施工过程中，必须注意严格按图施工，如有变更，应有规范的手续。施工单位万不可以工期紧，或贪图一时的便利为由而忽视设计变更应有的程序。

### 2. 施工规范

施工规范主要是国家、行业及地方发布的关于施工的各项技术要求。《实施工程建设强制性标准监督规定（2021 修改）》（住房和城乡建设部令第 52 号）第二条规定："在中华人民共和国境内从事新建、扩建、改建等工程建设活动，必须执行工程建设强制性标准。"

掌握工程建设强制性标准，是施工单位应具备的素质，不能以这是新技术，或没有这方面的经验为理由来推脱。工程强制性标准，施工单位时刻都不能忘记，如发现工程中有违反之处，必须书面提出。

（1）审图过程中提出。在正式开工前，建设单位、设计单位、监理单位、施工单位会有审图的程序，施工单位对于图纸中违反工程强制性标准之处，必须要提出。

（2）施工过程中提出。施工过程中，建设单位可能存在某些违规、违法行为而降低工程施工标准的，对于违反工程强制性标准的指令，施工单位必须拒绝。

**【案例 39】**某商业大厦外墙漏水质量纠纷案。

---

BJ 商业大厦，位于深圳市龙岗区中心城，建筑面积约 49000 平方米。2007 年施工单位提起工程款诉讼，要求甲方支付拖欠工程款 3000 余万元。甲方另行起诉质量赔偿，称工程出现大量质量问题，地面多处严重下沉，砌块出现裂纹，外墙及玻璃幕墙存在多处，大面积的严重渗漏，起诉施工单位要求赔偿工程质量不合格造成的直接损失 278 万元，因工程质量不合格致使无法按约向第三人交付而造成的经济损失 541 万元，支付可预期利益 180 万元，共计约 900 余万元。

本案中最直观和比较严重的质量问题是外墙漏水。而造成漏水的原因有多重，其中一个主要原因是外墙未按规范要求施工，即满挂金属网控制外墙抹灰层的易开裂问题，致使该工程外墙多部位出现了不规则裂缝。案件办理中我们向施工单位了解，施工单位称由于该外墙面积较大，而设计中未设计有满挂金属网，施工中他们曾向甲方指出过此设计缺陷，但甲方未予理会。我们要求施工单位出具指出设计缺陷的证据，但很遗憾，施工单位没有此关键书面材料。

本案一审判决被告在判决生效后 90 天内消除鉴定报告书所列的质量瑕疵，将工程修复至合同约定的合格标准；如拒绝返修，则赔偿原告经济损失 519 万元。

---

造成本案判决结果对施工单位不利的原因有很多，但其中一个原因需要引起施工单位的注意：在本案中施工单位无法证明其对不符合规范的设计提出过质疑。

除了工程建设强制性标准，施工单位还应注意合同中对质量的详细约定，如果合同中约定质量标准有地方标准、行业标准，或者其他具体明确的约定，施工单位应注意满足这些要求，否则如工程质量不合格或不符合约定，则需承担整改、减少工程款，乃至被拒付工程款的后果。

此外，施工单位还有一个谨慎的注意义务，作为一个有经验的施工单位，应发现施工中的缺陷而未发现，仍按图施工，造成建设工程质量缺陷的，建设单位承担责任的同时，施工单位也应当承担相应的过错责任。

如何定义"有经验的施工单位应当发现而未发现"，实践中主要从以下三个方面来衡量：

（1）从设计文件、勘察数据、施工图纸以及说明书等资料缺陷的严重程度，是否属于一般原理的错误所造成的（或是计算笔误造成的），并以施工单位应具有的专业知识（而不需要很深的相关专业知识）就能判断的缺陷。

（2）施工单位资质等级以及投标书介绍的业绩所应具有的经验程度，或是否具有较高等级的施工单位资质并具有相应的实际工作经验。

（3）是否有权威部门的明文规定。如属于有明文规定的国家强制性标准，或者是达到合同约定的质量标准应具备的工艺，则属于施工单位应具备的"经验"。

### 3. 材料检验

影响建设工程质量的要件，其一是施工工艺，其二是建筑材料。建筑材料是建设工程质量的基础，《建筑法（2019 修正）》第五十九条规定："建筑施工企业必须按照工程设计要求、施工技术标准和合同的约定，对建筑材料、建筑构配件和设备进行检验，不合格的不得使用。"所以材料检验是施工单位控制工程质量、控制自身质量风险的重要环节。

施工单位对于材料检验要做到：

（1）施工合同对选用材料有程序要求的，需按程序报审，由建设单位选定后采购，材料的认质认价都要有相应的书面依据。

（2）材料选定后从正规供应商处采购，有完善的手续。这样除了保证质量外，还可以预防其他的风险，如知识产权的纠纷。

（3）注意样品的封存及保留。我们常注意到，有的施工合同中约定了封存样品或选样，但实践产生争议后，询问施工单位时，样品或毁损，或未按约定进行封存，这些争议常产生在无法用客观标准衡量的材料中，如装饰材料颜色、花色等的争议。

（4）严格按照规定对材料进行检测，并保留相关检测记录。如无规定需检测的，则应要求供应商提供合格证明。

当建设单位提供或者指定购买的建筑材料、建筑配件、设备不符合国家强制性标准，施工单位未按法律规定或合同约定正确履行检验义务时，建设单位与施工单位共同承担工程质量缺陷的法律责任。

【案例 40】湖南长沙建筑工程质量事故。

2019 年 11 月，湖南长沙市发生一起严重的建筑工程质量事故，新城×××主体结构已建至 27 层，经检测，混凝土强度设计 C35，实际只达到 C15，经多次鉴定已无法做结构加固，现需将 12 层以上全部拆除。据悉，湖南拓×6 条生产线，当地政府已经展开全面的核查整顿工作，涉及排查楼盘达 100 多个，51 个项目在建。

长沙市住房和城乡建设局通报的情况显示，经专家组对该工程五期三标 C10 栋问题混凝土初步调查发现，湖南拓 × 混凝土有限公司在混凝土生产过程中未严格按国家标准规范进行质量控制；施工单位违反规范强制性条文，在混凝土浇筑过程有随意加水现象。目前公安机关已对涉事企业立案调查，并对其法定代表人采取了强制措施。

总包单位要特别注意严格按规定进行建筑材料检验，一旦出现质量问题，不一定能通过质量鉴定区分责任。如混凝土的检验，按要求施工单位需要对试块进行送检，但我们发现有些送检流于形式，一旦发现质量问题，施工单位难以证明系混凝土质量不合格。

【案例 41】深圳市某建筑公司索赔混凝土质量败诉案。

2018 年 10 月 1 日，建筑公司（作为"甲方"）与川海公司（作为"乙方"）签订《深圳市预拌混凝土购销合同》（合同编号：CH-20181001）。合同约定，甲方承建卫光生物医药产业园一期，所用的商品混凝土由乙方供应。同日，川海公司与亿嘉公司签订《深圳市预拌混凝土加工合同》，约定川海公司指定工程所用的商品混凝土由亿嘉公司提供，所约定的 12 个混凝土标号、特殊混凝土加收价内容与编号 CH-20181001《深圳市预拌混凝土购销合同》基本一致。

施工中，建筑公司经抽芯检查发现部分混凝土强度达不到 C30 强度等级，少量结构柱强度等级只有 C10、C15。2019 年 7 月 20 日，深圳市住房和建设局就涉案工程向建筑公司发出《责令整改通知书》（深建质监改〔2019〕2750 号）指出：经检查发现 6 栋 3 层混凝土强度等级不符合设计要求，发现多根柱子内夹杂有建筑垃圾和红砖碎块，要求查明原因，立即整改。

2020 年 3 月 13 日，建筑公司就混凝土质量问题对川海公司、亿嘉公司提起诉讼，主张川海公司、亿嘉公司赔偿损失包括：加固工程支出 1611441.14 元，增加工期延误导致违约金损失 60 万元，造成现场管理人员工资损失 307096.02 元，合计损失 2518537.16 元。

法院认为：虽然涉案《深圳市预拌混凝土购销合同》并未明确约定检验期间，但考虑到混凝土质量是否合格并非建筑物质量是否达标的唯一决定性因素，而是否及时、依规使用混凝土同样会对建筑物质量产生影响，这也是涉案购销合同明确约定"混凝土在车辆到达工地60分钟内浇筑完毕"的原因之一。故综合交易方式、交易习惯、标的物种类和性质及使用情况等因素，依据诚实信用原则，在涉案合同第2条约定了混凝土质量标准、第6.1条约定了固定送检样品、第6.2条约定了质量检测方法的情况下，建筑公司在接收混凝土后、实际使用前，至少应在使用过程中及时检测混凝土质量是否合格，但建筑公司却怠于履行检测义务，其提交的建筑物建成后质量不合格的证据不能当然证明混凝土质量本身存在问题，依照上述司法解释第二十条的规定，建筑公司关于涉案混凝土质量不合格进而要求川海公司、亿嘉公司承担损害赔偿责任的主张，应不予支持。

## 4. 分包管理

分包单位的施工质量对工程整体的质量也有着重要影响，作为总包的施工单位，需要注意的是首先要做到合法分包，分包给有资质的分包单位，其次是在施工过程中严格监管，当发现有质量问题时，应及时提出要求整改。

以下是我们经办的一个案件，是一个固装家私质量纠纷，读者可注意此处质量纠纷的举证。

【案例42】厦门某大厦固装家私质量纠纷案。

某装饰公司承包施工厦门××大厦装饰工程，将其中固装家私分包与陈某某及其所负责的家具公司，但陈某某家私到现场后，由于油漆色差过大、有较多缝隙、尺寸不符等质量问题及工期延误的问题，业主方多次下发整改通知，要求整改维修，并拆除部分不合格家私。某装饰公司将业主方的整改通知转发与陈某某，但陈某某拒不整改，无奈之下，某装饰公司在发函给陈某某催促后，只能自行拆除，并向第三方重新订货。某装饰公司同时向法院起诉，要求解除与陈某某的家私供货合同，并要求陈某某赔偿工期违约损失，扣除不合格家私的货款。

本案某装饰公司的举证责任体现在：

首先要证明家私的质量存在问题，对于这点，在律师的指导下，某装饰公司请公证机构对现场情况做了公证，并向法院申请对家私质量是否符合合同约定进行鉴定。

其次，要证明陈某某不履行整改义务。对此某装饰公司多次发函催促陈某某进行整改，但陈某某未按通知前来整改。在函件中，某装饰公司告知了陈某某存在的质量问题，同时催促他前来整改，并告知他逾期不整改的后果。

再次，要证明不合格家私的价格及整改所花费的费用。对此，某装饰公司先将业主关于拆除的指令转给陈某某；然后再发催促函，告知不按期拆除更换的后果；之后发函告之陈某某将于什么时间拆除，重新订货的价格；而且拆除过程由业主、监理全场见证，并妥善保管拆除的家私直至法院安排司法鉴定。

**【参考文书 7】** 关于限期整改及供货的通知

陈 ××

深圳市 ×× 家具有限公司：

关于 ×× 大厦 20~23 层固装家私木制品工期及质量问题，我方已于 2012 年 4 月 16 日发《整改通知单》至陈 ××（名片地址：中山市 ×× 家具制造有限公司）。由于你方固装家私出现大量不合格情况，主要问题详见附件《监理工程师通知单》及业主《工程联系单》。《整改通知单》要求你方在七日内将存在问题处理完毕，但至今你方对这些质量问题未作任何处理。

另，按照《补充协议书》约定，你方应在 2012 年 4 月 16 日前将此工程全部完工，并达到发包方的验收标准，但你方至今仍未完工。

你方的违约行为已造成我方工期严重延误，现我方再次通知你方：

1. 请在接函后七日内将存在的质量问题处理完毕，达到合同要求，逾期我方将另行委派他方进行维修整改，由此发生的一切费用由你方承担。

2. 请在接函后七日内将剩余未安装的家私全部安装完毕，达到合同要求，逾期我方将追究你方一切法律责任。

特此函告

签字：

二〇一二年四月二十五日

附件：1.《监理工程师通知单》；2. 业主《工程联系单》

在质量争议案件中，证据保全及司法鉴定均是非常重要的，而且过程中涉及必要的催促，所以如一旦对分包项目存在质量问题，总包施工单位应谨慎对待证据搜集工作。

### 5. 工程保修

工程保修，是对建设工程竣工验收后在保修期限内出现的质量缺陷，予以修复。《房屋建设工程质量保修办法》（建设部第 80 号令）详细规定了保修的各项事项。根据该办法，施工单位有如下保修义务：

（1）接到保修通知后，应当到现场核查情况，在保修书约定的时间内予以保修。发生涉及结构安全或者严重影响使用功能的紧急抢修事故，施工单位接到保修通知后，应当立即到达现场抢修。

（2）发生涉及结构安全的质量缺陷，应由原设计单位或者具有相应资质等级的设计单位提出保修方案，施工单位实施保修。

（3）保修完成后，由建设单位或者房屋建筑所有人组织验收，涉及结构安全的，应当报当地建设行政主管部门备案。

施工单位常容易忽视的是保修后的验收，和需设计单位出保修方案的保修。以下是一个保修争议的案件，由于建设单位工作的失误，虽然建设单位为维修支付了较高费用，但是我们审核过这些材料后，不建议建设单位起诉。

【案例 43】一起未能起诉的防水工程质量缺陷案件。

YH 花园于 2003 年 1 月 3 日竣工，由于防水工程存在质量缺陷，致使屋面长期渗漏，建设单位深圳市某实业公司多次通知施工单位深圳某建安公司维修，但施工单位未进行维修，建设单位无奈只能自行委托维修，至 2005 年 7 月，共发生维修费用 916984 元，2008 年 10 月 16 日，建设单位与涉案工程业委会及物业管理公司达成协议，由物业管理公司进行维修，实业公司一共支付维修费用 853236.6 元。2009 年，小业主向龙岗区建设局投诉渗漏水，龙岗区建设局组织双方进行协调，由建设单位组织维修，待处理完毕后，再由责任单位分摊，建设单位遂委托其他单位维修，合同金额约 700 万元，现维修正在进行中。

建设单位咨询我们，拟起诉施工单位，请求支付维修费人民币 8770220.6 元。

我们经详细研究相关材料，对深圳市某实业公司提出了如下风险意见：

1. 第一笔维修费用：916984 元。

证据：2005 年 7 月 11 日律师函，无章

分析：证据不足，较难支持。2003 ~ 2005 年期间催维修函件已无原件，且维修前未告知对方，律师函也无原件，计算该费用无依据。

2. 第二笔：853236.6 元

证据：维修协议、竣工验收报告

分析：较难全部支持。维修前未告知对方；维修合同签订时间为 2008 年 10 月 16 日，而施工单位保修期限至 2008 年 1 月 3 日。

3. 第三笔：700 万元

证据：政府会议纪要、维修工程承包合同

分析：较难全部支持。《关于 ×× 苑渗漏问题的分析报告》分析渗漏原因：2002 年 9 月 12 日设计变更，改为一道合成高分子防水涂料（911）3.0 厚，二道防水改一道，设计防水标准不高。多次局部修理，修补方案不够合理。

时效问题，施工单位保修期限至 2008 年 1 月 3 日。

责任分担，既往的维修应由既往的维修单位来承担，第二笔维修合同中有约定由维修单位承担保修责任。另更改设计是否全属原施工单位责任也未定。

综合以上分析，建设单位的诉求由于证据缺失难以得到支持，我们建议不要贸然起诉，该公司也采纳了我们的意见。

这个案件虽然由于建设单位自身管理及证据的不足而承担不利后果，但同样对施工单位也是需要引起警醒的。施工单位在收到维修通知，维修结束后，一定要由建设单位或房产所有人进行验收，签发验收证明。

另外有个值得提出的问题，也是常有施工单位曾向我们咨询的，如果建设单位拖欠工程款，施工单位能否拒绝履行保修义务？

根据《民法典》第五百二十五条规定："当事人互负债务，没有先后履行顺序的，应当同时履行。一方在对方履行之前有权拒绝其履行请求。一方在对方履行债务不符合约定时，有权拒绝其相应的履行请求。"施工单位从理论上是可以拒绝履行保修义务的。

**【参考文书 8】**在欠款状态下拒绝保修的回函

　　天津某万豪酒店精装修工程，合同价款 39119747 元，2013 年 1 月 15 日开工，2013 年 12 月 3 日建设单位以施工单位逾期未完工为由发函解除合同，2014 年 1 月 17 日建设单位起诉至法院，要求施工单位支付工期违约金、质量维修费用、质量违约金、解除合同违约金等，合计 15611511.14 元。我们代理施工单位即提起反诉，要求建设单位支付欠付工程款、工期延长损失、解除合同损失等，合计 15562899.21 元。该案于 2015 年 9 月 30 日取得二审判决书，法院判决建设单位应支付工程款 7693128.05 元。2016 年 1 月，建设单位发函来要求施工单位维修，此时建设单位还拖欠工程款未付清，在此种情况下，我们为施工单位起草了回函：

**对天津 ×× 酒店管理有限公司 2016 年 1 月公函的回函**

致：天津 ×× 酒店管理有限公司

　　现对贵司日期为 2016 年 1 月 5 日的公函我司函复如下：

　　一、在贵司拖欠我司大量工程款的情况下，我司无法进行维修。

　　贵司现拖欠我司工程款约 900 余万元，现在我司无经济能力前往该项目维修。

　　贵司来函中提及保修范围及维修事宜等的处理，我司也愿意按照合同约定及法律规定来承担相应的责任，但现状是贵司违约在先，若贵司能及时支付我司欠付工程款，我司可与贵司协商处理维修事宜。

　　二、我司的沟通渠道一直畅通，我司愿意与贵司协商解决该项目纠纷事宜，贵司可通过公函、电话等多种方式与我司沟通。

　　该项目纠纷不仅仅是工程维修问题，而是贵司向天津二中院起诉我司案件的全部涉案纠纷，仅仅协商工程维修问题是无法解决贵我双方的纠纷。贵司来函给的二位对接人员，不知是何职务，代表贵司协商处理具体哪方面问题。如果仅是工程负责人员，则可能无法对贵我双方纠纷有全面了解。

　　贵司如有意沟通协商，可与我方律师联系，我司已授权律师代表我司对贵我双方涉案纠纷进行全权处理。律师姓名：　　　　　，电话：　　　　　　。

　　综上，贵我双方的最初合作非常友好，而且我司也为该项目建设尽了应有之力，请贵司实事求是，面对目前双方纠纷实际情况，可以切实拿出解决问题的方案。

　　顺颂商祺！

深圳市 ×× 国际建设股份有限公司

×××× 年 ×× 月 ×× 日

由于保修行为的特殊性，我们不建议施工单位轻易行使抗辩权，拒绝履行保修义务，理由如下：

（1）房屋的质量缺陷可能对建设单位、施工单位以外的第三人造成损害。拒绝履行保修义务，可能扩大这种损害。

（2）施工单位的保修义务履行对象可能转移到小业主，或物管单位，或其他产权受让人，而施工单位的抗辩权仅是针对建设单位。

（3）由于维修具有紧急性，施工单位拒绝履行保修义务，建设单位有权依据合同委托第三人维修，由此产生的费用由施工单位承担，这会扩大施工单位的损失。

所以，施工单位如要拒绝履行保修义务时，应谨慎思考，衡量利弊。

# 本课知识点

本课知识点总结　　　　　　　　　　　　　　表 5-1

| 关键词 | 操作要点 |
|---|---|
| 责任主体 | 建设单位对工程质量缺陷承担过错责任 |
| | 施工单位对工程的施工质量负责 |
| | 勘察、设计单位应当对工程的勘察、设计质量负责 |
| 法律后果 | 不论施工合同是否有效，是否竣工，工程质量合格是支付工程结算款的决定性条件 |
| 风险防控 | 施工单位一定要按图施工，对建设单位违反强制性规范的要求应提出异议 |
| | 设计变更须经建设单位和设计单位认可方可实施 |
| | 无论是甲供料还是乙供料，施工单位均应尽到谨慎的检验义务，并注意及时提出异议 |
| | 合法分包，严格监督分包单位施工，对发现问题及时要求整改 |
| | 保修期内如果建设单位仍拖欠工程款，可视情况对建设单位的保修要求拒绝 |

# 项目经理立即做

（1）严格审查义务，对建设单位提供的图纸或指令不盲从，对其中不符合国家强制性标准的内容及时提出书面异议。

（2）核查是否有按图施工，检查设计变更是否手续完善，对不完善之处及时补正。

（3）核查材料验收检验规范，完善相关检验记录。

（4）对照施工合同约定的质量标准及保修义务，认真履行，并注意保留相关书面材料。

（5）审查分包单位的资质，并按建设单位要求进行审批或报备。

（6）对建设单位提供或者指定购买的建筑材料应该留有明确的指令，没有指令的应该在会议纪要中明确，或有其他书面材料加以证明。

（7）报送的施工方案、施工计划等，保留报送签收或审查记录。

（8）检查施工人员的各项证照是否在有效期内，及时进行继续教育，并做好教育记录。

# 第六课 影响重大的安全生产管理

建筑业是一个高危险性、事故多发的行业。项目经理的安全生产管理责任重大，对项目的安全生产管理全面负责，项目经理应当负责建立项目安全生产管理体系，明确项目管理人员安全职责，落实安全生产管理制度，确保项目安全生产费用有效使用。当出现安全事故时，需分情况承担民事责任、行政责任甚至刑事责任。

2014年8月25日，为进一步落实建筑施工项目经理质量安全责任，保证工程质量安全，住房和城乡建设部还出台《建筑施工项目经理质量安全责任十项规定》（建质〔2014〕123号），在检查中发现项目经理违反规定的，还将实施行政处罚和计分管理，并在建筑市场监管与诚信信息发布平台上公布。2014年6月25日，住房和城乡建设部还颁发了《建筑施工企业主要负责人项目负责人和专职安全生产管理人员安全生产管理规定》（建质〔2015〕206号），对施工单位负责安全生产的人员职责分别作了规定。

项目经理作为项目的现场总负责人，对安全生产负有首要的责任，项目经理对安全管理方面的法律内容应有充分的掌握，以更好地做好项目管理工作。

## 一、安全管理要点

根据《建设工程安全生产管理条例》第四章的规定，施工单位主要有以下的安全管理职责：

### 1. 安全教育

根据《建设工程安全生产管理条例》第三十六条及三十七条之规定，施工单位应当对管理人员和作业人员每年进行一次安全生产教育培训，另作业人员进入新的岗位和新的施工现场前，也应当接受安全生产教育培训，未经培训或教育培训考核不合格的人员，不得上岗作业。《建筑施工项目经理质量安全责任十项规定（试行）》第九条规定，项目经理必须组织对施工现场作业人员进行岗前质量安全教育。

根据上述条款，施工单位应制作安全生产教育培训表，在培训后由受训人员签名确认。《建筑业企业职工安全培训教育暂行规定》规定，企业法定代表人、项目经理每年接受安全培训的时间，不得少于30学时；专职安全管理人员时间不得少于40学时；企业其他管理人员和技术人员，不得少于20学时；特殊工种（包括电工、焊工、架子工、司炉工、爆破工、机械操作工、起重工、塔式起重机司机及指挥人员、人货两用电梯司机等）不得少于20学时；其他职工每年接受安全培训的时间，不得少于15学时。该规定虽于2017年12月12日失效，但安全出效益，加强教育培训，提高工人安全生产意识和操作技能已然成为众多施工单位的共识，施工单位、项目经理在安全培训上应当提出更高的要求。

2014年8月2日，江苏昆山市开发区中荣金属制品有限公司汽车抛光车间发生铝粉尘爆炸特别重大事故，当天造成75人死亡，185人受伤，直接经济损失3.51亿元。2014年8月7日，江苏昆山爆炸涉事企业董事长、总经理被刑拘，员工竟然不知道金属粉尘超过一定浓度会爆炸，企业从未进行过安全生产方面的教育。事故所涉14名被告人分别被判处3年至7年6个月不等的刑罚。

根据《建设工程安全生产管理条例》第六十二条的规定，施工单位的主要负责人、项目负责人、专职安全生产管理人员、作业人员或者特种作业人员，未经安全教育培训或者经考核不合格即从事相关工作的，责令限期改正；逾期未改正的，责令停业整顿，依照《中华人民共和国安全生产法》的有关规定处以罚款；造成重大安全事故，构成犯罪的，对直接责任人员，依照《刑法》有关规定追究刑事责任。是否进行培训，对施工单位是否承担安全生产责任或责任的大小有一定的关系，有如下案例可作借鉴。

【案例44】总包单位证明尽到安全教育责任，减轻行政处罚。

> 深圳某施工单位总承包一工程，之后将一专业工程分包给珠海一施工单位，但之后该珠海施工单位发生了安全事故。建设行政主管部门根据《建设工程安全生产管理条例》第二十四条的规定，要求该总承包单位与专业分包单位一起承担行政处罚责任。后来深圳施工单位找到一份安全教育培训表，该表证明总包单位在分包单

位工人作业前，对分包单位作业人员进行过安全生产教育。珠海市住房和城乡建设局后来根据该情节，减轻了对深圳施工单位的行政处罚。

## 2. 证件核查

根据《建设工程安全生产管理条例》第二十五条之规定，垂直运输机械作业人员、安装拆卸工、爆破作业人员、起重信号工、登高架设作业人员等特种作业人员，必须按照国家有关规定经过专门的安全作业培训，并取得特种作业操作资格证书后，方可上岗作业。

根据住房和城乡建设部《建筑施工特种作业人员管理规定》，建筑施工特种作业包括：1）建筑电工；2）建筑架子工；3）建筑起重信号司索工；4）建筑起重机械司机；5）建筑起重机械安装拆卸工；6）高处作业吊篮安装拆卸工；7）经省级以上人民政府建设主管部门认定的其他特种作业。对以上的施工作业人员，必须核查其相关证件，没有证件的，不得上岗。山西、安徽两省还将建筑架子工细化为普通脚手架工、附着升降脚手架工，建筑起重机械司机细化为塔式起重机司机、施工升降机司机、物料起重机司机，黑龙江省还将建筑施工混凝土搅拌机司机纳入特种作业工种范围。

【案例45】无证作业造成安全事故，构成重大责任事故罪。

2015年4月12日，游某某在位于莆田市荔城区拱辰街道的中暨、××××中心A地块工地1号楼19层2号平台上工作。其在未取得司索工特种作业人员资格证的情况下，违规进行塔式起重机吊装作业过程中的吊装物（模板）捆绑及钢丝绳挂钩工作，因操作不慎造成起吊过程中吊装物（模板）连带钢丝绳从挂钩处滑脱并整体坠落，致地面上的贾某某、卢某某当场死亡。游某某其行为已构成重大责任事故罪，最终被法院判处2年6个月。

2010年11月15日上海静安大火案，导致58人遇难，另有70余人接受治疗。法院审理查明，项目招用无有效特种作业操作证的吴某和王某等人从事电焊作业，由于吴某和王某违规进行电焊作业，致使焊花引燃了保温材料碎屑，最终引发了这场大火。

事后共有15名施工单位人员，包括施工单位法定代表人、副总经理、安全总监、项目经理、安全员、电焊班组负责人及电焊操作工人受到司法处理。其中项目经理沈某获刑 5 年，而无有效证件的两名电焊工人吴某获刑有期徒刑 1 年、缓刑 2 年，王某则免于刑事处罚。如果项目在招用工人的时候注意招用有有效证件的工人，项目经理的刑期可能会缩减。

### 3. 警示标志

《建设工程安全生产管理条例》第二十八条规定，施工单位应当在施工现场入口处、施工起重机械、临时用电设施、脚手架、出入通道口、楼梯口、电梯井口、孔洞口、桥梁口、隧道口、基坑边沿、爆破物及有害危险气体和液体存放处等危险部位，设置明显的安全警示标志。安全警示标志必须符合国家标准。另施工单位应当根据不同施工阶段和周围环境及季节、气候的变化，在施工现场采取相应的安全施工措施。施工现场暂时或停止施工的，施工单位应当做好现场防护，所需费用由责任方承担，或者按照合同约定执行。

未能设置完备警示标志的，应承担相应的民事、行政甚至刑事责任，以下案例可供参考。

【案例 46】施工单位为何承担了 60% 的责任？

某施工单位 2008 年承包深圳某商场装修工程，向一家装饰材料店定制了房门，装饰材料店安装了房门以后因为质量存在一定问题，施工单位就打电话给装饰材料店，要求更换，装饰材料店负责人就带了个伙计过来换房门。

这里有个特别的情况需要说明，这个房门在二楼，且门口的地板不是混凝土地板，而是玻璃地面。碰巧，门口的一块透明玻璃也因为质量问题，已经被抽掉，施工单位在该玻璃前做了挡板并拉了根绳子以示保护。但这个负责人没有特别注意，跨过绳子结果掉到楼下，多处粉碎性骨折和软组织挫伤。经鉴定，构成八级伤残。

深圳市福田区人民法院经审理认为，施工单位作为施工方，应确保施工现场的安全，对正在施工的危险位置进行全面的安全防护和设置安全警示标志，并应对施工现场进行严格管理，不得允许他人擅自出入，施工单位未能提交证据证明其已对二楼抽掉玻璃的地板做了足够的安全防护措施和警示标志，存在安全隐患，施工单位对伤者在施工现场摔伤存在一定的过错，应承担相应的民事责任，最终判决要求施工单位承担 60% 的赔偿责任。

在本案中，施工单位做了一定的防护措施，所以得以免除40%的责任，但因安全防护措施及安全警示标志不够全面，最终还是发生了事故，被判决承担60%的责任。

### 4. 书面告知

根据《建设工程安全生产管理条例》第二十七条及三十二条之规定，施工单位有两项书面告知义务：一是在建设工程施工前，施工单位负责项目管理的技术人员应当对有关安全施工的技术要求向施工作业班组、作业人员作出详细说明，并由双方签字确认；二是施工单位应当向作业人员提供安全防护用具和安全防护服装，并书面告知危险岗位的操作规程和违章操作的危害。

**【案例47】酒后违章作业被问责。**

> 2017年7月22日18时30分，海珠区振兴大街16号某集团南方总部基地B区项目发生一起塔式起重机倾斜倒塌事故，造成7人死亡、2人重伤，直接经济损失847.73万元。事故原因系部分顶升工人违规饮酒后作业，未佩戴安全带，违章操作塔式起重机，导致内塔身滑落，塔臂发生翻转解体，塔式起重机倾覆坍塌。总承包单位在塔式起重机顶升作业时没有组织专职安全生产管理人员进行现场监督检查，未及时排查制止饮酒人员作业而被问责。

### 5. 食宿安全

《建设工程安全生产管理条例》第二十九条规定，施工单位应当将施工现场的办公、生活区与作业区分开设置，并保持安全距离；办公、生活区的选址应当符合安全性要求。职工的膳食、饮水、休息场所等应当符合卫生标准。施工单位不得在尚未竣工的建筑物内设置员工集体宿舍。施工现场临时搭建的建筑物应当符合安全使用要求。施工现场使用的装配式活动房屋应当具有产品合格证。

### 6. 专项施工方案

《建设工程安全生产管理条例》第二十六条规定，施工单位应当在施工组织设计中编制安全技术措施和施工现场临时用电方案，对达到一定规模的危险性较大的分部分项工程（以下简称"危大工程"）编制专项施工方案，并附安全验算结果，技术负责人、总监理工程师需签字，安全生产管理人员须进行现场监督，包括：基坑支护与降水工程、土方开挖工程、模板工程、起重吊装工程、脚手架工程、拆除和爆破工程、国务院建设行政主管部门或其他有关部门规定的其他危险性较大的工程。《住房城乡建设部办公厅关于实施〈危险性较大的分部分项工程安全管理规定〉有关问题的通知》（建办质〔2018〕31号）规定，危大工程还包括暗挖工程、建筑幕墙安装工程、钢结构、网架和索膜结构安装工程、人工挖孔桩工程、水下作业工程、装配式建筑混凝土预制构件安装工程，采用新技术、新工艺、新材料、新设备可能影响工程施工安全或尚无国家、行业及地方技术标准的分部分项工程。

专项施工方案从编制到通过都有着严格的审查，专项施工方案对确保工程质量、指导施工现场安全文明建设，防止重大安全事故有着重要指导作用。施工单位应当严格按照专项施工方案组织施工，不得擅自修改专项施工方案。

在住房和城乡建设部发布的房屋市政工程安全生产事故情况通报中，因擅自修改专项施工方案而发生的危大工程群死群伤事故总是难以杜绝，需警钟长鸣。

【案例48】未按施工方案落实雨期施工相关保护措施，造成事故被追责。

> 2017年5月11日10时左右，位于深圳市福田区××路的深圳市轨道交通工程3号线三期南延工程××标基坑发生一起土方坍塌事故，造成3人死亡、1人受伤，直接经济损失约345万元。事故原因系施工单位擅自组织实施的土方开挖作业未按照《××站深基坑专项施工方案》要求进行，未按照施工方案要求落实雨期施工土方开挖面保护措施，开挖面开挖坡度偏陡，挖掘机作业时局部超挖，坡顶超载。涉事35人被追责。

【案例49】未按施工方案落实防坍塌安全措施，造成事故被追责。

> 2019年4月10日9时30分左右，扬州市广陵区×××苑农民拆迁安置小区四期B2地块一停工工地，擅自进行基坑作业时发生局部坍塌，造成5人死亡、1人受伤，直接经济损失约610万元。事故原因系施工单位未按施工设计方案施工，在未采取防坍塌安全措施的情况下，在紧邻住宅楼基坑边坡脚垂直超深开挖电梯井集水坑，降低了基坑坡体的稳定性。施工单位项目经理、现场负责人、现场安全员等31人被追责。

**【案例 50】** 违规改变切割方式，造成安全事故。

> 2019 年 7 月 8 日 11 时 20 分许，××市体育中心改造提升拆除工程发生局部坍塌，造成 3 人死亡、3 人受伤，直接经济损失约 593.5 万元。事故原因系施工单位违规改变切割方式，未按照《专项施工方案》进行拆除施工，在体育馆结构已遭受严重破坏未经安全评估的情况下，安排施工队作业人员盲目进入网架区域开展作业。
>
> 除了以上的安全管理要点外，根据《建设工程安全生产管理条例》的规定，另有安全作业环境及安全施工措施费用专款专用、特种设备检验验收等，这些属于施工单位熟知的内容，本处不再赘述。

## 二、安全事故责任

我们强调安全管理，还需要了解安全事故的有关规定及相关责任。

根据《生产安全事故报告和调查处理条例》的规定，生产安全事故根据造成的人员伤亡或者直接经济损失分成以下等级：

（1）特别重大事故，是指造成 30 人以上死亡，或者 100 人以上重伤（包括急性工业中毒，下同），或者 1 亿元以上直接经济损失的事故；

（2）重大事故，是指造成 10 人以上 30 人以下死亡，或者 50 人以上 100 人以下重伤，或者 5000 万元以上 1 亿元以下直接经济损失的事故；

（3）较大事故，是指造成 3 人以上 10 人以下死亡，或者 10 人以上 50 人以下重伤，或者 1000 万元以上 5000 万元以下直接经济损失的事故；

（4）一般事故，是指造成 3 人以下死亡，或者 10 人以下重伤，或者 1000 万元以下直接经济损失的事故。

发生生产安全事故，事故现场有关人员应当立即向本单位负责人报告；单位负责人接到报告后，应当于 1 小时内向事故发生地县级以上人民政府安全生产监督管理部门和负有安全生产监督管理职责的有关部门报告。情况紧急时，事故现场有关人员可以直接向事故发生地县级以上人民政府安全生产监督管理部门和负有安全生产监督管理职责的有关部门报告。

《建筑施工项目经理质量安全责任十项规定（试行）》第十条规定，项目经理必须按规定报告质量安全事故，立即启动应急预案，保护事故现场，开展应急救援。

报告事故应当包括下列内容：1）事故发生单位概况；2）事故发生的时间、地点以及事故现场情况；3）事故的简要经过；4）事故已经造成或者可能造成的伤亡人数（包括下落不明的人数）和初步估计的直接经济损失；5）已经采取的措施；6）其他应当报告的情况。

山西省体育局、湖北住房和城乡建设厅、陕西住房和城乡建设厅、西藏住房和城乡建设厅以及北海市、珠海市住房和城乡建设局、鄂尔多斯市人民政府还发布了相应的建设工程重大质量安全事故应急预案，细化了报告事故内容，如施工单位负责人、项目经理的姓名、执业资格、事故原因初步分析等。

2017 年 8 月 15 日 17 时许，青岛国开第一中学在进行学生公寓楼外立面改造时发生一起高处作业吊篮倾覆事故，一名工人从十余米高的吊篮中坠落，后经抢救无效死亡。经事故调查组调查认定，这是一起生产安全责任事故，青岛某装饰有限公司对事故的发生负有责任，且存在瞒报事故的行为。原青岛市城阳区安全生产监督管理局以《安全生产法》第一百零九条第一款第（一）项规定，发生一般事故处罚青岛某装饰有限公司 50 万元，同时依据《生产安全事故报告和调查处理条例》第三十六条第一款第（一）项的规定，对青岛某装饰有限公司瞒报事故的行为处罚 100 万元。

特别重大事故由国务院或者国务院授权有关部门组织事故调查组进行调查。重大事故、较大事故、一般事故分别由事故发生地省级人民政府、设区的市级人民政府、县级人民政府负责调查。省级人民政府、设区的市级人民政府、县级人民政府可以直接组织事故调查组进行调查，也可以授权或者委托有关部门组织事故调查组进行调查。未造成人员伤亡的一般事故，县级人民政府也可以委托事故发生单位组织事故调查组进行调查。

发生安全事故，相关责任人及单位可能会发生以下刑事、民事及行政责任。

### 1. 刑事责任

安全责任方面，会涉及以下两个罪名：

#### （1）重大责任事故罪

《刑法》第一百三十四条规定："在生产、作业中违反有关安全管理的规定，因而发生重大伤亡事故或者造成其他严重后果的，处三年以下有期徒刑或者拘役；情节特别恶劣的，处三年以上七年以下有期徒刑。强令他人违章冒险作业，因而发生重大伤亡事故或者造成其他严重后果的，处五年以下有期徒刑或者拘役；情节特别恶劣的，处五年以上有期徒刑。"

2015年12月16日实施的《最高人民法院、最高人民检察院关于办理危害生产安全刑事案件适用法律若干问题的解释》规定，重大责任事故罪第一款的犯罪主体包括对生产、作业负有组织、指挥或者管理职责的负责人、管理人员、实际控制人、投资人等人员，以及直接从事生产、作业的人员。"造成严重后果"或者"发生重大伤亡事故或者造成其他严重后果"的标准是：1）造成死亡一人以上，或者重伤三人以上的；2）造成直接经济损失一百万元以上的；3）其他造成严重后果或者重大安全事故的情形。"情节特别恶劣的"标准是指：1）造成死亡三人以上或者重伤十人以上，负事故主要责任的；2）造成直接经济损失五百万元以上，负事故主要责任的；3）其他造成特别严重后果、情节特别恶劣或者后果特别严重的情形。

像上面提到的上海静安区大火案，十几名施工单位人员，法院均认定其犯有重大责任事故罪。而一些死亡人数较少的事故，相关责任人同样被追究了刑事责任。

**【案例51】重大伤亡事故，项目经理被判重大责任事故罪。**

2017年4月16日，深圳地铁××大厦建筑工地发生一起高处坠落事故，造成1人死亡、1人受伤的重大伤亡事故。事故系施工人员进行吊篮作业时违章操作，人为抽去左侧安全钢丝绳，导致自身失去安全绳的保护。由于左侧主钢丝绳处于松乱不受力状态，吊篮失去平衡突然倾斜、下摆悬空，两人被甩出吊篮，自然坠落至地面。法院审理认为，施工单位项目经理黄某作为项目负责人，对项目安全、人员负有管理责任，明知项目存在安全隐患，仍不整改处理。法院依法判决黄某犯重大责任事故罪，判处有期徒刑2年，缓刑3年。

黄某不服一审判决，提出：①责令整改通知书发文是对所有地铁项目，并非只针对××大厦；②其属于名义上的项目经理，并没有实际负责人事和行政管理工作，也从未有任何人事、行政和资源的管理及调配权，未担任相应的管理工作；③其在此项目不是主要负责安全工作，对于此次事故有一定责任，但不应该负管理责任和安全重大责任。

二审法院认为黄某等人无视国家法律，在生产、作业中违反有关安全管理规定，发生1人死亡、1人轻伤的重大伤亡事故，其行为均已构成重大责任事故罪。事故调查报告认定事故的间接原因是施工单位安全教育培训不到位，现场安全管理不到位，现场监理不到位。项目经理黄某对事故发生负有管理责任。二审法院维持原判。

### （2）工程重大安全事故罪

《刑法》第一百三十七条规定："建设单位、设计单位、施工单位、工程监理单位违反国家规定，降低工程质量标准，造成重大安全事故的，对直接责任人员，处五年以下有期徒刑或者拘役，并处罚金；后果特别严重的，处五年以上十年以下有期徒刑，并处罚金。"

这里所说的"重大安全事故"，是指该建筑工程在建设中以及交付使用后，由于达不到质量标准或者存在严重问题，导致楼房倒塌、桥梁断裂、铁路塌陷，造成人员伤亡或者火车、汽车等交通工具倾覆事故等，造成死亡一人以上，或者重伤三人以上的；或造成直接经济损失一百万元以上的；或其他造成严重后果或者重大安全事故的情况。"后果特别严重"的标准，是指：1）造成死亡三人以上或者重伤十人以上，负事故主要责任的；2）造成直接经济损失五百万元以上，负事故主要责任的；3）其他造成特别严重后果、情节特别恶劣或者后果特别严重的情况。

【案例52】违规组织施工造成钢结构屋顶坍塌，导致重大伤亡事故。

> "2018年斥资2000万重金打造，以全新电音派对夜店的形式于2019年元月启航"，然而这个自称"2000万重金打造"的酒吧在2019年里"航程"并非一帆风顺。
>
> 2019年5月20日凌晨1时许，百色市××区一家名为0776的酒吧发生钢架结构屋顶坍塌事故。事故共造成6人死亡、87人受伤，6名死者均为广西人，其中3人为0776酒吧员工。截至2019年6月19日，事故共造成直接经济损失1732.57万元。此次事故直接原因为经营酒吧的企业违规组织施工，将钢结构工程发包给不具有资质的个人，施工图纸设计文件未经审核，擅自施工。在未竣工验收、未具备安全生产条件下，违法违规从事经营活动，间接原因则为相关监管部门未认真履行监管职责，行政审批把关不严，如消防支队在未竣工验收情况下予以消防验收合格，住房和城乡建设局未发现、未查处涉事酒吧未竣工验收就投入使用，文化体育和旅游局违规审批《娱乐经营许可证》，放任酒吧违法经营，对经营性演出未进行监管。施工负责人、钢结构项目负责人、酒吧实际负责人、法定代表人、总经理、财务总监、酒吧运营团队负责人等7人以涉嫌工程重大安全事故罪被采取刑事措施，追究刑事责任。

上述两罪的区别在于，重大责任事故罪的客观方面在于违反有关安全管理的规定，如无证上岗导致事故发生；而工程重大安全事故罪的客观方面在于降低工程质量标准而导致事故发生。

## 2. 行政责任

规定了安全责任的法律法规很多，有国家法律、国务院行政法规、住房和城乡建设部规章，还有地方法规、地方规章等，无法一一列举；责任形式也比较多样，安全生产违法行为行政处罚的种类有：

（1）警告；

（2）罚款；

（3）责令改正、责令限期改正、责令停止违法行为；

（4）没收违法所得、没收非法开采的煤炭产品、采掘设备；

（5）责令停产停业整顿、责令停产停业、责令停止建设、责令停止施工；

（6）暂扣或者吊销有关许可证，暂停或者撤销有关执业资格、岗位证书；

（7）关闭；

（8）拘留。

其中，暂扣有关许可证和暂停有关执业资格、岗位证书的期限一般不得超过6个月；法律、行政法规另有规定的，依照其规定。责令暂时停产停业、停止建设、停止施工或者停止使用的期限一般不超过6个月；法律、行政法规另有规定的，依照其规定。

【案例53】工人中毒窒息死亡，施工员、项目经理、董事长、施工单位均被问责。

某施工单位2010年承包了深圳布吉某污水处理厂配套干管工程，发生一起两名工人中毒窒息死亡的一般事故，根据《安全生产违法行为行政处罚办法》第四十四条的规定，现场施工员被处以罚款8千元的行政处罚；根据《建设工程安全生产管理条例》第六十六条的规定，项目经理被处以罚款12万元的行政处罚；根据《建设工程安全生产管理条例》第六十六条的规定，公司董事长被处以罚款5万元的行政处罚；另根据《生产安全事故报告和处理条例》第三十七条之规定，公司被处以罚款18万元的行政处罚。

【**案例 54**】对分包单位安全管理不到位，总包单位及项目经理被处以"红色警示"。

> 2022 年 4 月 25 日，深圳某项目轻质墙隔离分包单位，叉车司机操作叉车进行墙板卸运作业时，将货叉插进墙板下方，升高货叉过程中未能控制住墙板的稳定，导致墙板失稳坠落，砸中正好经过此处的混凝土公司员工 1 人致其死亡。
>
> 《事故责任报告》认定总包单位和分包单位的安全生产工作统一协调、管理不到位，未及时督促分包单位在卸运材料时设置安全警示区域和安排管理人员进行旁站指挥，未及时排查和消除生产安全事故隐患，对事故发生负有一定管理责任。公司项目经理李某，作为该公司在该项目的第一责任人，未认真履行安全生产管理责任，未全面督促、检查本单位的安全生产工作，未及时消除生产安全事故隐患。最后总包单位被处以红色警示 3 个月，项目经理被处以红色警示 3 个月。分包单位、分包单位项目经理也均被处以红色警示 3 个月。

需要指出的是，安全监管监察部门作出责令停产停业整顿、责令停产停业、吊销有关许可证、撤销有关执业资格和岗位证书或者较大数额罚款（为省、自治区、直辖市人大常委会或者人民政府规定的数额；没有规定数额的，对个人罚款为 2 万元以上，对生产经营单位罚款为 5 万元以上）的行政处罚决定之前，应当告知当事人有要求举行听证的权利；当事人要求听证的，安全监管监察部门应当组织听证，不得向当事人收取听证费用。施工单位如果认为这类行政处罚存在不当时，应善于利用听证程序，向行政机关阐明事实情况。

### 3. 民事责任

施工单位发生安全责任事故，造成建设单位、相邻建筑物或其他单位和个人损失的，应向受损失的单位或个人赔偿。如造成的损失是经济损失，一般是据实赔偿；如造成的是人身伤害，属于工伤范畴的，则按照《工伤保险条例（2010 修订）》相关规定来赔偿。如属于用工单位将承包业务违法转包给不具有用工主体资格的组织或者自然人，该组织或者自然人聘用的职工从事承包业务时因工伤亡的，用工单位也将承担工伤保险责任。如属于人身损害赔偿，则按照《民法典》及最高人民法院《关于审理人身损害赔偿案件适用法律若干问题的解释》等规定来赔偿，赔偿范围具体包括医疗费、误工费、护理费、残疾赔偿金或死亡赔偿金、被抚养人生活费、精神抚慰金、丧葬费等。

值得注意的是，2018 年 9 月初，最高人民法院下发《关于授权开展人身损害赔偿标准城乡统一试点的通知》，授权并要求各高级人民法院根据各省具体情况在辖区内开展人身损害赔偿纠纷案件统一城乡居民赔偿标准试点工作。从 2020 年 1 月 1 日开始，广东、湖北、安徽省等各地法院在民事诉讼中将陆续开展人身损害赔偿标准城乡统一试点工作。自此以后发生的人身损害，在民事诉讼中统一按照有关法律和司法解释规定的城镇居民标准计算残疾赔偿金、死亡赔偿金、被扶养人生活费，其他人身损害赔偿项目计算标准保持不变（表 6-1）。

2020 年至 2021 年度部分省市人身损害赔偿费用计算参数标准 表 6-1

| 省市 | 城镇居民人均可支配收入 | 城镇居民人均消费性支出 | 农村居民人均可支配收入 | 农村居民人均消费性支出 |
|---|---|---|---|---|
| 北京 | 69434 元 / 年 | 38903 元 / 年 | 30126 元 / 年 | 20913 元 / 年 |
| 上海 | 76437 元 / 年 | 44839 元 / 年 | 34911 元 / 年 | 22095 元 / 年 |
| 广州 | 50257 元 / 年 | 33511 元 / 年 | | |
| 深圳 | 64878 元 / 年 | 40581 元 / 年 | 2020 年 1 月 1 日以后发生的人身损害，统一按城镇居民标准计算 | |
| 珠海 | 58475 元 / 年 | 37778 元 / 年 | | |
| 福建 | 47160 元 / 年 | 30487 元 / 年 | 20880 元 / 年 | 16339 元 / 年 |
| 江西 | 38556 元 / 年 | 22134 元 / 年 | 16981 元 / 年 | 13579 元 / 年 |
| 江苏 | 53102 元 / 年 | 30882 元 / 年 | 24198 元 / 年 | 17022 元 / 年 |
| 浙江 | 62699 元 / 年 | 36197 元 / 年 | 31930 元 / 年 | 21555 元 / 年 |
| 济南 | 43726 元 / 年 | 27291 元 / 年 | 18753 元 / 年 | 12660 元 / 年 |
| 青岛 | 55905 元 / 年 | 35936 元 / 年 | 23656 元 / 年 | 15138 元 / 年 |
| 四川 | 38253 元 / 年 | 25133 元 / 年 | 15929 元 / 年 | 14953 元 / 年 |
| 重庆 | 40006 元 / 年 | 26464 元 / 年 | 16361 元 / 年 | 14140 元 / 年 |
| 天津 | 47659 元 / 年 | 30895 元 / 年 | 25691 元 / 年 | 16844 元 / 年 |
| 以上数据逐年变化，可从所在省市的交通管理局、统计局网站上进行查询核实 | | | | |

# 三、工伤事故处理

## 1. 工伤范围

根据《工伤保险条例（2010 修订）》第十四条以及《最高人民法院关于审理工伤保险行政案件若干问题的规定》之规定，以下情形应认定为工伤：

（1）在工作时间和工作场所内，因工作原因受到事故伤害的；

（2）工作时间前后在工作场所内，从事与工作有关的预备性或者收尾性工作受到事故伤害的；

（3）在工作时间和工作场所内，因履行工作职责受到暴力等意外伤害的；

（4）患职业病的；

（5）因工外出期间，由于工作原因受到伤害或者发生事故下落不明的；

（6）在上下班途中，受到非本人主要责任的交通事故或者城市轨道交通、客运轮渡、火车事故伤害的；

（7）职工在工作时间和工作场所内受到伤害，用人单位或者社会保险行政部门没有证据证明是非工作原因导致的；

（8）职工参加用人单位组织或者受用人单位指派参加其他单位组织的活动受到伤害的；

（9）在工作时间内，职工来往于多个与其工作职责相关的工作场所之间的合理区域因工受到伤害的；

（10）其他与履行工作职责相关，在工作时间及合理区域内受到伤害的；

（11）法律、行政法规规定应当认定为工伤的其他情形。

其中第（5）项"因工外出期间"包括：1）职工受用人单位指派或者因工作需要在工作场所以外从事与工作职责有关的活动期间；2）职工受用人单位指派外出学习或者开会期间；3）职工因工作需要的其他外出活动期间。但职工因工外出期间从事与工作、学习、开会无关的个人活动受到伤害，社会保险行政部门将不认定为工伤。

第（6）项"上下班途中"包括：1）在合理时间内往返于工作地与住所地、经常居住地、单位宿舍的合理路线的上下班途中；2）在合理时间内往返于工作地与配偶、父母、子女居住地的合理路线的上下班途中；3）从事属于日常工作生活所需要的活动，且在合理时间和合理路线的上下班途中；4）在合理时间内其他合理路线的上下班途中。

另有公报案例指出"上下班途中"应当从有利于保障工伤事故受害者的立场出发，

作出全面、正确的理解。根据日常生活的实际情况，职工上下班的路径并非固定的、一成不变的、唯一的，而是存在多种选择，用人单位无权对此加以限制。只要在职工为上下班而往返于住处和工作单位之间的合理路径之中，都属于"上下班途中"。至于该路径是否最近，不影响对"上下班途中"的认定。

另根据《工伤保险条例（2010修订）》第十五条和《广东省工伤保险条例（2019修订）》第十条之规定，下列情形视同工伤：

（1）在工作时间和工作岗位，突发疾病死亡或者在四十八小时之内经抢救无效死亡的；

（2）在抢险救灾等维护国家利益、公共利益活动中受到伤害的；

（3）因工作环境存在有毒有害物质或者在用人单位食堂就餐造成急性中毒而住院抢救治疗，并经县级以上卫生防疫部门验证的；

（4）由用人单位指派前往国家宣布的疫区工作而感染疫病的；

（5）职工原在军队服役，因战、因公负伤致残，已取得革命伤残军人证，到用人单位后旧伤复发的。

【案例55】公民见义勇为视同因公受伤。

罗××系重庆市××××物业管理有限公司保安。2011年12月24日，罗××在××××物业公司服务的×××小区上班。8时30分左右，在兴华中路××大厦附近有人对一过往行人实施抢劫，罗××听到呼喊声后立即拦住抢劫者的去路，要求其交出抢劫的物品，在与抢劫者搏斗的过程中，不慎从22步台阶上摔倒在巷道拐角的平台上受伤。罗××向重庆市涪陵区人力资源和社会保障局提出工伤认定申请。涪陵区人社局作出《认定工伤决定书》，认定罗××受伤属于视同因工受伤。××××物业公司不服，认为职工不是在工作地点、因工作原因受到伤害，提起行政诉讼。法院认为其实是在维护国家利益、公共利益活动中受到伤害的，也应当按照工伤处理。公民见义勇为，与违法犯罪行为作斗争，与抢险救灾一样，同样属于维护社会公共利益的行为，应当予以大力提倡和鼓励。法院驳回××××物业公司的诉请。（最高人民法院指导案例94号）

需要特别注意的是，2003年4月通过并于2004年1月开始试行的《工伤保险条例（2010修订）》第十六条规定，职工有下列情形之一的，不得认定为工伤或者视同工伤："1）因犯罪或者违反治安管理伤亡的；2）醉酒导致伤亡的；3）自残或者自杀的。"但 2010 年 12 月修改的《工伤保险条例（2010 修订）》已将此修改为："1）故意犯罪的；2）醉酒或者吸毒的；3）自残或者自杀的。"即使员工违反操作规程或员工违反了治安管理规定，只要是在工作时间工作场所内，均应认定为工伤，享受工伤待遇。

### 2. 工伤处理流程

工伤事故发生后，受伤害职工或者其直系亲属、工会组织、用人单位均可向社会保险行政部门申请工伤认定，以《广东省工伤保险条例（2019 修订）》规定程序为例，具体如下。

**（1）工伤认定申请**

职工发生事故伤害或者按照《职业病防治法》规定被诊断、鉴定为职业病，所在单位应当自事故伤害发生之日或者被诊断、鉴定为职业病之日起 30 日内，向参加保险所在地市、县（区）社会保险行政部门提出工伤认定申请。用人单位未在规定的时限内提交工伤认定申请，在此期间发生符合本条例规定的工伤待遇等有关费用由该用人单位负担。

用人单位未在规定的期限内提出工伤认定申请的，受伤害职工或者其直系亲属、工会组织在事故伤害发生之日或者被诊断、鉴定为职业病之日起 1 年内，可以直接向用人单位参加工伤保险所在地市、县（区）社会保险行政部门提出工伤认定申请。

提出工伤认定申请应当提交下列材料：1）工伤认定申请表；2）与用人单位存在劳动关系（包括事实劳动关系）的证明材料；3）医疗诊断证明或者职业病诊断证明书（或者职业病诊断鉴定书）。

用人单位与职工就是否存在劳动关系发生争议的，可以提交劳动仲裁解决，确认是否存在劳动关系。职工对是否存在劳动关系负举证责任：有劳动合同的，提交劳动合同；没有劳动合同的，提交证明材料，如工资条、银行卡等工资报酬领取的证明或者是单位同事的书面证明。

职工或者其直系亲属认为是工伤，用人单位不认为是工伤的，由用人单位承担举证责任。

社会保险行政部门应当自受理工伤认定申请之日起 60 日内作出工伤认定的决定，并书面通知申请工伤认定的职工或者其直系亲属和该职工所在单位。社会保险行政部门工作人员与工伤认定申请人有利害关系的，应当回避。

申请工伤认定的职工或者其直系亲属、该职工所在单位对工伤认定结论不服的，可以依法申请行政复议；对复议决定不服的，可以依法提起行政诉讼。需注意的是，用人单位在接到社会保险行政部门的通知要求限期提供相关证据时，应当积极配合提供，如拒不提供的，在后续诉讼中，法院可不予采纳。

**【案例56】** 用人单位因未及时提交证据而未采纳。

李某是河南省荥阳市某松业石料厂（以下简称为"松业石料厂"）的职工。2003年5月21日，李某在该厂砸石头时，被飞起的石片崩伤右眼，经诊断为右眼外伤、角膜溃疡。受伤后，李某于2004年2月20日向荥阳市劳保局申请工伤认定。荥阳市劳保局受理后向松业石料厂下达《工伤认定协助调查通知书》，要求松业石料厂在10日内将与李某申请工伤认定的有关材料函告或当面陈述。在指定期限内，松业石料厂只向荥阳市劳保局提交了一份认为不构成工伤的答辩状，未附任何证据。

荥阳市劳保局根据调查结果，依照《工伤保险条例（2010修订）》的规定作出《03号工伤认定书》，认定李某所受伤害为工伤。松业石料厂不服，在法定期限内向市政府申请行政复议。市政府以《17号复议决定书》，作出维持《03号工伤认定书》的决定。松业石料厂遂提起行政诉讼，并在诉讼中提交诊断证明、记工表、调查笔录等证据，拟证明李某早有眼疾，未在5月21日上班。法院认为松业石料厂掌握的证据完全能在行政程序调查工伤情况形成时而未提交，现在诉讼程序中提交的证据，违背了《行政诉讼证据规定》第五十九条的规定，依法不予以采纳。（公报案例：松业石料厂诉荥阳市劳保局工伤认定案）

另一方面，企业面对受伤员工时，也要积极履行核查义务，核实受伤人员的身份、受伤时间、原因、地点以及受伤部位，跟进受伤人员的医疗情况以及出院休息情况，谨防出院后二次事故"碰瓷"。

**【案例57】** 一起离奇的受伤案。

在我们代理的一起工伤事故中，2015年4月1日晚8时，赵某在某隧道集团公司负责的地铁11号线路上进行钢管安置工作，因操作不当从钢管上摔下，腰部撞击到下层钢管，后又继续工作至凌晨，因疼痛难忍被工地负责人送回家中休养。赵某因伤势不见好转，疼痛异常，于2015年4月3日前往医院住院治疗。经诊断右侧胸部三根肋骨骨折，经司法鉴定机构认定为十级伤残。赵某遂提起诉讼要求支付医疗费、残疾赔偿金等13万余元。代理过程中，我们了解到赵某在休养期间曾骑摩托车外出并二次受伤。对此，我们提出赵某受伤部位、就诊时间不合常理，但因缺乏直接证据而未被法院采纳。

该案件施工单位吃了"哑巴亏"，也反过来警示企业在面临工地事故时要谨慎对待，既要做好工地事故的伤亡跟踪、及时确定事故情况，也要做好医疗和休养期间、出院医嘱、护理情况的跟踪。

（2）劳动能力鉴定

经治疗医疗终结期满（伤情相对稳定）后存在残疾、影响劳动能力的，用人单位、工伤职工或者其直系亲属应当在职工医疗终结期满30日内向劳动能力鉴定委员会提出劳动能力鉴定申请，劳动能力鉴定委员会在收到鉴定申请书之日起60日内作出劳动能力鉴定结论，必要时，可延长30日。

（3）工伤赔偿处理

工伤认定及劳动能力鉴定结果出来后，工伤赔偿金额基本就能确定了，这时，受伤害职工可与用人单位协商赔偿金额，如协商不成的，可以通过向劳动仲裁委员会申请劳动仲裁来解决。

### 3. 受伤职工单方申请工伤的应对措施

有时双方对工伤争议比较大，受伤职工往往选择单方向社会保险行政部门申请工伤认定。这时，施工单位需注意千万不能不理不问，而是要密切关注事件发展动向，及时提出异议。

（1）收到《关于伤亡事故调查处理的通知》时的应对措施

当受伤职工向社会保险行政部门申请工伤认定后，社会保险行政部门会将受伤职工的《工伤认定申请表》送达给施工单位，并要求施工单位就伤者反映问题提出书面回复，提交相关资料。同时告知逾期不提供的，视为对申请人提交的材料无异议。

【**参考文书 9**】关于伤亡事故调查处理的通知

## 关于伤亡事故调查处理的通知

深人社伤通字 [2013] 第 ××× 号

深圳市 ×× 有限公司：

据反映，方 ××（身份证号：　　　　　）属你单位员工，2012 年 8 月 24 日受伤，现将其工伤认定申请材料转送你单位。你单位应在收到通知后柒日内派员向劳动保障行政部门提供：1. 就伤者反映问题提出书面回复；2. 事故调查书面材料；3. 用人单位营业执照副本；4. 上下班工作记录卡；5. 员工医疗诊断证明，材料共五项。逾期不提供的，视为对申请人提交的材料无异议。劳动保障部门将根据《工伤保险条例（2010 修订）》或《广东省工伤保险条例（2019 修订）》有关规定处理。（注）：提交的材料均要加盖单位公章！如用人单位与申请人达成补偿协议，申请人不再追究用人单位相关责任。申请人需以书面形式向我局提出撤销工伤认定的申请。

材料送达：深圳市社会保险基金管理局福田分局（深圳市彩田南路社保大厦三楼）

特此通知

附：1. 申请人材料

2. 深圳市职工伤亡事故调查报告书

3.《工伤保险条例（2010 修订）》《广东省工伤保险条例（2019 修订）》

深圳市人力资源和社会保障局

2013 年 3 月 7 日

《最高人民法院关于行政诉讼证据若干问题的规定》第五十九条规定，被告在行政程序中依照法定程序要求原告提供证据，原告依法应当提供而拒不提供，在诉讼程序中提供的证据，人民法院一般不予采纳。在上述公报案例中也看到，用人单位有能力有条件提供证据证明劳动者不属于工伤而怠于提供，继而法院不予采纳用人单位在诉讼程序中提供的证据。对此，我们建议当收到社会保险行政部门发布这样的材料时，施工单位应立即对伤者反映问题进行调查，实事求是将情况反馈给社会保险行政部门。如果认为与伤者无劳动关系或不属于工伤的，则需附上相关证据材料。

这是某施工单位收到社会保险行政部门发来《关于伤亡事故调查处理的通知》后，对受伤职工的工伤申请提出的异议，本文【参考文书 10】中说明了与受伤职工劳动关系仍处在争议中，其受伤与工作无关的事实。本文【参考文书10】发出后，社会保险行政部门即对受伤职工的工伤申请未予认定。

【参考文书10】对工伤认定协助调查的回复函

---

长沙市人力资源和社会保障局：

　　贵局发来关于邹××的工伤认定协助调查通知书我司已收悉，现将邹××与我司关系及受伤经过详细汇报如下：

　　一、邹××与我司无劳动合同关系，不属于工伤认定范畴

　　邹××与我司长期有劳务分包关系，其向我司承包一定的木工劳务，然后招聘工人，自行组织完成分包的工程任务。我司与其是按照其班组完成的工程量结算工程款。并于2012年7月24日结清了其完成工程量的全部工程款。

　　邹××于2012年8月20日向长沙市劳动争议仲裁委员会申请仲裁，请求确认其与我司之间的劳动关系[（2012）长劳仲案字第×××号]，该案已于2012年10月12日开庭审理，尚未裁决。在庭审中，邹××及其证人多次确认，邹××是包工头，他与我司是包工的关系。故而邹××与我司并无劳动关系，其与我司为劳务分包关系，劳务分包不属于工伤认定范畴。

　　二、邹××受伤与工作无关

　　发现邹××受伤时，他位于工地一侧的路边，离其班组负责的施工区域约200米，而且有很浓的酒味，并且此时并非上班或加班时间，工人尚未上岗。根据邹××在仲裁委劳动争议仲裁申请书所述，其受伤时施工电梯没人加班，是下楼时摔跤所致。而实际情况却是，工地一至二楼尚无步行楼梯，不乘坐施工电梯根本无法上下，而施工电梯的值班人说一直未看到有人在工地出入，施工电梯也一直未开启。由此可见，邹××受伤根本不是在工作时受伤，而且其在受伤后，多次向我司表示，受伤与我司无关，不需要我司为其报意外保险，也不需要我司负责。

　　综上，邹××与我司既无劳动合同关系，其受伤也与工作无关，对于其受伤事宜，不符合《工伤保险条例（2010修订）》的工伤认定范畴，请贵局依法驳回其工伤认定申请，谢谢！

　　此致

　　　　　　　　　　　　　　　　　　　　　　　　深圳市某建筑工程公司

　　　　　　　　　　　　　　　　　　　　　　　　××××年××月××日

---

附：

1. 劳动争议仲裁申请书

2.（2012）长劳仲案字第×××号案应诉通知书

3.（2012）长劳仲案字第×××号案开庭通知

### （2）收到《工伤认定决定书》时的应对措施

当社会保险行政部门经过审查后，如认定受伤职工的受伤情况属于工伤，则会依法作出《工伤认定决定书》，并送达给施工单位。

【参考文书 11】认定工伤决定书

## 东莞市社会保障局
## 认定工伤决定书

东社保工伤认字第 GSRD×× 号

申请人：四川××建设工程有限公司　　与受伤人关系：单位

单位名称：四川××建设工程有限公司

工伤保险责任单位名称：四川××建设工程有限公司

伤（亡）者姓名：谭××　　性别：男　　年龄：××岁

证件号码：×××××××××××××

申请人称谭××于 2018 年 9 月 18 日发生受伤事故（或患职业病），向本局提交了《工伤认定申请表》。本局依法受理后，进行了相关的调查工作。

经查实，四川××建设工程有限公司承包某项目的建筑后，该公司雇用谭××从事装配工工作。谭××于 2018 年 9 月 18 日 9 时左右，在工地工作时，从防护棚钢架上摔下致全身多处受伤。单位将其送至东莞市大朗医院治疗，诊断为"1.双肺肺挫伤；2.左侧第 6 肋及右侧第 7~12 肋肋骨多处骨折；3.右侧肺不张；4.全身多处软组织挫伤；5.腰椎骨折（L3 右横突）"。即谭××在本次事故中导致的伤害符合"在工作时间和工作场所内，因工作原因受到事故伤害的"情形。

综上所述，谭××于 2018 年 9 月 18 日收到的事故伤害（或患职业病），符合《广东省工伤保险条例（2019 修订）》第九条第一项之规定，属于工伤认定范围，现予以认定（或视同）为工伤。

单位、员工（近亲属）如对本决定有异议的，可自收到本决定书之日起六十日内向东莞市人民政府或广东省人力资源和社会保障厅申请行政复议，或在收到本决定书之日起六个月内向东莞市第一人民法院提起行政诉讼。

东莞市社会保障局

二〇一八年十一月十三日

施工单位收悉后，如认为不属于工伤，则在收到后 60 日内需向人民政府或上一级行政主管部门申请行政复议，或在 6 个月内提起行政诉讼。如果员工不服的，同样也可以申请行政复议或提起行政诉讼。

**【案例 58】**项目经理凌晨在宿舍突发疾病去世，行政诉讼支持认定工伤。

2017 年 6 月 28 日，李某入职某建筑公司任项目经理，工作地点包括该建筑公司办公区域或第三人对外承接的各个项目所在地，工作时间为不定时工作制。2017 年 11 月 2 日，该建筑公司承接浙江某工程，工期为 2017 年 11 月 5 日至 2018 年 4 月 30 日，李某任项目经理，负责工程管理。2018 年 2 月 23 日李某春节后回到项目工地，进行了工地巡查和进度检查，19 时许回到工地办公室，组织召开施工会议，20 时许会议结束。2018 年 2 月 24 日凌晨 4 时 30 分，李某在工地宿舍突发疾病，经抢救无效于 6 时 30 分许宣布死亡，死亡原因为猝死。

李某家属及该建筑公司向社保局提出工伤认定申请，社保局认定不属于或不视同工伤，后经行政复议仍维持原行政行为，李某家属不服，提起行政诉讼。

法院经审理认为：本案焦点为李某是否属于在工作时间和工作岗位上突发疾病在 48 小时之内抢救无效死亡。李某作为项目负责人，基于其长期驻外的工作性质以及管理岗位的特殊性，没有明确的工作与休息时间，因此工作时间包括但不限于劳动合同约定或用人单位规定且实际履行的工作时间，在实践中工作时间还应包括加班加点工作的时间，以及在工作场所从事与工作有关的准备性或者收尾性工作所需要的时间。虽然工程所在的办公场所与宿舍分属不同区域，二者之间步行约 5 ～

10分钟，但是证人证言及原告举证的宿舍开会、加班照片可以相互印证，宿舍也是李某及其他工作人员的办公场所。

虽然没有直接客观证据证明李某病发时正在工作，但法院认为在没有直接客观证据的情况下，判断这一关键事实应综合考虑李某的工作性质、工作安排、现场情况等多个因素。李某2018年2月16、17时到达项目，又预定了2月25日出差机票，在处理工作时间非常有限的情况下，李某基于工作需要在宿舍深夜加班的情况是合理的。《工伤保险条例》的立法宗旨在于充分保护劳动者的合法权益，切实维护工伤职工的救治权与经济补偿权。"视同工伤"有别于"工伤"，"视同工伤"是为了更好地保障参保职工的权益，是工伤保险保障范围的外延。故而法院认为李某发病时处于工作状态具有高度盖然性，判决撤销社保局的认定。

### （3）收到《劳动能力鉴定结论书》《工伤职工医疗终期确认书》的应对措施

劳动能力鉴定委员会在《劳动能力鉴定结论书》中会对伤残级别作出鉴定结论，如对鉴定结论不服，可以在15日内申请复查。而《工伤职工医疗终期确认书》则会确认停工留薪期的时间长短。这些是计算赔偿的直接依据。

【参考文书12】工伤职工医疗终结期确认书

**工伤职工医疗终结期确认书**

顺劳鉴医×××号

××建设集团股份有限公司冯××（身份证号码：　　　　　　），于2009年8月12日因异物吹入伤到右眼，根据《广东省职工外伤、职业病医疗终结鉴定标准》，医疗终结期（停工留薪期）为3个月。

佛山市顺德区劳动能力鉴定委员会

二〇一〇年二月二十二日

**【参考文书 13】**劳动能力鉴定委员会初次鉴定（确认）结论书

### 东莞市劳动能力鉴定委员会
### 初次鉴定（确认）结论书

所属镇街：大朗　　　　　　　　　鉴定业务流水号：LJ××

被鉴定人：谭××　　　　　　　　鉴定对象：工伤

证件号码：×××××××××××××

单位名称：四川××建设工程有限公司

鉴定项目：劳动能力和生活自理障碍程度鉴定　　鉴定类别：初次鉴定

伤病发生时间：2018 年 9 月 18 日

诊断证明结论：1. 双肺肺挫伤；2. 左侧第 6 肋及右侧第 7~12 肋肋骨多处骨折；3. 右侧肺不张；4. 全身多处软组织挫伤；5. 腰椎骨折（L3 右横突）。

## 4. 工伤待遇

《工伤保险条例（2010 修订）》规定了劳动者发生工伤时应享受的待遇。各省对工伤又做了更细致的规定，以广东省为例，2019 年 5 月 21 日重新修订的《广东省工伤保险条例》，将原来的地市级统筹调整为省级统筹，取消了一级至四级工伤职工一次性支付待遇，限定了职业病诊断的医疗卫生机构为依法承担职业病诊断的医疗卫生机构等。以修正后的《广东省工伤保险条例（2019 修订）》为例，认定工伤后员工将按下列标准享受工伤待遇（表 6-2）。

工伤待遇标准　　　　　　　　　　　　　　　　　表 6-2

| 工伤待遇项目\伤残等级 | 一级 | 二级 | 三级 | 四级 | 五级 | 六级 | 七级 | 八级 | 九级 | 十级 | 支付主体 |
|---|---|---|---|---|---|---|---|---|---|---|---|
| 劳动关系 | 保留劳动关系，退出工作岗位 | | | | 不解除劳动关系，安排力所能及的工作；终止劳动关系时，应支付一次性伤残就业补助金和一次性工伤医疗补助金 | | | | | | — |
| 医疗费 | 符合工伤保险诊疗项目目录、工伤保险药品目录、工伤保险住院服务标准的，全额支付 | | | | | | | | | | 保险基金 |
| 伙食补助费、交通费 | 按照本单位因公出差伙食补助标准的 70%；经医疗机构及经办机构同意在外就医的，交通、伙食费用所在单位因公出差标准 | | | | | | | | | | 保险基金 |
| 辅助器具费 | 因日常生活或者就业需要的假肢、假牙等辅助器具，全额支付 | | | | | | | | | | 保险基金 |

续表

| 工伤待遇项目\伤残等级 | 一级 | 二级 | 三级 | 四级 | 五级 | 六级 | 七级 | 八级 | 九级 | 十级 | 支付主体 |
|---|---|---|---|---|---|---|---|---|---|---|---|
| 停工留薪期工资、护理费 | 五级至十级伤残享停工留薪期待遇。停工留薪期根据医疗终结期确定，由劳动能力鉴定委员会确认，不超过 24 个月，在此期间内，原工资福利待遇不变 | | | | | | | | | | 所在单位 |
| 护理费 | 60% | 50% | 40% | 30% | — | — | — | — | — | — | 保险基金 |
| | （全省上年度职工月平均工资） | | | | | | | | | | |
| 一次性伤残补助金 | 27 | 25 | 23 | 21 | 18 | 16 | 13 | 11 | 9 | 7 | 保险基金 |
| | （本人工资：月） | | | | | | | | | | |
| 伤残津贴 | 90% | 85% | 80% | 75% | — | — | — | — | — | — | 保险基金 |
| | （本人工资：月） | | | | | | | | | | |
| 一次性伤残就业补助金 | — | — | — | — | 50 | 40 | 25 | 15 | 8 | 4 | 所在单位 |
| | （本人工资：月） | | | | | | | | | | |
| 一次性工伤医疗补助金 | — | — | — | — | — | — | 10 | 8 | 6 | 4 | 2 | 1 | 保险基金 |
| | （本人工资：月） | | | | | | | | | | |

注：（1）一级至四级伤残职工户籍从单位所在地迁回原籍的，其伤残津贴可以由社会保险经办机构按照标准每半年发放一次。用人单位应当按照全省上年度职工月平均工资为基数发放 6 个月的安家补助费。所需交通费、住宿费、行李搬运费和伙食补助费等，由用人单位按照因公出差标准报销。

（2）上表为一般情况，未包含某些特殊情况，详细规定请见《广东省工伤保险条例（2019 修订）》第四章"工伤保险待遇"。

（3）伤残等级的鉴定标准可以参见《劳动能力鉴定 职工工伤与职业病致残等级》GB/T 16180—2014。

（4）本人工资指工伤职工因工作遭受事故伤害或者患职业病前 12 个月平均月缴费工资。

另因生产安全事故发生工伤或患职业病的劳动者或其近亲属在劳动争议纠纷案件可以一并主张精神损害赔偿。

## 5. 工亡待遇

职工因工死亡的，按照《工伤保险条例（2010 修订）》规定，应给予如下补偿：

（1）丧葬补助金，标准：6 个月的统筹地区上年度职工月平均工资。

（2）供养亲属抚恤金，按照职工本人工资的一定比例发给由因工死亡职工生前提供主要生活来源、无劳动能力的亲属。标准为：配偶每月 40%，其他亲属每人每月 30%，孤寡老人或者孤儿每人每月在上述标准的基础上增加 10%。核定的各供养亲属的抚恤金之和不应当高于因工死亡职工生前的工资。

供养亲属范围：1）职工的配偶、子女、父母、祖父母、外祖父母、孙子女、外孙子女、兄弟姐妹；2）子女，包括婚生子女、非婚生子女、养子女和有抚养关系的继子女，其中，婚生子女、非婚生子女包括遗腹子女；3）父母，包括生父母、养父母和有抚养关系的继父母；4）兄弟姐妹，包括同父母的兄弟姐妹、同父异母或者同母异父的兄弟姐妹、养兄弟姐妹、有抚养关系的继兄弟姐妹。

申请供养亲属抚恤金条件：

依靠因工死亡职工生前提供主要生活来源，并有下列情形之一：1）完全丧失劳动能力的；2）工亡职工配偶男年满60周岁、女年满55周岁的；3）工亡职工父母男年满60周岁、女年满55周岁的；4）工亡职工子女未满18周岁的；5）工亡职工父母均已死亡，其祖父、外祖父年满60周岁，祖母、外祖母年满55周岁的；6）工亡职工子女已经死亡或完全丧失劳动能力，其孙子女、外孙子女未满18周岁的；7）工亡职工父母均已死亡或完全丧失劳动能力，其兄弟姐妹未满18周岁的。

停止享受抚恤金待遇的情形：1）年满18周岁且未完全丧失劳动能力的；2）就业或参军的；3）工亡职工配偶再婚的；4）被他人或组织收养的；5）死亡的。

（3）一次性工亡补助金，标准为上年度全国城镇居民人均可支配收入的20倍。如2018年度全国城镇居民人均可支配收入39251元，则2019年度一次性工亡补助金标准为39251元×20=785020元。

伤残职工在停工留薪期内因工伤导致死亡的，其直系亲属享受上述工亡待遇。一级至四级伤残职工在停工留薪期满后死亡的，其直系亲属可以享受除一次性工亡补助金以外的工亡待遇。

需要指出的是，如果公司有为工亡职工购买商业保险的，在没有书面指定保险受益人的情况下，保险金是由法定继承人领取，且可与上述补偿同时领取。

## 6. 员工非因工受伤或死亡待遇

员工负伤，但不属于工伤的，员工按医疗保险享受相关待遇，单位应给予非因公负伤的医疗假期，并按照相关规定支付医疗期间的工资待遇；员工非因工死亡的，根据《广东省企业职工假期待遇死亡抚恤待遇暂行规定》第十条的规定，其供养的直系亲属享受丧葬补助费和一次性抚恤金、一次性救济金。丧葬补助费的标准为3个月工资（月工资按当地上年度社会平均工资标准计）；一次性抚恤金的标准为在职职工6个月工资；离退休人员3个月工资；供养直系亲属一次性救济金标准为6个月工资。

## 7. 处理工伤应注意的几个问题

（1）不能用意外险代替社会保险。目前有相当多的建筑企业不为农民工购买工伤社会保险，只购买商业意外险。一旦发生工伤，有些施工单位还误以为保险公司的意外险赔付可以冲抵工伤赔偿。但实际上，意外险的投保人虽然是施工单位，但受益人是农民工或其家属，意外险的赔付和工伤的赔付是并行的，均由伤者获得。

【**案例 59**】商业意外险不能替代工伤保险。

A 建筑总公司承接了 B 大厦施工工程，并为包括高某在内的员工在 ×× 财产保险股份有限公司（以下简称"保险公司"）处投保了建筑工程团体意外伤害保险（保险金额为 20 万元 / 人）。保险合同约定按劳动能力等级支付保险金，保险期间至 B 大厦工程结束。A 建筑总公司未到社会保险部门缴纳工伤保险。

高某在施工时大拇指被锯离断，经植活后拇指关节功能丧失。经南京市劳动能力鉴定为伤残七级。保险事故发生在保险期间内。保险公司将理赔款 8 万元支付给高某。

高某将 A 建筑总公司诉至南京市 ×× 区劳动争议仲裁委员会，要求 A 建筑总公司支付各项工伤待遇共计 16 万余元。

A 建筑总公司认为，用人单位已为员工投保人身意外伤害险，其目的就是减轻企业风险，保险公司支付的 8 万元理赔款应予以扣除。

南京市 ×× 区劳动争议仲裁委员会认为：从性质来看，工伤保险属于社会保险，是强制性、基础性的社会保障；意外伤害保险属于商业保险，是自愿的、补充性的保障，二者是可以并存的，并不存在着相互排斥。《工伤保险条例（2010 修订）》中，并未规定劳动者在接受了意外伤害保险赔偿后，就丧失了请求工伤保险赔偿的权利。所以，高某在得到意外伤害保险赔偿后，仍有权向 A 建筑总公司要求工伤保险赔偿，A 建筑总公司不得以高某已经得到保险赔偿为由拒绝给予高某工伤保险待遇。遂裁决 A 建筑总公司支付高某住院伙食补助费、停工留薪期工资、护理费、一次性伤残补助金、一次性工伤医疗补助金、一次性伤残就业补助金共计 161785.6 元。

（2）发生工伤事故，在达成赔偿协议的情况下，可以考虑通过法院调解解决。部分企业在发生工伤事故后，私下和员工签订协议私了，还有些不通过律师或法务，就自己草草签了协议。但因工伤赔偿以及解除劳动合同的赔偿国家均有明确的规定，解除劳动关系的补偿未按照国家标准给付的，即使已经签订了协议，如果劳动者起诉的，法院还可以依法调整。因此，建议在发生工伤事故后，就相关赔偿及协议的签订应征询律师或法务的意见，与劳动者就赔偿问题达成一致后，最好由劳动者和企业签订协议书，并将协议书交人民法院制作有较强法律效力的民事调解书，以确保调解的有效。

【案例 60】"一切费用"无关仍有关。

> 我们曾经办一个案件，劳动者向某受伤后，施工单位就与他签了一个简单的协议，协议书约定施工单位一次性付给劳动者人民币 7 万元，此后所发生的"一切费用"均与施工单位无关。该劳动者拿了这笔钱后回到四川自行找医院治疗。大概一年以后，该劳动者去世，家属又到深圳起诉，要求对其死亡负责，再次索赔，施工单位认为其死亡系其不当治疗所致。法院经审理认为，向某的死亡所造成的扩大损失，系在协议签订后发生的，是当时协议的双方所未预见的，对该损失，双方当事人并未予以处理和协商，故施工单位应赔偿向某死亡所造成的损失。

（3）在招聘员工时，要进行体检，及时发现职业病患者。职业病也属于工伤的一种，部分建筑施工单位员工（特别是爆破）长期接触粉尘、强光、噪声等污染，发生职业病的可能较大。施工单位在招用容易接触水泥粉尘、强光、噪声等岗位的员工时，应在入职时、在职期间、离职时进行体检，以预防职业病工伤。

（4）因用人单位以外的第三人侵权造成员工人身损害，构成工伤的员工有权同时获得工伤保险赔偿和人身侵权赔偿。用人单位和侵权人均应当依法承担各自所负赔偿责任，即使该员工已从其中一方先行获得赔偿，亦不能免除或者减轻另一方的赔偿责任。

【案例 61】最高院公报案例：双重主体身份获双重赔偿。

> 杨 × × 系上海 × × 冶金建设公司（以下简称为"× 冶公司"）职工。2000 年 10 月 16 日，上海 × × 二十冶企业开发公司（以下简称为"× 二十冶公司"）职工在工作过程中违规作业，从高处抛掷钢管，将正在现场从事工作的杨 × × 头部砸伤，致其重度颅脑外伤、外伤性尿崩症等。根据宝山区职工劳动能力鉴定委员会出具的

伤情鉴定，杨××因工致残程度四级。杨××与×冶公司发生工伤保险赔偿纠纷，经仲裁和法院判决，×冶公司已就杨××的工伤事故承担了一定的费用。之后，杨××又提起人身损害赔偿之诉，要求×二十冶公司支付护理费、营养费、被扶养与赡养人生活费、收入损失、精神抚慰金等22万余元以及长期治疗的医药费。×二十冶公司提出杨××系因工受伤，其损失已得到本单位赔偿，现重复要求被告赔偿缺乏依据。上海一、二审法院经审理认为，劳动者具有双重主体身份——工伤事故中的受伤职工和人身侵权的受害人。基于双重主体身份，劳动者有权向用人单位主张工伤保险赔偿，同时还有权向侵权人主张人身损害赔偿，即有权获得双重赔偿。上海一、二审法院均支持了杨××的主张。（最高人民法院公报案例：杨××诉×二十冶公司人身损害赔偿纠纷案）

（5）在广东省，达到法定退休年龄的人员受聘到用工单位工作期间，因工作原因受到事故伤害或患职业病，经劳动行政部门认定为工伤的，可参照《工伤保险条例（2010修订）》处理。未被认定为工伤的，应按照人身损害赔偿处理。

（6）劳动者因安全生产事故或患职业病获得工伤保险待遇后，以人身损害赔偿为由请求用人单位承担赔偿责任的，如人身损害赔偿项目与劳动者已获得的工伤保险待遇项目本质上相同[例如：住院伙食费（住院伙食补助费）、误工费（停工留薪期工资）、残疾赔偿金（一次性伤残补助金、伤残津贴）、丧葬费（丧葬补助金）、被扶养人生活费（供养亲属抚恤金）、死亡赔偿金（一次性工亡补助金）、残疾辅助器具费（安装假肢等辅助器具费）]，应当在人身损害赔偿项目中扣除相应项目的工伤保险待遇数额，若相应项目的工伤保险待遇数额高于人身损害赔偿项目数额，则无须再支付劳动者相应人身损害赔偿。

## 四、工程项目保险

安全事故会带来施工单位自身的损失以及各项赔偿责任，包括施工单位自身工程机械的损失、对建设单位的赔偿、对第三方的赔偿、对雇员的赔偿等，安全事故较大的，会发生巨额的赔偿。施工单位有必要增强保险意识，运用好保险这个分散风险的工具，保证企业不致于因为安全事故而陷于经营困难。

### 1. 工程保险种类

工程建设所涉及的险种主要包括：

（1）建筑工程一切险

公路、桥梁、电站、港口、宾馆、住宅等工业建筑、民用建筑的土木建筑工程项目均可投保建筑工程一切险。

投保了建筑工程一切险后，在保险期间内，保险合同分项列明的保险财产在列明的工地范围内，因责任免除以外的任何自然灾害或意外事故造成的物质损坏或灭失，保险公司将按保险合同的约定负责赔偿。

自然灾害指地震、海啸、雷击、暴雨、洪水、暴风、龙卷风、冰雹、台风、飓风、沙尘暴、暴雪、冰凌、突发性滑坡、崩塌、泥石流、地面突然下陷下沉及其他人力不可抗拒的破坏力强大的自然现象。意外事故指不可预料的以及被保险人无法控制并造成物质损失或人身伤亡的突发性事件，包括火灾和爆炸。但被保险人及其代表的故意行为或重大过失行为引起损失的，保险公司不负责赔偿。

（2）安装工程一切险

机器设备安装、企业技术改造、设备更新等安装工程项目均可投保安装工程一切险。

（3）承包商设备险

承包商在现场所拥有的（包括租赁的）设备、设施、材料、商品等，只要没有列入工程一切险标的范围的都可以作为财产保险标的，投保财产险。这是承包商财产的保障，一般应由承包商承担保费。

（4）第三方责任险

该险种一般附加在建筑工程、安装工程一切险中，承保的是施工造成的工程、永久性设备及承包商设备外的财产和承包商雇员以外的人身损失或损害的赔偿责任。保险期为保险生效之日起到工程保修期结束。

（5）建筑特种设备责任险

建筑特种设备是指建设工程施工现场使用的特种设备，包括起重机、升降机、高处作业吊篮、叉车、推土机、装载机、搬运车等。建筑特种设备责任险也称建筑特种设备第三者责任险，是指投保人所有或使用特种设备时，因被保险人的疏忽和意外引发事故对第三者造成的人身伤害或利益损失，由保险公司代为赔偿的一种保险。

### （6）雇主责任险

雇主责任险是指被保险人所雇佣的员工在受雇过程中从事与保险单所载明的与被保险人业务有关的工作而遭受意外或患与业务有关的国家规定的职业性疾病，所致伤、残或死亡，被保险人根据《中华人民共和国劳动法》及劳动合同应承担的医药费用及经济赔偿责任，包括应支出的诉讼费用，由保险人在规定的赔偿限额内负责赔偿的一种保险。

对于未给员工办理工伤保险的，强烈推荐为员工办理雇主责任险，这样一旦发生工伤事故，可以由保险公司来承担赔付的责任。

### （7）安全生产责任保险

2021年9月1日起施行的新《安全生产法》第五十一条第二款规定："国家鼓励生产经营单位投保安全生产责任保险；属于国家规定的高危行业、领域的生产经营单位，应当投保安全生产责任保险。"安全生产责任保险的理赔遵循"无过错责任"原则，不论事故的受害人对事故发生是否负有责任，都应获得赔偿。安全生产责任保险不仅保障企业自身员工（含劳务派遣）的伤亡，还保障第三者财产及人身伤亡。另外还承担救援费用比如救援设备、救援物资、救援劳务费等，承担调查费用、事故鉴定费用、清理现场费用、疏散费用以及法律费用。

施工单位可以根据工程实际情况，选择投保上述保险项目。


## 2. 出险时注意事项

发生保险事故的，项目应做好如下工作：

（1）申报商业保险时，应核实伤者事故发生原因、身份、地点，不随意在保险理赔单上加盖施工单位印章。


【案例62】在保险理赔单上加盖公章，加出的责任。

在我们处理的一起工人事故中，伤者黄某为带班班长李某雇佣，在深圳罗湖区东门某商城负一楼打钻作业时因右脚踩空从人字梯上摔下，经司法鉴定为十级伤残。深圳罗湖区东门某商城负一楼并不属于施工单位的施工范围。但施工单位出于好意，同意带班班长李某在建筑工程施工人员团体人身意外伤害保险商的理赔单据上加盖施工单位的项目印章，为黄某申报商业保险理赔。事后，黄某又另行提起民事诉讼主张20余万元的人身损害赔偿。一、二审法院经审理认为，虽然黄某无证据证明李某与施工单位存在挂靠协议，但是黄某在保险公司理赔时陈述受伤地点在商城负一楼，施工单位作为投保人应知晓该情况，仍以其为员工为其申报保险，据此认定施工单位为涉案施工的工程发包方及用人单位，施工单位需对伤者事故承担补充赔偿责任。

（2）通知保险公司。一旦发生保险事故，施工单位应在尽可能短的时间内通知保险公司。故意或者因重大过失未及时通知，致使保险事故的性质、原因、损失程度等难以确定的，保险人对无法确定的部分，不承担赔偿或者给付保险金的责任。

（3）保护出险现场。在可能的情况下，保留现场以便保险公司现场调查取证。

（4）填写出险通知书。向保险公司索要出险通知书，并在保险公司的协助下填写，这是索赔的第一份正式文件。

（5）提供理算的依据。按保险单的规定，提供有关的凭证、账册、单据、证明等证据，作为理算的依据。

（6）达成受损财物处置意见。在进行受损财产修理或重建以前，被保险人和保险公司应当就由保险公司负责赔偿的受损财产的损失程度、数量、施救费用等达成统一意见，以避免争议。

（7）修理费用。如受损财产由被保险人自行修理，应提供包括修理所用物料、耗费工时等相关的修理费用清单；如为外单位修理或重建，则应提供相关发票。

（8）填制损失清单。如果损失是由第三方的原因造成，被保险人应及时向第三方提出追偿，但不应作出任何承诺，同时应将有关事项告知保险公司。经保险公司赔偿后的相应权益应签署权益转让书转让给保险公司，并协助保险公司追偿。

（9）争取预付赔款。对属于保险责任内的大赔款，若金额一时难以确定，保险公司可在估损金额的一定比例（具体数值视当时情况而定）内单独先行预付赔款，以帮助受损公司及时恢复生产。损失金额一经最终确定，保险公司可在规定的时间内支付其余赔款。

（10）签订赔偿协议。一旦索赔单证齐全，保险双方就赔款金额达成一致，保险公司即可支付赔款。

# 本课知识点

本课知识点总结 表 6-3

| 关键词 | 操作要点 |
|---|---|
| 安全管理 | 定时进行安全教育，做好相关记录 |
| | 人员需持证上岗 |
| | 施工现场警示标志要注意 |
| | 书面告知需签字 |
| | 食宿安全要保障 |
| 安全事故责任 | 违反安全管理规定，发生重大伤亡事故或者造成其他严重后果的，需承担刑事责任 |
| | 建筑施工系国家高度管控领域，行政责任名目繁多 |
| | 造成他人财物或人身损害的，需承担民事责任 |
| 工伤处理 | 工伤范围较宽松，为工作所发生的伤害，只有故意犯罪的、醉酒或者吸毒的、自残或者自杀的不认定为工伤 |
| | 收到社会保险行政部门相应文件后，应及时采取应对措施 |
| | 意外险不能代理工伤赔偿 |
| | 工伤赔偿协议拟定需严谨 |
| 工程保险 | 根据工程实际购买相关商业保险，防范施工风险 |

# 项目经理立即做

（1）核查项目安全教育记录，检查教育是否符合要求，记录是否有签字。

（2）核查项目特殊岗位员工，是否持证上岗，证件是否在有效期内。

（3）核查施工现场警示标志是否完备。

（4）对项目人员受伤事件第一时间积极处理，遇有受伤人员单方申请工伤认定时，应积极采取应对措施，提交相应材料，切勿放任不管。

（5）根据项目实际情况，购买相应的商业保险，并根据商业保险合同约定，对于工人流动情况及时做好登记备案。

# 律师范本

## 范本十二：和解协议书（人身损害赔偿版）

　　使用指南：

　　这份协议书可以运用在当包工头雇用的工人受伤，而包工头未承担责任，施工单位先行承担责任的情况下，双方对已发生的费用及后续赔偿、追偿等事宜进行约定。

　　甲方：（受伤工人），身份证号码：

　　乙方：

　　甲方因在＿＿＿＿＿＿＿＿工地＿＿＿＿＿＿＿＿＿＿＿致伤一事，经双方友好协商，现甲、乙双方经协商自愿达成如下协议：

　　一、乙方已垫付甲方医疗费、生活费、车费等共计人民币＿＿＿＿＿＿＿元（大写：＿＿＿＿＿＿＿＿＿元）。现另一次性支付甲方伤残赔偿金、误工费、护理费、住院伙食补助费、营养费、交通费、精神损害抚慰金、被抚养人生活费、鉴定费等所有因本次受伤引发的各项人身财产损失共计人民币＿＿＿＿＿＿＿元（大写：＿＿＿＿＿＿元）整。

　　二、甲方放弃对乙方的其他一切权利，不再要求乙方进行任何形式的赔偿或承担其他任何责任，包括但不限于承担雇主的赔偿责任或承担今后的任何医疗费用及其他赔偿。

　　三、甲方在本工地做工所发生的工资已自行与包工头＿＿＿＿＿结算完毕，与乙方再无任何关系，不得因在涉案工地做工向乙方要求以任何形式支付任何费用。

　　四、乙方应支付给甲方的费用在本协议签订后＿＿＿＿日内支付至甲方指定账户：

　　开户行：

　　户名：

　　账户：

　　五、乙方可在已支付的赔偿款范围内向真正责任人行使追偿权，非乙方支付赔偿款部分由权利人本人行使。

　　六、本协议一式四份，自双方签字后生效，甲、乙双方各执一份，具同等法律效力。

甲方：　　　　　年　　月　　日

乙方：　　　　　年　　月　　日

## 范本十三：和解协议书（工伤赔偿＋商业保险理赔版）

使用指南：

这份协议书可以运用在承包方（即下述"发包人"）有购买商业保险，劳务公司未办理工伤保险的情况下，承包方、劳务公司参照工伤赔偿标准与工人就已发生的费用及后续赔偿、索赔、保险理赔等事宜进行约定。

甲方（用人单位）： 深圳市某劳务有限公司

乙方（工亡职工近亲属）：

死者配偶： ，身份证号码： ，联系方式： ；

死者父亲： ，身份证号码： ，联系方式： ；

发包人： 深圳某某建筑公司

乙方系甲方_____项目劳务工（姓名）的近亲属，（姓名）于____年____月_____日_____时_____分许，在甲方及发包人不知情的情况下，受另一项目分包单位求助，在发包人的施工范围之外操作移动平台，不幸造成事故，事故导致（姓名：如贾某）死亡。事故发生后，乙方现对上述情况表示知悉并已充分了解。

因该分包单位_____拒绝向乙方给予赔偿，现甲方本着人道主义及有关政府部门的要求，同意与乙方及发包人依据有关法律法规，本着平等协商、互谅互让的原则，就上述_____（项目劳务工）受伤死亡赔偿事宜，经自愿协商达成如下协议：

一、和解金额

1. 甲方向乙方支付各项和解金共计人民币_____元（大写：_____），该费用包含甲方参照《工伤保险条例（2010修订）》支付的全部费用，包括但不限于丧葬补助金、供养亲属抚恤金、一次性工亡补助金等以及为乙方处理本次因事故死亡和解所花费的所有费用，双方已对该数据依法进行了核算。经乙方确认，乙方已明确知悉相关法律或政策规定的各项权利，除上述费用外，乙方不得再向甲方主张任何和解或补偿费用。

2. 前述费用由发包人代为甲方支付至乙方。

二、付款方式和期限

1. 发包人应于本协议生效之日起2个工作日内向乙方支付全部和解金，支付方式为银行转账，发包人付款后，乙方开具收款收条。

2.乙方提供以下账户作为收款账户：

开户名：

开户行：

银行账号：

3.乙方负责和解款项在供养亲属间依法合理分配，如由此引发争议，概由乙方自行负责，与甲方及发包人无关。

三、甲方、发包人义务及违约责任

甲方、发包人应按本协议约定时限向乙方支付和解款项，甲方、发包人迟延付款的，乙方有权要求甲方、发包人一次性支付。

四、乙方义务及违约责任

1.乙方将依据《工伤保险条例（2010修订）》享有的工亡待遇权利和发包人向保险公司为工亡职工所投商业保险的合同权利全部转让给发包人。转让的工伤保险待遇权利和商业保险的合同权利，乙方应当在本协议签订时提供发包人行使上述受让权利的有效证件。若乙方在本协议签订后未能及时向发包人提供相关保险理赔所需资料（合同附件所需要资料），影响保险理赔的，甲方、发包人有权拒付全部工亡待遇，有权追索保险理赔金。

2.本和解签订后，乙方认可因＿＿＿＿＿＿＿＿＿＿＿（项目劳务工）受伤死亡事宜可能产生赔偿均已获得全部解决，乙方不再向任何人就此事主张任何赔偿。同时乙方将向分包单位 ＿＿＿＿＿＿＿＿＿＿的索赔权全部转让给发包人。

3.若乙方违反本协议任何一项义务的，发包人有权拒付全部和解款项，且乙方需向发包人支付本协议约定赔付金额的10%作为违约金。

五、其他

1.各方如发生争议，应当友好协商解决。如协商不成，任何一方均有权将争议提交发包人所在地人民法院诉讼解决。因任何一方违约而导致诉讼或申请强制执行的，应当向对方支付实现债权的所有费用。

2.本协议一式三份，各方各执一份，自各方签章之日起生效。

甲方：深圳市某劳务有限公司　　　乙方（请在协议每一页签字）：

班组负责人：　　　　　　　　　　发包人：

签章日期：　　　　　　　　　　　签章日期：

附件：

1. 户口簿复印件

2. 乙方身份证复印件

3. 保险理赔所需资料

（1）理赔申请书

（2）受益人资格确认表

（3）事故者身份证复印件或户籍注销证明

（4）受益人身份证明

（5）受益人关系证明

（6）死亡证明

（7）抢救病历

（8）火化证明

# 第三篇

## 财务管理

# 第七课　容易犯的错误——款项收支

一个工程项目，动辄几千万元，多则几十亿元，而且现在支付方式也多种多样，稍有不慎，容易就款项的支付发生纠纷。施工单位一方面要向建设单位收取工程款，另一方面要向分包单位、材料供应商和工人进行款项支付，作为项目管理者，对款项进出应提高警惕，防止纠纷。

项目经理作为项目的全面负责人，需要介入到工程款收支的具体环节中。大家可能会说，赚钱我可能不在行，收钱花钱我还不会？但现实就是很多项目管理者对于相关的财务及法律知识不了解，往往在工程款收支上发生很多问题，而且现在收付款的方式也越来越多样化，除了常见的代收代付，还有以房抵款、保理、商业承兑汇票等新的方式，实践当中确实有不少是因为收钱或付钱不当而发生纠纷的。

下面就从收和支两个方面，来给大家讲讲应注意的法律问题。

## 一、工程款收取

施工单位在收取工程款时，需注意如下问题：

### 1. 税务发票的开具及签收

很多建设单位在付款的时候，为了防止承包人收到款后不给付发票，往往要求施工单位提供相应的发票后再付款，甚至在合同中明确约定：如果不提供发票，建设单位有权拒绝付款。

而根据国务院《发票管理办法》第三条"本办法所称发票，是指在购销商品、提供或者接受服务以及从事其他经营活动中，开具、收取的收付款凭证"的规定，发票是收付款的凭证，也即提供发票的行为，可能被认为是已经收到款项。如果建设单位收到发票后，却未能付款，就会使得发票金额和实际付款金额存在一定的差额。

**（1）发票的开具**

实践中施工单位开具发票前，会事先与建设单位沟通，如果建设单位表示不能付款，则施工单位不会开具发票，这样的操作流程大家已习以为常。但当合同上有类似这样的条款"发包人每次付款前，承包人应向发包人开具等额、合法、有效的增值税专用发票，否则发包人有权拒付"时，施工单位就要谨慎对待了。

建议施工单位此时应保留建设单位表示不能付款的相关证据，如果无法搜集此类证据，那么在催款函件中则要注意提到发票暂缓开具问题。现在有的地方高级人民法院规定，如果合同中有这样的约定，也是有效的，这样意味着如果施工单位不能证明建设单位有表示过不能付款，则建设单位不存在违约付款的行为。

下面是我们给到客户的一个催款函模板，里面就有提到发票问题。

【参考文书 14】关于请求尽快支付 ×× 工程款的函

---

×× 公司：

　　2021 年 1 月 5 日，贵我双方签订《×× 工程施工承包合同》，我司有幸承接贵司 ×× 项目（以下简称"本项目"）。

　　截至 2021 年 3 月 5 日，我司已经完成本项目 ××× 工作。按照合同约定，贵司应支付我司工程款 ×× 元。关于贵司上述款项支付事宜，我司已多次催促贵司，但贵司一直推诿且要求我司暂缓开具发票及请款流程，相关的款项也未支付我司。

　　关于贵司上述款项支付事宜，我司已多次催促贵司，其中 ×× 阶段 ×× 元工程款已开具相应金额的发票送交贵司，但贵司一直推诿，至今未予以支付。

　　贵司未按照合同约定向我司支付工程款已构成违约，为减少双方的经济损失，我司仍本着友好的态度与贵司沟通，请贵司在接函后五日内支付尚未付清的工程款。

　　我司将继续开启贵我双方增进互信的沟通渠道，还望贵司尽快安排付款事宜为盼！

深圳市 ×× 建设集团有限公司

年　　月　　日

---

### （2）发票的签收

就我们接触到的案件来看，在双方发生纠纷时，付款人往往以收到的发票金额主张已支付对方的款项，收款人则以付款人未实际付款且相关规定不允许使用大额现金进行支付、付款人应提供银行转账凭证来证明其付款行为来进行抗辩。但因实践中确实存在大额现金支付的情况，在收款人已提供发票，但付款人未实际付款的情况下，如付款人主张是现金支付，对收款人就相当不利，特别是在发票金额不大的情况下，法院很有可能以发票金额确认付款金额。

故工程款发票应在收到款的同时或之后再交付，如一定要在收到款之前交付，可以在发票中写上"银行转账"字样，这样如果对方以该发票主张已付工程款，可要求对方提供银行转账的票据。

另外，提供发票的，应注意要求对方签收，否则一旦丢失，对方可能以未提供发票等理由进行起诉或向税务机关投诉。对于尚未收到的款项，可以在发票收条上注明"款项未付，发票先行提供"字样后再让对方签收。

## 2. 收款收据要注明付款方式

有的工程，建设单位既要求提供收据，也要求提供发票；或收款方的发票须等付款积攒一定数额才开，中间过程中的付款则用收款收据代替发票。这时，收款方也应注意，避免事后付款方瞒天过海，将收款收据和发票加在一起，重复计算付款金额。

在收据和发票一起开立的情况下，应在收据或发票中注明对应的发票和收据；而在收据提前开具，发票未一并开具的情况下，应收回收据或在发票上注明对应的收据编号。

在收据与开具银行支票同时的情况下，应在收据上备注支票编号。我们曾经办过一个案件，建设单位拿出收据与支票存根，称存在两笔付款，后来是通过调取银行凭证，法院才认定是同一笔款项。

另外，有时付款单位以支票方式支付款项，但要求在收到支票时即提供相应的收款收据。因收到支票时尚未获得兑付，故在出具的收款收据中应注明是收到支票，并写明支票号码，如一旦未获兑付，可凭未获兑付的银行凭证主张该款未收到。

这里有个案例很值得大家警醒。

【**案例63**】未被兑付的支票被认定为已付款。

> 某分包商收取了总包方的一张5万元的支票，在收到支票的时候就向总包方出具了收款收据，但因总包方账户原因，未获银行兑付，但该收款收据未注明收到的是支票，分包商之后也未将收款收据讨回。
>
> 后来双方发生诉讼，付款方凭收款收据主张该5万元已支付，该施工单位虽经一审、二审，但法院最后判决认为"原告辩称该份证据记载的是其收取了一张未获银行兑付的支票的主张，本院不予采信。因为该收款收据并未载明收取的是支票，而在原告确认的本案其他收款收据上遇有收取支票的情形时则均有收取支票的明确记载。"

## 3. 转付、代付手续不完善

收取工程款，有时会存在建设单位指定第三方代付的情况。

收取此类款项，收款方应注意，因为第三方与收款方之间并无直接的合同关系，第三方要支付款项给收款方，应由第三方向收款方出具一份说明或声明，表示该款项是代业主或建设单位支付，以免第三方此后提出其与收款方之间无合同关系，其支付给施工单位的款项属于收款方的不当得利而要求返还。

就目前我们所接触到的实例来看，通过第三方支付的款项，收款方往往认为第三方不可能在支付款项后找麻烦，很多都是觉得多一事不如少一事，很少要求第三方提供此类说明或声明的。这种代付款会存在一定的法律风险。

【**案例64**】牵涉五家单位的以房抵款纠纷案。

> 施工单位A公司总承包位于深圳福田××湖区域的某住宅小区项目，向混凝土企业B公司购买混凝土，且欠B公司混凝土款。项目业主C公司因资金紧张，也欠付A公司工程款。因此三方达成一个合意（未签订书面合同），C公司将价值2063万元的23套房屋转让给B公司指定的人，转让完成后，则C公司欠付A公司的2063万元工程款和A公司欠付B公司的2063万元混凝土款均视作已经清偿。
>
> 如按以上合意进行操作，并不复杂，就是一个简单的三角债的清理协议。
>
> 但在实际操作中，从三方当事人变成了五方。B公司并未指定房屋的受让人，而是由B公司的上级公司D公司向C公司提供了一份指定函，而实际提供房屋的人又不是本来商定的C公司，而是C公司的关联公司E公司。

问题是，不论是三方还是五方，均未形成书面的协议将以上的复杂关系加以明确。过程中只形成一些付款委托书，如A公司委托C公司将款项支付给B公司之类。在当时，参与的人均知道情况，房产的过户手续很快就办好了，在当时也不认为会发生问题。

但后面事情发生了变化，因为以房抵款的金额很大，而实际A公司欠付B公司的款项低于以房抵款的数额，A公司对B公司出现了超付。双方再次口头协商约定由B公司在其他工地继续对A公司进行供货，但在该工地的供货，又再次因为B公司的混凝土质量问题而中断。B公司仍欠付A公司200多万元。

A公司因此向B公司提起了诉讼，要求B公司退回多付的200多万元。因当时深圳清理特区内的混凝土搅拌站，B公司面临关停，故在诉讼中其利用前述的不完备的以房抵款过程，不承认A公司已以以房抵款的方式支付了其2063万元。因以房抵款涉及的当事方太多，且没有书面的合同说明完整的情况，A公司只能凭借零碎的材料来拼凑起整个以房抵款的案情，福田法院为查明案情，共计三次开庭，审理时间长达两年之久，才判决A公司胜诉。A公司胜诉后B公司又上诉，又拖了半年左右的时间。起诉的时候，A公司通过法院在车管所书面查封了其几十部的混凝土车辆，但到执行时，这些车辆都不知去向，最后只能拍卖其厂区内的混凝土搅拌站，但仅卖得不到100万元，剩余的100多万元债权至今未能追回。

在这个案例中，施工单位A公司起码犯了如下错误：

（1）超付混凝土款，债务人变成债权人，主动变成被动。

（2）该笔付款涉及五家单位，理应签署完备的协议，以明确各方的行为及权利义务关系，但在整个过程中，各方未签订一份完整的以房抵款协议，同时各方对法律文件的审查极不严谨。比如D公司仅是B公司的上级公司，相关法律文件本应由当事方B公司作出，但却由D公司作出，而A公司及C公司竟然接受，导致诉讼时B公司不承认D公司的相关法律文件，导致案情愈加复杂。

### 4. 结算报送行为不规范

工程结算尾款大多约定在办理结算后才给付，所以报送结算的行为法律意义重大，意味着建设单位支付款项时间和违约金起算点的确定等。

尤其需要注意的是，《施工合同纠纷司法解释（一）》第二十一条规定："当事人约定，发包人收到竣工结算文件后，在约定期限内不予答复，视为认可竣工结算文件的，按照约定处理。承包人请求按照竣工结算文件结算工程价款的，人民法院应予支持。"所以，当合同中有以送审价为准的条款时，施工单位更要特别注意结算书的报送行为。

首先，结算书的内容及形式应规范，计价方式按合同约定执行，并加盖公司公章、注册造价师印章。

其次，结算书的报送应由建设单位的履约代表签收，最好加盖公章，签收的收条上应具体载明结算书名称、价格、册数、时间。

如果不能取得建设单位的有效签收，则建议办理公证邮寄。如何办理公证邮寄，本书的第十一课已有详细阐述。

以下是我们办理的一起代表施工单位，以送审价为准的主张被法院支持的案例。该案件的关键在于我们为其办理了结算书的公证邮寄。

**【案例 65】**公证送达确保报送结算书的行为有效。

2013 年 8 月 2 日，深圳某施工单位与成都市某置业公司签订《成都××会馆装饰工程施工合同》（下称"《施工合同》"），合同总价 32988129.82 元。《施工合同》第七条 4）约定："本工程完工后 45 日内，乙方应向甲方递交结算资料，乙方向甲方递交结算资料后 45 日内甲方应完成审核确认，逾期视为已认可。结算完成后 10 日内，甲方向乙方支付至结算价的 95%。"2014 年 1 月 26 日双方又签订补充协议，增加合同价格 800 万元。该工程于 2014 年 3 月竣工交付使用。2015 年 1 月 12 日，施工单位向建设单位报送结算书，结算价为 49883584.23 元。但建设单位一直未予审核，也未支付尾款。

当我们拿到案件后，发现施工单位的结算书报送并没有有效签收，但合同上又有以送审价为准的条款，于是在 2019 年 7 月 12 日，我们为其办理了《结算书》的公证邮寄，再次向建设单位报送结算书。之后又等待合同约定的结算期届满后提起诉讼，主张以送审价为准，要求建设单位支付工程款 16733584.23 元及利息。

经过法院审理，法院认为根据原《最高人民法院关于审理建设工程施工合同纠纷案件适用法律问题的解释》第二十条的规定，施工单位已在 2019 年 7 月 14 日将结算书送达建设单位，建设单位应当在 2019 年 8 月 29 日前完成结算资料的审核确认，逾期视为已认可，故法院支持了我方以送审价为准的主张，认定工程结算价为 49883584.23 元。

### 5. 走账行为要不得

在工程领域，有一种现象比较普遍，就是所谓走账。

建设单位在银行的贷款，通常是建设专项贷款，需要专项用于工程施工建设，所以银行的风控措施就是要求将款项直接支付给施工单位。而建设单位往往要求施工单位进行配合，把该款项先还回建设单位（或建设单位指定的单位）。

以上操作，最大的风险在于，施工单位的建设工程价款优先受偿权将来会受到银行的质疑，法院在银行质疑情况下，大概率将对施工单位的建设工程价款优先受偿权的主张不予支持。

最高人民法院第一巡回法庭在《民商事主审法官会议纪要（第 1 卷）》曾发布如下案例（中国法制出版社，2020 年 7 月）：

【案例 66】走账部分的工程款建设工程价款优先受偿权不予支持。

C 公司作为发包方，M 公司作为承包方，双方签订了建设工程施工合同，约定 C 公司将其建设的案涉工程发包给 M 公司。后 M 公司依约进行工程施工直至工程基本完工。C 公司与 M 公司经结算，确认案涉工程（含土方工程）结算总额为 136147605.23 元，且 C 公司已支付案涉工程款 5982 万元给 M 公司。

案涉工程施工期间，C 公司为案涉工程向第三方 Q 银行以案涉工程作抵押申请贷款，Q 银行要求 C 公司收到贷款后必须支付至案涉工程承包人 M 公司的账户。与此同时，C 公司又与 M 公司约定以上述款项走账，即 M 公司在收到上述款项后，M 公司须按 C 公司要求将上述款项支付给 C 公司指定的任意第三方。之后，C 公司在 Q 银行开立的监管账号内申请划出 7 笔贷款，共计 116267000 元，均划入 M 公司账户，且大部分注明为工程款。C 公司收到上述贷款后，向 M 公司发出《划款通知书》，M 公司按照《划款通知书》的指示，将上述款项转入 C 公司指定的多个第三方账户。对于上述款项进入 M 公司账户后又划出的情况，C 公司于 2013 年 3 月 18 日出具了《证明》，说明 C 公司在 Q 银行出贷款当天全额收回，该贷款均没有支付给 M 公司，该项目所拖欠的工人工资、材料款以及所需缴纳的税金（包括施工方须缴纳的税金）由 C 公司全部负责支付，由此引起施工单位的行政、经济处罚及相关费用全由 C 公司负责。

M 公司认为，该款属走账性质，即 C 公司只是借 M 公司的账户走账，C 公司实际只支付了 5982 万元工程款，尚欠工程款 76327605.23 元。因此 M 公司将 C 公司诉至人民法院，主张 C 公司清偿欠付的工程款，并主张享有案涉工程的建设工程价款优先受偿权。Q 银行作为该案的无独立请求权第三人参加诉讼，认为 M 公司收到的包括走账款在内的工程款远远超过工程造价，且 M 公司与 C 公司除案涉工程项目外，双方没有其他的工程承发包关系，也没有借款关系，在大部分贷款用途注明为工程款的情况下，M 公司不应再享有建设工程价款优先受偿权。

最高人民法院第一巡回法庭法官会议认为：

（1）承包人与发包人以银行贷款走账，该走账款应认定为工程款

在发包人将银行贷款以工程款名义直接从发包人账户内支付至承包人时，即便承包人未实际使用该款项，但因货币性质上属于特殊种类物，遵循占有即所有的原则，故自上述款项划付至承包人账户时起，发包人即已完成相应的工程款支付义务，承包人也对该款项享有所有权，有权自行处置。因此，该行为实际上已消灭了发包人与承包人之间因工程款而产生的相应债权债务关系。

（2）承包人与发包人以银行贷款走账，并以未收到足额工程款为由主张优先权的，其主张不能得到支持：

1）承包人同意走账，对其工程款债权无法实现具有重大过错。承包人对自身账户的使用，应持谨慎、注意义务，不得出租、出借，否则，由此导致的不利法律后果，亦应由承包人承担相应法律责任。

2）承包人优先权的主张不符合《施工合同纠纷司法解释（一）》第三十五条的立法目的。《民法典》第八百零七条规定："发包人未按照约定支付价款的，承包人可以催告发包人在合理期限内支付价款。发包人逾期不支付的，除根据建设工程的性质不宜折价、拍卖外，承包人可以与发包人协议将该工程折价，也可以请求人民法院将该工程依法拍卖。建设工程的价款就该工程折价或者拍卖的价款优先受偿。"由此可知，发包人未按照合同约定支付工程价款，是承包人行使建设工程价款优先受偿权的基本前提。换言之，如承包人已实际支付完毕工程价款，则承包人不再享有此项权利。

3）《施工合同纠纷司法解释（一）》第四十三条规定，发包人与承包人约定放弃或者限制建设工程价款优先受偿权，损害建筑工人利益，发包人根据该约定主张承包人不享有建设工程价款优先受偿权的，人民法院不予支持。据此，承包人可以在一定条件下放弃优先受偿权。既然优先受偿权可以约定放弃，那么，贷款抵押权人

将贷款以工程款的名义，通过发包人账户直接支付至承包人的账户，使承包人收到工程款，以对抗承包人可能另行行使的建设工程价款优先受偿权，也符合上述规定之立法目的。而在无有效证据对案涉工人工资欠付事实予以认定的情况下，发包人与承包人约定走账，实质上是以走账约定放弃了建设工程价款优先受偿权，因此，不应再对其优先受偿权主张予以支持。贷款抵押权人通过现行法律未明确禁止的方式，以某种风控手段，使得承包人收到以贷款形式发放的工程款，以期在事实上使承包人无法另行主张优先受偿权，实质并未损害承包人工程价款债权的实现，亦属合理商业手段，从该角度看，不宜对贷款银行的此种风险控制方式给予法律上的负面评价。

# 二、款项支出

## 1. 供应商委托收款应提供明确授权

在付款的时候，应注意合同关系，和谁签合同，就应该把款项支付到谁的账户。如不支付到合同相对方的账户，应由合同相对方出具明确的收款委托，指定其收款的账户后才可以支付。

建筑领域，存在大量的挂靠现象。在挂靠关系中，因为挂靠人是真正的权利人，故有些付款单位会不通过被挂靠单位而直接将款项支付给挂靠人，但如果被挂靠单位和挂靠人发生纠纷，则被挂靠单位就可能起诉付款单位，主张其未付款。故除非被挂靠单位有明确的授权，否则，付款不应直接支付到挂靠人的账户上。

【案例 67】项目负责人收取款项视为发包人已付工程款。

某施工单位承包了一个外墙翻修的工程，将其中的屋顶钢架工程分包给另一家专门做钢架的公司。钢架公司委托靳某签署合同，并由靳某负责项目管理。钢架公司在合同上所盖的印章有银行账户信息，但合同上未注明所有款项均应汇入该账户。

施工单位支付的前面两笔款项，均汇入钢架公司的银行账户，但之后约 10 万元款项，考虑到这个项目是靳某挂靠钢架公司做的，第一笔款项 3 万元，以及最后一笔款项 7 万元，在靳某的要求下，由靳某私人开立收款收据并领取现金。

项目完成几个月后，钢架公司提起诉讼，主张施工单位支付给靳某个人的 10 万元，除第一笔 3 万元钢架公司知情外，最后一笔 7 万元款项，未经允许将款项支付给靳某个人，不承认施工单位的付款，要求施工单位另行支付该 7 万元欠款。

最终法院认为靳某是项目的负责人，且在合同履行过程中，钢架公司对靳某向施工单位领取工程款也没有异议，故认为施工单位对向靳某支付款项没有过错，驳回了钢架公司的起诉。

这个案件虽然最终施工单位胜诉，但主要是钢架公司在应诉中自认（即其自认支付给靳某的 10 万元中有 3 万元钢架公司知情，只对最后的 7 万元不知情）帮了施工单位的忙，如果钢架公司不承认其对之前支付的 3 万元知情，对全部支付给靳某的 10 万元款项均不予承认的话，则法院最终如何判决还尚未可知。

另外还有一个项目，施工单位应分包人要求，将部分工程款支付到分包人所开设的一个材料公司，但该施工单位没有要求分包人提供任何委托付款的手续就付了款。结果突然有一天，某地公安局来人要求施工单位配合调查，称该材料公司账户涉嫌洗黑钱，并声称要查封某施工单位的基本账户。因施工单位手头并无任何的文件材料可以证明付款至该材料公司是合法支付分包工程款，为摆脱洗钱嫌疑，花费了很多的精力。如果施工单位在付款时把手续做完整，就可以避免很多不必要的麻烦。

施工单位在对外支付材料款或分包款时，有时认为合作者是老客户，就忽视了对合同主体的审查，支付给实际经办人，又或者轻信实际经办人员的话，相信其有权代表公司收款，但一旦发生纠纷，就要面临败诉的风险。

【案例 68】实际履约人并非合同签约人导致的付款纠纷。

2017 年 4 月，某施工单位与深圳某实业有限公司签订《钢筋采购合同》，约定每月 28 日双方对账确认上月实际供货数，次月 10 日施工单位支付到货款的 80%，如逾期支付则应按每日 0.07% 的利率支付违约金。剩余 20% 货款待主体封顶后 3 个月内平均付清。

自 2017 年 4 月至 10 月，深圳某实业有限公司实际供货 17681565 元，双方财务办理了对账确认，其起诉称有 230 万元未支付。

但施工单位称 2018 年 7 月 11 日，施工单位的代表与深圳某实业有限公司的履约代表吴某签订《付款协议》，以吴某欠案外人的 230 万元借款抵付了该笔货款。案外人也在该协议上签字确认，据施工单位称："吴某与深圳某实业有限公司的老板是老乡兼合伙关系，而且其与吴某有多个项目合作，吴某就是实际的供货老板。"

我们接受施工单位的委托后，经分析案件材料，认为施工单位败诉风险很大，建议其与被告和解，但因双方差距过大未能达成和解。该案经法院审理认为《付款协议》并没有深圳某实业有限公司的公章确认，且其表示否认，施工单位应承担举证责任证明深圳某实业有限公司授权吴某与其签订《付款协议》，但施工单位未能证明吴某是深圳某实业有限公司的授权代表，应依法承担举证不能的不利后果，施工单位可另寻途径解决其与吴某的纠纷，法院判决认为《付款协议》不能作为已付款的证明，判决施工单位败诉。

所以，施工单位在付款时，一定要认真审查收款主体是否与合同签订主体一致，如不一致，则应要求委托方与受委托方同时出具承诺，以下是我们为客户修改的一份代收款的委托书，可供参考：

**【参考文书 15】**代收款授权委托书

致：深圳市 ×× 建设集团有限公司

我司即 A 石业有限公司，委托 B 石业有限公司收款如下

现授权委托 B 石业有限公司代我司收取基于贵司与我司双方签署的《石材买卖合同》及《石材供货及安装合同》（合同涉及项目详细见附表），贵司应付我司款项（人民币：　　　　　大写：　　　　　　）。

以上应付款项是贵司履行前述该合同所有剩余应支付款项，双方权利义务已经结清，我司无其他任何向贵司追索的款项，包括但不限于如违约责任追索。

在 2020 年 2 月前我司需向贵司开具足额合法的增值税专用发票，贵司可在前述金额直接扣除13%后先行支付，扣除的13%贵司在我司提供足额合法的增值税专用发票后再付，否则贵司可以拒付。

我司确认，贵司通过银行转账汇款至 B 公司账户后，即视为我司已收款。因此委托产生的任何纠纷与贵司无关，均由我司及 B 石业有限公司承担。

此委托书盖章后即为生效，不可转委托。

附：受委托单位收款账户

开户名称：B石业有限公司

开 户 行：

受委托单位：B石业有限公司 　　　委托单位：A石业有限公司

法定代表人/经办人： 　　　　　　　法定代表人/经办人：

日　　期：年 月 日 　　　　　　　日　　期：年 月 日

## 2. 迟延支付应签署免责文件

迟延付款的情况在很多项目中常会出现，出现迟延付款并不可怕，可怕的是对引起的违约责任无任何预计。迟延支付时应及时与对方协商，并对违约责任有充分预计。

【案例69】迟延付款引发的高额违约金。

某智能科技公司承包了西安某项目客房控制管理系统工程，与某工程有限公司签订了采购合同，合同总价为1203650元，并约定了货物单价、支付方式及违约责任："每逾期1日，违约方应按合同总价的1‰向对方支付违约金。每连续逾期10日，违约方还应向对方支付1万元违约金。"采购合同履行期间，双方又另签增补合同，增补合同金额共计432065元。

该项目实际是由某智能科技公司与香港人李某合作承接，货款均由李某支付。但项目完成后，该采购合同仍余货款210212.25元未支付。某工程有限公司起诉至法院，要求支付欠付的货款及违约金550068.05元（仅计算至起诉之日，起诉之日之后的将另行追加）。

本案一审判决某智能科技公司支付货款210212.25元及违约金220000元。二审维持了一审判决。

据该公司称，之所以会拖欠货款这么长时间，是由于他们认为支付货款义务不在于自身，而应由合作方李某支付，所以当供货方三番五次找到他们要求支付货款时，他们未予理睬。另一方面是由于他们并没有预料到有这么高的违约金。这个案件某智能科技公司在一审开庭前几日找到我们，经过分析，我们没有代理本案，并劝其积极与对方协商，争取和解。但是令人可惜的是，双方一直未能达成和解，某智能科技公司为自己的过错支付了一笔不小的学费。

所以，在项目出现有迟延付款时，作为管理者，应仔细研读相关的合同条款，必要时咨询专业人士，以评估自身的违约风险，从而作出正确的决策。

另外，如果迟延付款与对方达成协议，应及时以书面形式确认，切勿仅停留在口头阶段。当与收款一方达成一揽子协议时，也应特别注意在协议中约定免除原逾期付款的违约责任。

我们的一家顾问单位声称要发一份律师函，催促某消防工程分包人尽快完工。但我们经查阅合同，指出其中的付款时限询问我方是否按约付款时，该公司人员称有一笔尚未支付，但与对方已约定改为完工后支付。当问及是否有书面约定时，其说只是分包单位的现场负责人口头同意了，但是分包单位并未同意。这种情况下，我们建议不宜发律师函，还是应以公司函件或双方协商为主，顾问单位也采纳了我们的意见。

### 3. 预防超额支付

在避免迟延支付的同时，对应付款项也应认真审查，避免出现超付情况。

【**案例 70**】因部分工程取消导致超付工程款纠纷案。

> 某施工单位与某科技工程公司签订了《某花园防火门施工合同》，将总包项目中的防火门工程分包给某科技工程公司，合同中约定了单价及支付方式。当工程竣工验收后，某施工单位发现某科技工程公司实际完工量为 595584.45 元，而已付款却已高达 913462 元，多付 317877.55 元。
>
> 某施工单位协商无果的情况下，只能提起诉讼，后双方达成和解，某科技工程公司分几期返还了超付的款项。

本案之所以出现超付情况，是因为项目施工过程中，建设方取消了部分防火门窗，而某施工单位仍然按照合同总价在支付，未认真审核施工进度，以致于出现了超付情况。还有发现合同履行中付款方式已改成建设单位代付，但是财务部门未及时掌握情况，导致重复支付。

所以，项目部在付出款项时，应由各部门联合审查，并对支出依据及合同约定进行认真比对，排除不能支付情况后再行支付。

## 4. 代扣税款问题

分包工程常有总包单位代扣税的情况，一般在分包合同中会对代扣税作出约定，但如果没有明确约定代扣税，在付款时则应加以说明。

**【案例 71】**一起关于代扣税费的争议案。

> 某施工单位与蔡某签订了《某项目 7 号、8 号厂房外架、防护专项施工及满堂架、围墙、钢管、扣件、安全网租赁合同》，约定了脚手架搭拆单价及钢管、扣件等材料租赁价。在结算过程中，因对延长使用期的单价及已付款金额发生争议，蔡某诉至法院，要求某施工单位支付欠款 748446.23 元。
>
> 本案的一大争议是已付款金额，蔡某主张已付款为 1460615 元，而某施工单位主张已付款应为 1540488.69 元。其中的差价即是由于代扣税引起。根据《深圳市地方税务局关于进一步加强建筑安装税收征管的通知》（深地税发〔1997〕329 号）第四条关于分包工程的税收征管管理规定，总包企业代扣代缴营业税、城市维护建设税、教育费附加等税。
>
> 由于双方合同中并未约定由某施工单位代扣税，也未约定代扣税的税种、税率，诉讼中法院要求某施工单位提供代扣税依据及已缴税凭证。
>
> 因分包工程款是包含在被告收取的工程款之内的，建设单位每支付一笔工程款，施工单位都要出具工程款发票，缴纳相应的税款。完税证中也载明施工单位缴纳的税款有"营业税、城建税、教育费附加、个人所得税、契税"等，并列明了相应的缴纳比例。税务部门是依据发票的金额来开具完税证明的，所以某施工单位无法提供蔡某所承包的工程的对应完税证明。某施工单位提供的是其单方开具的这些代扣税款的收据，但没有蔡某签字认可。
>
> 本案一审法院未支持某施工单位代扣税的主张，二审中双方对此达成了和解，各自做了让步。

工程所涉税种比较繁多，一旦出现争议，法官很难对税务的实际操作和相关规定熟悉了解，法官只看相关的证据。所以作为付款人，最好在合同中应对代扣行为、代扣税种、税率与收款人共同明确，如果合同中未能约定，在履约过程中，也应要求收款人进行书面明确。

总之，工程款的收支是工程合同履行的重要组成部分，应慎重对待，以避免不必要的纠纷。建设单位非规范支付造成施工单位没有收到相关款项的纠纷时而发生，减少纠纷最好的方法是将规范和防范深化于日常管理中。作为承包方还应注意在订立合同时对支付方式方法进行明确地约定，避免造成工程款账外循环，甚至被实际施工人占有并用于工程以外。

【**案例 72**】一份《联系函》引发相差 2313 万元的付款争议案。

最高人民法院（2019）最高法民终 262 号民事判决书中，一审和二审判决建设单位支付工程款本金相差 2313 万元，其根本原因就在于一份施工单位向建设单位发出的《联系函》。

该《联系函》明确工程款必须汇入施工单位指定账户，汇入其他账户不予认可。实际在施工单位出具该《联系函》后，建设单位又向施工单位的现场管理人员吴某支付了 2313 万元，二审法院认为建设单位收到《联系函》后应对该函件内容明知。在该种情况下，建设单位仍然将上述款项 2313 万元支付给吴某，不能当然认定该 2313 万元系支付案涉工程的工程款，应进一步举证证明该款项系用于案涉工程施工，但建设单位并未完成该举证证明责任，其应承担举证不能的不利法律后果。

故而二审法院未支持该 2313 万元作为已付工程款，对一审判决进行了改判。

# 本课知识点

本课知识点总结 表 7-1

| 知识点 | 操作要点 |
|---|---|
| 款项收取 | 先提供发票后收款时，应在发票中注明未收款或"银行转账" |
| | 收据与发票同时开具，应注明对应的发票或收据 |
| | 开具收据时领取支票，应在收据上备注支票编号 |
| | 转付或代付时，应由转付方或代付方提供书面声明 |
| | 应规范对报送结算书的管理，特别注意应取得发包人的有效签收 |
| | 不要帮建设单位走账，会丧失建设工程价款优先受偿权 |
| 款项支出 | 付款时应付至合同相对方，如转付他人，则应有书面委托 |
| | 不使用空白票据支付工程款，使用远期票据支付工程款可要求收款方明确不要求另支付贴息损失 |
| | 迟延支付时应及时与对方协商，并对违约责任有充分预计 |
| | 对应付款项应各部门联合审查，避免出现超付情况 |
| | 代扣税款的，应就税款金额明确约定 |

# 项目经理立即做

（1）核查已交付付款方的发票，对未付款的情况应密切跟踪，有拖欠现象时及时去函催促。

（2）核查发票与收据是否重合，如有重合现象，则应密切关注，及时与对方进行对账，确认已付款项。

（3）对财务人员进行培训，规范款项收支制度，加强发票、收据管理。

（4）收集整理分包合同、材料采购、租赁合同，对己方的付款义务及违约责任有明确认识。

（5）检查己方的付款是否付给了签订合同的主体，如果不是，则应要求对方补充授权委托。

（6）检查报送结算书或其他催款文件的签署，特别注意查阅施工合同中有无以送审价为准的条款。

# 律师范本

## 范本十四：代付委托书

使用指南：

这份委托书是在收款方要求付款至非收款方账户时，由收款方出具。该委托书列明有付款依据、付款金额和付款账户。签署的委托人应为合同中的相对方。

代付委托书

×××公司：

贵司根据《　　　　　　合同》第××条应支付的款项人民币　　元，请支付至以下账户：

账户名：

开户银行：

账号：

贵司将该款项付至该账户，即履行完以上合同条款约定的付款义务。

以上情况属实，若由此引起纠纷，由我方全部负责。

委托人（盖章／签字／指模）：

日期：

## 范本十五：代付农民工工资委托书

使用指南：

施工单位在代班组向农民工支付工资时，应由班组出具委托书，并随委托书附上代付农民工工资明细表及身份证复印件，同时还应有委托人和收款的农民工签字，按指模。

××项目部：

我方在贵项目部承建施工××项目，因我方财务人员少，能力有限，特委托贵项目部代为支付我方雇佣的农民工工资，代为支付的工资款项在贵项目与我方计量和结算时等额扣除。贵项目部只是代我方支付农民工工资，代付不代表所有农民工与贵项目部及其所属单位之间存在劳动关系或其他权利义务。

（代为支付农民工工资明细表及身份证复印件见附页）

委托人（盖章／签字／指模）：

日期：

## 范本十六：受托代付款说明书

使用指南：

这份说明书用于付款方要求由另外一方代付时，由代付方所出具。代付方出具了此份说明，有利于说明款项往来情况。

### 受托代付款说明书

××公司：

我司受A公司委托，代其向贵司支付《××合同》项下款项　　　元，该款项以银行转账方式于　　年　　月　　日支付至贵司账户，账号　　　，请予查收。

特此说明。

代付人（盖章/签字/指模）：

日期：　年　月　日

# 第八课 终极目标——工程款的回收

工程款的回收是施工单位最关心，同时也是最费心的工作。工程款回收不是简单的催收，还必须掌握一定的法律知识。

工程款分为预付款、进度款、结算款、保修款四类，不同种类的工程款有不同的特点，其安全回收也有着不同的风险控制方法。

工程款的回收，是项目经理除施工管理外最重要的工作。工程款不能及时回收，将直接打乱施工单位的各项经营计划。本课将通过分析预付款、进度款、结算款、保修款四类工程款的不同要求，提出几种非诉讼的回收方法，并重点介绍了回收工程款应知的法律问题，让项目经理对回收工程款的法律问题有系统化的了解和认识。

## 一、四类工程款的回收

工程款的回收，包括预付款的回收、进度款的回收、结算款的回收及保修款的回收，不同类型的工程款，其回收的要求有所不同。

### 1. 预付款的回收

部分工程约定建设单位应在开工前支付一部分工程预付款，有时也称作备料款。因处在刚签订合同的阶段，理论上预付款出现问题的概率较小，但实际还是会出现，部分是没有及时支付，部分是不能足额支付。

就预付款的回收，施工单位应注意的是：如果建设单位未按时足额支付工程预付款，施工单位应及时发出催付函，同时表明因未能按时足额收到工程预付款，工程备料等受到影响，要求工期顺延。

如果建设单位在合同履约的开始阶段就违约不予支付预付款，且经过催告仍不予支付的，施工单位应慎重考虑是否继续履行施工合同，可以考虑以建设单位拖延支付工程款且经催告后仍未支付为由解除施工合同，并要求建设单位支付包括预期利润在内的各项赔偿，以避免陷入债务泥潭。

## 2. 进度款的回收

进度款的支付通常有两种方式：一种是按月支付型；另一种是按形象进度支付型。

（1）按月支付型：施工单位应注意按照合同约定的方式按月报送工程进度，并要求建设单位、监理单位签收。对方不签收的，可以以邮政快递的方式将工程量进度报告送达建设单位。

需要注意的是，如果建设单位有聘请第三方审价机构，要求施工单位先报送审价机构的，施工单位必须有建设单位的书面指令（或是合同上有约定报送给该审价机构）。

（2）按形象进度支付型：如合同约定"地下室至裙楼封顶后，7日内甲方支付乙方工程款1000万~1500万元；主体施工到15层时，7日内甲方向乙方支付工程款1000万元"，施工单位应该要注意的是在达到付款条件，即主体已经施工到15层的，应保留好已施工到15层的证据，比如建设单位的书面认可或监理的确认，或施工单位自己进行的拍照、录像证据（拍照、录像时可将当日出版的报纸一并拍摄），及时向建设单位报送付款申请，并要求对方签收。

在诉讼时，问题最多的就是：施工单位无法提供证据证明形象进度何时达成；或施工单位在形象进度达成后，未及时向建设单位主张支付形象进度款。虽然在实际工作中，施工单位一定会向建设单位主张，但往往是口头约定，没有留下书面的证据。

建设单位在签收月进度报表后，不进行进度审核，或虽然进行进度审核，但不支付工程进度款的，施工单位同样可以发出催告函，要求建设单位立即进行进度审核或要求付款，并表明因建设单位未能及时审核或付款，导致工程进度受挫，要求工期顺延，在必要时甚至可以要求停工。

比较麻烦的是这样一种情况：当月进度报表报送建设单位后，建设单位按要求进行审核，但审核结果和实际应有的结果有较大落差，导致应付工程款减少。如出现这种情况，正确的做法是立即回函指出其计算错误之处，并要求更正。我们也见过一种做法，就是直接在施工合同中约定形象进度到一定阶段的，就支付一个确定金额的工程款，如平时按月支付，但施工到15层时，支付金额不低于多少元，这样可以避免建设单位以审核为由克扣施工单位的进度款。

重视进度款支付是预防工程款拖欠顽疾的有效途径。通常所说的拖欠工程款，一般就是说拖欠竣工结算款。但往往进度款支付不到位才是拖欠工程款的主要原因。竣工结算是对合同价款的事后控制，而进度款结算才是对合同价款的主动控制。

【案例 73】未及时报送进度不被认定为欠付。

　　××海景湾一期工程位于惠东县某地，工程由6～11栋小高层组成，包含地下室，合同暂定价3500万元，采用的合同文本为广东省建设工程施工合同（2006年版），计价方式为2006年广东省定额下浮11%。工程款支付方式为主体封顶阶段按50%支付，装修阶段按月进度的70%付款，工程竣工初验后7日内付至已完工程量的85%，结算确认后7日内付至95%，余5%作为保证金。合同的通用条款65.2条对月进度的审核做了详细约定："造价工程师在收到上述资料后，应按第53条的规定进行计量，并根据计量结果和合同约定对资料内容予以核实，在收到上述资料后的28天内报发包人确认后向发包人发出期中支付证书，同时抄送承包人。"第65.4条约定"如果造价工程师未在第65.2款规定的期限内签发期中支付证书，则视为承包人的支付申请已被认可，承包人可向发包人发出要求付款的通知。发包人应在收到通知后的14天内，按承包人申请支付的金额支付进度款。"

　　至2010年12月，乙方完成量90%，完成产值约6300万元，因甲方迟延支付工程款，2011年春节前乙方部分工人上街游行、停工。

　　后乙方来征询我们律师意见。根据资料显示，甲方已付工程款2252万元，乙方在2010年1～5月上报进度款1600万元，因甲方无人审核，乙方2010年6～11月进度款未报。

我们当时给乙方的意见是：

（1）因乙方未报进度，甲方有理由不支付工程款，现甲方行为不能算拖欠工程款。

（2）建议乙方立即上报所有已完工程量，并及时发函催甲方审核，催甲方付款。

（3）建议乙方就停工、工人游行事件积极与甲方磋商，在现阶段保持与甲方的合作关系。

之后，我们参与了乙方与甲方的谈判，并签订了后续工作的协议，对初验之前的工作做了详细安排。

下文是一封在春节前发出的催款函，目的在于催促发包人支付一系列工程的欠款。报告内详细列明了完成的各项工程造价或完工情况，写明了付款依据及付款金额，并阐述了年底施工单位的困难。

【参考文书16】请求支付工程款的紧急报告

深圳市××科技发展有限公司：

　　蒙贵公司信任，我司先后承建贵司发包的××A型厂房、B型厂房、CD气站消防道路工程、C型厂房等系列工程。在建设过程中，我司积极配合贵司的各项要求，想贵司之所想、急贵司之所急，比较圆满地完成贵司交办的各项任务。现年关将近，特将工程情况向贵司汇报，请贵司按约及时支付工程款。

　　我司现完成贵司各项工程造价：

　　1. B型厂房、CD气站消防道路工程已结算：×××元（经建行已审核出三算单）。

　　2. B型厂房三层加固工程已结算：×××元（经建行已审核出三算单）。

　　3. B型厂房三层消防改建工程：×××元（建行正审核中）。

　　4. A型厂房一、三层楼净化工程合同价款：×××元（已完工）。

　　5. A型厂房中温水工程合同价款：×××元（已完工）。

　　6. C型厂房基坑土方、基坑支护已完工程：×××元（经建行编制预算造价）。

　　合计完成工程总价：×××元。至2012年1月4日，贵司已付工程款×××元，余×××元未支付。根据贵我双方约定，贵司本次应付我司工程款×××元。

　　现春节临近，本工程还有所欠大量材料需要支付，大量工人工资需要发放，这些都需要依靠工程进度款的到位才能解决。供应商、劳务班组已多次到我司追偿材料款及人工工资。本工程施工过程中我司已垫付大量材料、人工、机械等费用，已无力再承担上述费用。现政府三令五申严禁拖欠民工工资，新闻媒体也对此高度关注，中央各部门也组成联合执法检查组，深入一线，开展联合执法。在此严峻形势下，我司承受了巨大的社会压力，请贵司能从大局出发按约支付我司已完成工程款项，缓解我司面临的资金危机，为维护社会和谐稳定贡献力量。

　　特此报告

××××建筑工程有限公司

××××年××月××日

### 3. 结算款的回收

　　对于施工单位来说，最难的莫过于结算款的回收，结算长达三年的情况比比皆是，工程结算难，难在：

### （1）工程结算依据纠纷

　　目前市场通行的计价方法为定额计价法和工程量清单计价法，如果双方合同采用了定额计价法，纠纷相对较多。主要表现为合同中双方对结算定额依据约定不明确或约定不合理，以及在合同实施过程中双方未能商定结算依据而引发结算纠纷。

**【案例74】**施工期间的信息价是指什么期间？

　　某开发商将一个别墅项目发包给某施工单位，共18栋别墅，总建筑面积约25222平方米，约定工期278天，暂定开工日期2010年6月18日，竣工日期暂定2011年3月22日，工程计价约定："分部分项工程费用，以施工图及工程量计算规则、《江苏省建筑工程计价表（2004）》及计价文件规定、施工期间《××市建设工程价格信息》公布的信息价的平均价格进行计算。"

　　实际由于承包人的原因，该工程从2010年6月18日陆续分栋开工（具体开工日期如下），直至2011年12月31日竣工验收合格，工期延误284天。

　　因双方对工程结算有争议，2013年12月31日开发商诉至法院，要求按照合同约定的工期确认施工单位的工程款金额，并申请造价司法鉴定。鉴定单位第一次出具的鉴定报告按照开发商的申请，按照合同约定的工期即2010年6月18日至2011年3月22日期间的信息价的平均价格调整人工费材料价，鉴定结果是36701367.60元。

　　第一次鉴定报告经过质证和法院审理后，施工单位提出异议，认为应按实际施工期间来取费，于是法院要求鉴定单位按两种方式分别计费出具结果，鉴定单位第二次出具鉴定报告：①造价鉴定结果一（按照合同工期调整人工费及材料价格）36672215.11元；②造价鉴定结果二（按照每幢楼开工报告时间至竣工时间调整人工费及材料价格）39815610 元。

开发商认为工程实际是 2010 年 6 月 18 日开工，虽然不是全面开工，但未能全面开工的原因是由于施工单位的施工组织不力，开发商已按照约定支付工程款，导致工期延误的责任完全在于施工单位。如正常履约，施工单位应在约定工期 278 天内完工，但实际施工单位自身延误工期造成材料费人工费上涨，超出合同工期而增加的费用，是施工单位自身过错带来的损失，不应由开发商来承担。

施工单位认为在 2010 年 6 月 18 日虽有开工，但实际并不是全面开工，18 幢别墅是分别陆续开工，且分别有各栋的开工报告，工程实际竣工是 2011 年 12 月 31 日，合同约定的工期起止时间是暂定时间，应按实际施工期间来取费。

法院认定：合同约定的"施工期间"并未明确是约定的施工期间，且合同约定"暂定开工日期为 2010 年 6 月 18 日，具体开工日期以甲乙双方签订的小开工报告为准，合同总竣工日期暂定 2011 年 3 月 22 日，如暂定开工日期提前或延后，则工期节点相应顺延，相对总工期不变"，对开发商要求以合同约定工期计算工程造价，法院不予采信。按实际施工期间计算工程造价更加客观合理。

### （2）工程结算审核难以确定

很多建设单位本身没有造价人员或造价力量较弱，通常会外聘造价咨询公司，但造价咨询公司的意见，施工单位往往不予接受；而施工单位委托第三方审核，建设单位又不认可；到了法院只能再委托鉴定单位。如此多方审核、重复审核，既浪费时间，又耗费人力、财力。

### （3）工程结算的期限难以确定

工程结算是支付的前提，但通常施工合同对结算期限没有约定，对结算提出异议也没有时间限制，对异议的解决又没有约定法定程序，导致工程价款审核无期限，造成工程价款长期无法确定。

实际上，建设单位常常以拖延结算审核为手段，以工程未竣工结算为理由拖欠工程款。

### （4）工程结算与违约责任交织

主要表现为在结算纠纷中，建设单位往往以施工单位的工程质量、工期违约来反诉或抗辩，使结算纠纷的处理复杂化。

（5）工程结算审核与审计冲突

主要有两种情况：一是以审计结论变更审核结论，引起结算纠纷；二是在工程结算纠纷中，审计机关应一方当事人的要求介入，致使纠纷复杂化。

对于工程结算难，应如何处理？我们认为，应从如下几方面入手：

（1）提高合同签约质量

提高合同签约质量的关键在于事先设防。在签订合同时应重点对计量与支付、工程变更费用、价格调整和索赔费用等方面的双方的权利义务、程序、规则、期限进行详尽的规定。

（2）提高合同履约质量

提高合同履行质量的关键在于过程管理。施工单位在履行合同时要注意对照合同约定，严格履行合同义务，特别在工期、材料认质认价、分包、签证索赔等方面要严格管理。有的施工承包合同内容非常多，项目经理懒于查阅，以致于面临严重的违约责任还浑然不知，直至竣工结算阶段问题才爆发。

（3）加强结算阶段的工作

就结算款的回收，我们认为在结算阶段应做好如下工作：

1）避免高估冒算。结算纠纷，很多时候是因为双方对工程量的计算等发生争议，高估冒算不利于双方实事求是地办理结算。且目前有很多施工合同约定如施工单位的结算报送价高出最终结算价多少时，需要支付一笔高额违约金，深圳中院此前也有过判例，支持此类违约金的要求。

2）编制完整的结算资料。完整的结算资料通常包括招标文件、中标合同、结算书、调价文件、设计变更单和签证单等。施工单位应根据合同约定及工程惯例，将完整的结算资料提交建设单位，以免建设单位以结算资料不符合要求为由拖延结算。对于所主张的工程款，均应有明确的合同依据、法律依据及实际施工的依据。

3）及时送达结算资料。结算资料的送达有几种方式，比如直接送达、邮寄送达或者公证送达等。公证送达是最为正式，也最具证明力的送达，如果合同中约定了逾期未审核即以送审价为准的工程，建议以公证送达的方式进行。

4）一并解决工期问题。如果通过诉讼方式回收结算款，因目前工程常发生工期延误的问题，建设单位经常提出工期反诉。为了避免工期的索赔，如工程有工期延误的问题，应争取在办理工程结算时一并处理，可考虑在双方签署的结算书中写明不追究工期责任。

【**案例 75**】让步条件未写入合同，违约责任无法弥补损失。

2009 年 5 月 6 日，施工单位同发包人签订一份《×× 酒店装饰工程施工合同》，约定将位于深圳市龙岗区的某酒店装饰安装工程由原告承包施工，工程价款为风险总价包干，总计 572 万元整。双方在该施工合同的补充条款第 3 条约定，全部工程竣工并验收合格移交给发包人后七天内付至总工程款的 90%，另 10% 工程款则在全部工程竣工并验收合格后作为质保金一年内分四次平均支付给乙方。

施工单位于 2009 年 7 月 15 日进场组织施工，并于 2009 年 12 月 3 日竣工验收合格。双方于 2010 年 1 月 6 日签署的工程洽商函确认最终结算价款为人民币 550 万元。这份工程洽商函实际是双方关于结算的一份结算协议，对工期处罚、工程最终结算价做了最终约定。

当时签订该结算协议时，双方口头约定全部工程款在过年前一次性付清，基于这个前提，施工单位才在结算协议中做了很多让步。但在协议中这条并未体现。

后发包人拖延付款，施工单位准备起诉时，才醒悟当时签订结算协议时对让步情况未作约定。

如下面这份协议，明确地免除了施工单位工期逾期的责任。

【**参考文书 17**】工期延误免责协议

甲方：西安 ×× 投资发展有限公司

乙方：深圳市 ×× 绿化有限公司

由乙方承建的西安 ×× 工程，开工日期为 2013 年 8 月 1 日，合同约定工期为 180 天。本工程实际竣工验收日期为 2017 年 5 月 4 日，按照竣工验收时间计算实际施工工期为 1373 天，拖延工期 1193 天。施工过程中，双方在工期紧、任务重的情况下，相互协作、密切配合，尽最大努力推动工作，但由于各种客观因素影响，合同履行过程中工期均出现不同程度的延误。

甲乙双方本着公平友好、实事求是、诚实守信的原则，就工期延误事宜达成如下协议：

一、甲方同意乙方提出的工期顺延诉求，不针对工期延误做出任何处罚。

二、乙方保证不就工期延误事件向甲方进行经济索赔，包括但不限于人员窝工、机械闲置等一切可能产生索赔的费用；同时乙方承诺不就部分进度款未按事件节点支付，向甲方索赔任何利息及其他费用。

三、针对工期延误及进度款延迟支付双方互不追责，合同结算办理完成后，双方不再就工期延误及进度款延迟支付提出费用的增加或减少，双方均视为有关此合同的相关费用已全部结算完毕。

四、本协议自签订之日起生效，一式陆份，发包人执肆份，承包人执贰份。

甲方：　　　　　　　　　　　　　　乙方：

法定代表人：　　　　　　　　　　　法定代表人：

签订时间：　　　　　　　　　　　　签订时间：

工程结算中，常出现如下问题：

**（1）建设单位逾期未回复结算报告的，怎么办？**

1）在签订施工合同时，尽可能约定建设单位收到施工单位提交的结算书后，在合同约定期限内不予答复的，视为认可结算书。同时，在合同约定的结算时限环节设定违约金，以制约拖延结算行为。

2）作为一种策略，施工单位可以在施工合同中约定竣工结算适用《建筑工程施工发包与承包计价管理办法》（住房和城乡建设部令第16号），该办法第十八条规定"逾期未答复的，按照合同约定处理，合同没有约定的，竣工结算文件视为已被认可"，这样在双方就结算问题发生纠纷时，法院有理由直接适用该规定作出判决。

3）建设单位故意拖延结算的，施工单位应及时提起诉讼或仲裁，通过造价司法鉴定确定最终结算款。

**（2）结算时个别项目达不成一致的，怎么办？**

1）在工程结算过程中，如果双方仅就某些事项达不成一致，施工单位可以要求签署部分结算书，就已达成一致的部分先行结算和支付，尚有争议的部分可留待第三方审核结算或经司法鉴定结算。

2）施工单位可以就已经达成一致的部分要求建设单位支付工程款，有争议部分可以继续协商，协商不成可提起诉讼，并对有争议部分申请进行司法鉴定。

**（3）让利结算后建设单位仍拖延付款的，怎么办？**

1）在建设单位拖延结算的情况下，施工单位为了尽早尽快收回工程款，也可采取让利结算作为一种经济策略促成结算。

2）施工单位签订让利结算书时，应该将让利情形、支付时间以及逾期支付违约责任等约定清楚，并应约定只要有一笔款项未及时支付，则原承诺的让利不再适用，建设单位应承担加重的违约责任，这样可以促使建设单位按约支付。

下面这封催促函是我们在分析案件后，在起诉前为客户草拟的。因客户对此工程之前提交的结算无签收凭证，无法证明提交结算的具体情况。故而为了补充证据，我们在该函件发出前再次发出结算书。并在结算书发出后不久，发出了此催促函。我们在该函件中详细描述了之前结算的提交情况及具体金额。这同时也成为该案件中的一份重要证据。

【参考文书 18】请求尽快完成工程结算的函

### 请求尽快完成工程结算的函

××（珠海）有限公司：

　　由贵司发包的，我司承包施工的珠海××游乐园八号码头二次装修设计和施工工程已于 2016 年 1 月竣工验收合格，并于 2016 年 1 月 22 日正式投入使用。

　　根据合同约定，贵司应在 30 天内审定工程结算，并在 15 天内付款至结算价的 95%。2016 年 6 月我司按合同约定将竣工结算资料送交贵司，但贵司审核工作进展缓慢。我司多次发函、去电催促贵司尽快完成结算，但贵司以维修、工作人员变更等借口将结算事宜长期搁置，拖欠我司工程款约 500 万元。无奈之下，我司于 2017 年 3 月 27 日再次将竣工结算资料送交贵司，其中八号码头区工程送审价为人民币 6586621.11 元，入口区工程送审价为人民币 4444734.12 元，但贵司对我司的结算请求仍置之不理，结算工作没有任何进展。

　　现工程竣工投入使用已一年有余，而贵司迟迟不办理结算，致使我司大量工程款无法回收，给我司经济上带来了巨大的压力，本工程现仍有大量民工工资及材料欠款未结清，故恳请贵司尽快办理结算并支付工程尾款为盼。

深圳 ×× 装饰工程公司

×××× 年 ×× 月 ×× 日

### 4. 保修款的回收

保修款的回收，主要是两个问题：一个是出现质量问题，建设单位指责施工单位未能履行保修义务，要求扣款，而双方对是否应该扣款及扣款多少发生争议；另一个是双方对保修款的返还时间未能明确约定，导致双方就保修款如何返还发生争议。

就质量问题，施工单位在保修期内应确实履行保修责任，在接到保修通知后及时予以保修，否则建设单位可以凭施工单位未履行保修责任的证据以及其自行保修所进行的相关花费，要求减少相应的保修款。

【案例 76】建设单位要求扣减保修金纠纷案。

有一个案件，建设单位在施工单位提出保修金的诉讼后，主张施工单位未能履行保修义务而要求扣减。

该案仲裁庭在审查后认为，在确定返还剩余保修金数额时，依照《工程质量保修书》第三条第 1 款的约定，被申请人有权主张扣除保修期限内因申请人不履行保修责任，被申请人委托其他人员修理所支出的保修费用。本案中被申请人虽然在证据 1 中提交了相关证据，但是被申请人的举证存在如下缺陷：其一，部分修理通知书中并未列明具体的质量问题，无法确定是否属于保修范围；其二，被申请人只提交了修理通知，未举证证明发出通知书后申请人不履行保修责任，也未举证证明申请人委托他人修理所支出的实际费用；其三，被申请人唯一提交了证据证明费用支出的是"化粪池、污水管网清理费 4600 元"，但该笔费用支出又不能直接证明属于质量问题。基于上述瑕疵，本案中仲裁庭对可以在保修金中予以扣除的费用不作认定。

从上述仲裁委意见可以看出，对可以扣除的保修金，建设单位应举证证明几个问题：（1）质量问题属于保修范围；（2）已通知施工单位履行保留责任；（3）施工单位不履行保修责任；（4）委托他人修理及具体费用。建设单位举证证明以上事实的，即可在施工单位的保修金中加以扣除。

就保修金问题，我们办理过一个有意思的案件。

【**案例 77**】保修期届满后返还的纠纷。

> 某实业公司与某建筑公司签订一份《施工合同》，合同中约定："总工程款 5%
> 作为保修金，保修金在分项保修期满逐步退还。"
>
> 该工程完工后，双方办理结算，造价为人民币 34165649.47 元。双方对保修金
> 返还产生争议，某实业公司主张主体部分的保修金需待保修期满后才返还，即 70
> 年之后返还。
>
> 从合同条款的字面上理解，确实存在这个问题，主体的保修期需按照设计年限，
> 一般均在 50 年以上。仲裁虽最终支持保修金在保修期开始后 2 年内应返还，但该
> 案在审理过程中争议很大。

施工单位在签订施工合同时，应注意避免这样容易引起歧义的合同条款，应写明
工程保修金在保修期开始后多长时间内返还，而不是规定在保修期满后返还。我们在
日常审查合同时，发现另一个关于保修金出现最多的问题就是前后矛盾，有的前面
约定保修金 3%，后面约定 5%；有的前面约定 2 年返还，后面却分别约定 2 年、5 年
返还。

曾经办理过一个案例就是保修金的返还，合同前面约定 2 年返还，后面约定 1 年
返还，最后法院支持了后一个约定，因为后一个约定是手写的条款。《施工合同纠纷
司法解释（一）》第十七条第二项也对保修金返还约定不明的情况做了规定："当事
人未约定工程质量保证金返还期限的，自建设工程通过竣工验收之日起满两年。"

## 二、非诉讼手段的运用

工程款的回收是施工单位除施工外最重要的工作，一直以来，施工单位工程款被
拖欠的情况就非常严重。一般施工单位不会轻易打官司，因为打官司通常周期较长，
同时花费也较大。实际在工作中也有一些有效的非诉讼的催收方式和手段，根据我们
多年的律师工作经验，施工单位可以采用以下方式进行工程款的催收。

### 1. 行使抗辩权，适时停工或暂不配合办理相关手续

《民法典》第五百二十七条规定，应当先履行债务的当事人，有确切证据证明对
方有下列情形之一的，可以中止履行："（一）经营状况严重恶化；（二）转移财产、

抽逃资金，以逃避债务；（三）丧失商业信誉；（四）有丧失或者可能丧失履行债务能力的其他情形。当事人没有确切证据中止履行的，应当承担违约责任。"

《民法典》第八百零三条规定："发包人未按照约定的时间和要求提供原材料、设备、场地、资金、技术资料的，承包人可以顺延工程日期，并有权要求赔偿停工、窝工等损失。"

根据上述法律的约定，在有确切证据证明建设单位可能存在丧失商业信誉、抽逃资金、经营状况严重恶化的情况以及建设单位已经出现拖欠工程款等违约情况的，施工单位可以停工。停工后工期必然延长，施工单位还可以主张停工期间的损失，建设单位将面临第三方如小业主的索赔等不利局面。故停工会给建设单位带来巨大的压力，在可能的情况下，建设单位一般会尽可能筹集资金偿还工程款。

施工单位决定停工的，应有充分的法律或合同依据，无依据的停工将被建设单位或法院视为施工单位不再履行合同主要义务，建设单位因此可要求施工单位复工或要求解除合同并主张赔偿损失。

另外，根据《民法典》第五百二十八条的规定，当事人依照该法第五百二十七条的规定中止履行的，应当及时通知对方。对方提供适当担保时，应当恢复履行。停工将产生停工损失，在将停工决定通知建设单位后，施工单位应对施工现场人员、设备等进行统计，着手编制停工损失书，详细计算停工造成的损失，并要求监理单位和建设单位盖章签字确认，建设单位或监理单位均不予确认的，可要求公证机关对施工现场（如留守工人数量、现场周转材料、已完工程量等）进行公证，保存证据。

【参考文书 19】停工通知函

### 关于工程被迫停工的通知

我司承接的××项目1号、2号楼，3号、3A号楼，5号～12号楼，13号楼，13A号楼，15号楼，地下室，垃圾收集点工程，自进场以来贵司对我司给予高度信任和支持，在此我司深表感激。截至目前，我司现场所有楼栋主体已施工完成，1号～7号楼已全面施工完成，11号、13号楼砌筑、抹灰收尾施工，8号楼屋面花架结构浇筑完成，10号、12号楼屋面花架结构支模中，9号楼屋面女儿墙浇筑完成，地下室装修、水电等收尾施工。

我司为保证项目完工一直全力以赴，但贵司存在如下2个严重问题长期未予以解决，给我司造成严重影响：（1）关于贵司场地移交滞后造成的工期延误索赔、塔式起重机进行截臂加臂、塔式起重机倾斜、办公区生活区板房拆迁补偿等事宜，我司与贵司进行多轮洽商，至今未得到有效解决；（2）截至目前，贵司欠付我司工程款 1300 万元。

针对上述问题，我司多次书面发函及在监理例会提出，并与贵司及××集团代表进行多轮洽谈，要求贵司于 2021 年 11 月 30 日前支付应付未付进度款、书面确定各项索赔事宜并支付相应款项；但截至目前，贵司仍未有效解决，贵司已经严重违反合同约定。

为项目施工，我司已垫付了大量资金，现将近年关，工人、管理人员及各材料供应商等追讨资金，我司已不堪重负，无力垫付、无法继续施工，不得不被迫于 2021 年 12 月 7 日下午开始全面停工，停工期间所有单位禁止进入施工现场。目前，我司施工工人、管理人员、机械、设备、材料等仍在现场（具体详见附件），请贵司于收到本函之日起 3 天内到现场清点核实，否则以我司统计为准，并以此作为计算损失的依据。

我司也仍会派员看守现场，维持安全及秩序，待贵司妥善解决上述问题、具备复工条件后，我司将及时复工。

因本次停工系贵司严重违约造成，因此停工期间造成的所有损失均由贵司承担，相关损失项暂列如下，具体金额以我司进一步统计为准：

1. 工人及管理人员停窝工、塔式起重机电梯垂直设备延期、材料积压等损失；

2. 停工期间项目看管、维护费用；

3. 因工期延长，人材机价格上涨导致的费用增加；

4. 供应商索赔费用；

5. 停工导致的管理成本增加；

6. 工人讨薪上访等处理费用；

7. 后期复工将产生的组织机械、人工和材料等复工费用；

8. 其他因停工造成的损失。

另，因目标工期无法达成，项目面临延期交付风险、政府行政处罚等风险由贵司自担，与我司无关。

顺颂商祺！

××建设工程有限公司

××××年××月××日

停工退场后，建设单位需要引入新的施工单位，一般来说，原施工单位要配合建设单位及新的施工单位办理施工手续变更（尤其是施工总承包单位），如果建设单位不按约定支付工程款等，施工单位可以以暂缓配合办理《建筑工程施工许可证》变更手续为抓手，行使先履行抗辩。

【参考文书 20】对《关于配合办理施工变更相关事宜的催告函》的回复

> 深圳市××实业集团有限公司：
>
> 　　我司于 2022 年××月××日收悉贵司发来《关于配合办理施工变更相关事宜的催告函》，该函件所述内容部分不实，贵司违约付款在先，请贵司按约支付工程款后我司将配合贵司办理相关手续。
>
> 　　贵我双方在 2021 年××月××日签订了《××项目总包施工合同解除协议》（以下简称《解除协议》），其中约定贵司应付剩余工程款为 25274878.28 元，分四次支付，但贵司均迟延支付。
>
> 　　第一次支付按约定应在《解除协议》签订后 5 日支付 200 万元，该款项贵司实际于 2022 年 1 月 15 日支付。
>
> 　　第二次支付按约定应在工程资料移交、现场剩余材料退场前支付 300 万元，我司实际于 2021 年 12 月 24 日退场完成移交，贵司应在此前支付。贵司本次来函称贵司于 2022 年 1 月 29 日委托新总包支付第二笔工程款，但实际贵司一直未完成委托手续，并未因我司原因耽搁付款时间。期间我司多次催促贵司支付该笔款项，但贵司一再拖延，直至 2022 年 4 月 25 日才支付。
>
> 　　第三次支付按约定是工程资料移交完毕、材料退场完成且施工许可证变更等各项手续完成后 5 日内，贵司支付 19200878.28 元，非我司原因造成未能办理施工许可证变更的，最长不超过本协议签订后 2 个月支付完毕。《解除协议》签订于 2021 年 12 月 14 日，期间贵司一直未能办理好施工许可证变更等相关工作，按约定贵司应在 2022 年 2 月 14 日前向我司支付第三次的工程款，但贵司至今仍未支付。
>
> 　　由于贵司多次付款均迟延，现贵司付款义务在先，《解除协议》中第二项第 5 条内容约定是在该协议签订后 5 个工作日内我司无条件配合，但现距《解除协议》签订已近半年，而贵司已拖欠我司工程款 19200878.28 元，我司有权依法行使先履行抗辩权，在贵司未付清欠付工程款之前，拒绝配合贵司办理变更盖章手续。同时按《解除协议》第二条第 8 项约定，如贵司迟延支付工程款的，每迟延 1 日，应按

迟延金额的日 5‰支付违约金。

综上，贵司多次迟延付款的行为已严重违反了《解除协议》的约定，应按约承担违约责任，贵司欠付工程款的情况下要求我司配合办理变更盖章手续，我司有权依法拒绝，由此造成的损失应全部由贵司自行承担。请贵司尽快支付欠付的工程款，否则我司将采取一切必要措施追索。

×××× 有限公司

××××年××月××日

## 2. 发送律师函，强力威慑

律师函作为一种专业的法律文书，在工程款催收中有一定的作用，收到律师函的人一般都会比较重视，下意识地认为律师函所陈述的事项已经上升到法律层面，法律和官司距离自己已经不再遥远，会更慎重地考虑施工方的诉求，这样就有利于义务的履行。

另外，律师函是委托人委托律师事务所发出的，可以起到中断诉讼时效的作用。且债务人如果在此前没有任何征兆的情况下收到法院传票，可能会赫然而怒，而事先发送律师函，则有先礼后兵的作用，在之后的诉讼中，也更容易达成和解。

据我们发送律师函的经验来看，对方收到敦促律师函后大部分都会有所反应，部分会及时履行义务。律师函作为一种比较经济、快捷的敦促方式，还是很值得尝试的。当然，如果对方也在采取转移财产或很可能会采取转移财产等措施，则律师函就不应发送，否则等于通风报信，还有当事实争议比较大的情况下，亦或被索赔风险较大情况下，我们都不建议发律师函，这种情况下建议仍然公函沟通或者评估诉讼风险后直接起诉为佳。

律师函的语气或诚恳，或严厉，或友好商榷，这些需要根据项目实际情况和对方工作风格而定。

## 3. 动用政府力量，投诉施压

为解决工程款拖欠问题，国务院几乎每年都会专文要求清理工程领域的欠款，特别是政府部门和央企国企，政府部门往往还会作为一项政治任务，要求政府部门和央企国企不得拖欠工程款。

如果政府部门或央企国企拖延结算或拖欠工程款，则可以向政府信访办或住房和城乡建设部门进行投诉，要求加快结算并支付工程款。

【参考文书 21】给政府部门的情况反映信

## ××区域项目应付工程款超10亿元，请求协调支付的反映信

尊敬的××市××市长：

首先感谢××市一直以来对我司的支持和关心！

我司2016年进驻××市建筑市场，积极参与××市的经济建设，近几年深感××市政通人和、和谐发展、蒸蒸日上的新气象。我司先后承建了××市新区体育中心、××××××、×××××等13个省、市重点项目，项目累计合同额超150亿元。开展施工建设以来，我司按照建设单位（建设单位主管部门为××管理委员会）及总包合同的要求，快速、高质量地开展施工任务，过程中受到建设单位多次来函表扬，为××市的基础设施建设，特别是对新区招商引资提供了重大利好条件，同时为××人民提供了大量的就业机会。

截至2022年5月30日，我司施工的项目建设单位累计确认产值超120亿元，按合同约定建设单位应付未付款超10亿元（详见《应付未付工程款明细表》），巨大资金缺口给我司工作造成严重困难，随着工程的推进，工人工资及下游分供单位都亟待支付，工人及分供商通过各种方式纷纷向我司催要款项。

为推进新区建设，我司本着维护社会稳定、保障中小企业利益的原则，对部分工人工资及分供款项进行了垫资支付，但如此大额的资金缺口，我司承受压力愈发艰巨。现我司承建的××地区项目应付未付款金额合计超10亿元，虽我司愿意承担企业担当尽量解决工人及分供商的欠款问题，但实在资金缺口巨大，已远超我司承受能力。截至目前仍有部分分供款项未支付。分供商近期持续发来催款函至我司及我司上级单位，或到相关政府部门投诉，要求我司支付分供款，我司已无余款继续垫资支付分供款项，但我司也一直在尽力做好相关维稳工作。

当前受多种因素影响，经济下行，建筑行业作为劳动密集型的微利行业，更是受到中央及各级政府的重点关注。2022年5月18日，国务院新闻办举行国务院政策例行吹风会，部署2022年在全国范围开展组织防范和化解拖欠中小企业账款专项行动，提到要加强源头处理、健全长效机制，要严格执行《政府投资条例》，严禁政府投资项目以各种方式要求企业垫资建设。我们相信在党和政府的高度重视下，大家将共克时艰，圆满完成各项建设任务，为××这座全国文明城市增添更多光彩。

恳请政府部门考虑到项目的实际情况及我司的客观困难，集中力量化解目前的各种账款问题。为维护中小企业利益，促进现场施工顺利进行，现请求××市长协调建设单位主管部门支付应付未付工程款，以解我司垫资压力！望××市长给予支持，协调安排上述款项支付！

附件：《应付未付工程款明细表》

反映人：××××有限公司

日　期：　　年　　月　　日

联系人：　　　　联系电话：

### 4. 阻止初始登记或竣工验收备案

《山东省建设工程造价管理办法（2018修订）》第二十六条规定："竣工结算文件经发承包双方确认后，发包人应当于工程竣工验收备案前，按照规定报工程所在地住房城乡建设行政主管部门备案。经备案的竣工结算文件应当作为工程结算价款支付的依据和工程竣工验收备案、交付使用的必备文件。"

国家层面的《不动产登记暂行条例》没有类似的规定。根据山东省的特殊规定，申请房屋初始登记或竣工验收备案，应具备竣工结算文件。但根据上述规定，实际建设单位在未能与施工单位达成竣工结算的情况下，是无法进行房地产初始登记的（未办理竣工验收备案同样无法办理房屋初始登记）。无法进行房地产初始登记，也就无法办理小业主的房地产证，这对建设单位而言是非常严重的违约。

施工单位在采取此措施前应进行充分论证，如果并非建设单位的过错，施工单位无理阻止初始登记或竣工验收备案，造成损失的，施工单位将要自己承担责任。

实践中，有建设单位利用施工单位不清楚该程序，同时政府部门不对结算协议的真实性进行核实的特点，私自刻制施工单位的印章制作虚假的结算书。故对于深圳的工程，施工单位应注意所建工程的初始登记，如在未经结算的情况下建设单位进行登记，肯定存在问题，应及时在异议期内向政府部门提出，阻止其进行初始登记，要求建设单位支付工程款。

### 5. 获得担保

担保是加强债权安全性的重要法律手段，担保有几种形式，包括保证、抵押、质押、留置等。建设工程一般认为不能使用留置，但可以采用保证、抵押、质押等担保形式，以增强工程款回收的安全性。

**（1）保证**

保证可以分为银行保函和除银行保函以外的一般保证。银行保函是一种相对一般保证更为安全的担保方式。

建设单位在发包工程时，为保证施工单位按合同要求履行合同，要求施工单位提供银行履约保函的情况比较普遍，而施工单位却没有有效的方式来保障自己按时按量获得工程进度款。

在我国目前的情况下，在签订施工合同时要求建设单位就工程进度款的支付出具银行保函的可能性较小，但在工程进行中，如果建设单位迟延支付或不支付工程进度款，施工单位可以采取停工等手段，要求发包人对以后工程进度款的支付，由有支付实力的个人或单位提供保证、银行出具银行保函或提供实物抵押。建设单位基于按期向第三方交房、工程急需使用等压力就存在同意的可能。一旦施工单位获得符合其要求的银行保函，施工单位的工程进度款的安全将得到有效保障。

采用银行保函方式保证工程进度款应注意如下问题：1）最好是凭索即付或由发包方以外中立的第三方确认即付的银行保函，保函中不应有需经发包方进行审核的内容；2）考虑到通常工程工期的不可预见性，保函的有效期应有足够的时间。

当与付款义务人签订付款协议，订立担保合同或担保条款时，施工单位在取得保证时，应注意以下问题：

1）有些特殊主体法律是明文禁止不能担保的，如国家机关（但经国务院批准为使用外国政府或者国际经济组织贷款进行转贷的除外）、学校、幼儿园、医院等以公益为目的的事业单位、社会团体以及企业法人的分支机构及职能部门等。在BT等项目建设中，常出现政府向投资方出具承诺，以政府财政来担保工程款的返还，这样的担保依法是无效的。

当然，担保无效并不意味着保证人就无须承担责任，保证人仍需要根据其过错承担一定的责任。所以，如能取得保证，不论是否无效，仍应当尽可能取得保证。

2）债权人与债务人协议变更主合同的，应当取得保证人书面同意，未经保证人书面同意的，保证人只在原保证责任范围内承担保证责任。

3）如果保证人是公司，而被保证人是保证人股东或实际控制人的，应要求公司提供同意提供担保的股东会决议；被保证人不是股东或实际控制人的，应提供股东会决议或董事会决议。如果保证人是个人，比如由建设单位实际控制人提供担保的，建议要求其夫妻一同提供担保。

4）需要特别注意保证期间的问题。施工单位一定要注意，如果保证人与债权人未特别约定保证期间的，保证期间为主债务履行届满之日起6个月。

如果是一般保证，务必在保证期间内（而不是3年诉讼时效期间内）向债务人提起诉讼或申请仲裁，并在判决或仲裁裁决生效后及时对保证人提起诉讼或申请仲裁；如果是连带责任保证，必须在保证期间内向保证人提出主张，并在提出主张后的3年诉讼时效期间内提起诉讼或再次进行主张，否则就会超过诉讼时效。

故如要求对方提供保证，一般要求提供连带责任保证，并明确约定高于6个月的保证期间，基于与诉讼时效期间一致的考虑，可以考虑约定保证期间为3年。

【**参考文书22**】借款合同中的担保条款

注：担保方为丙方

1.本合同项下借款的担保方式为丙方承担连带责任的保证担保。

2.丙方完全了解乙方的借款用途，为其提供连带责任的保证担保完全出于自愿，其在本合同项下的全部意思表示真实。

3.保证担保的范围包括本合同项下的借款本金、利息、违约金、赔偿金、实现债权的费用（含律师费）和所有其他应付费用。

4.保证期间为本合同确定的到期之次日起3年。

5.若甲方按合同约定提前收回款项，则保证期间为自甲方向乙方通知的还款日之次日起2年。

6.甲方与乙方协议变更本合同，无须经丙方同意，丙方仍在原保证范围内承担连带保证责任。

7.甲方将债权转让给第三人，丙方仍在原保证范围内继续承担连带保证责任。

8.甲方依合同约定，依法解除本合同时，甲方有权书面通知丙方提前承担保证责任，丙方应在接到通知之日起10日内履行保证责任。

（2）抵押

根据《民法典》第三百九十五条的规定，以下财产均可抵押：1）建筑物和其他土地附着物；2）建设用地使用权；3）海域使用权；4）生产设备、原材料、半成品、产品；5）正在建造的建筑物、船舶、航空器；6）交通运输工具；7）法律、行政法规未禁止抵押的其他财产。

上述的财产中，第1）、2）和5）中的正在建造的建筑物，必须办理抵押登记，抵押权自登记时才设立；对于其他财产，则自抵押合同成立时设立，但未经登记的，不能对抗善意第三人。故对于抵押担保，为保证优先受偿，均应办理抵押登记手续。

土地使用权及建筑物的抵押登记在国土房产部门办理。

交通运输工具、船舶、航空器抵押登记在车辆、船舶、航空器登记机关办理。

企业、个体工商户、农业生产经营者以将现有的以及将有的生产设备、原材料、半成品、产品抵押的，向抵押人住所地的中国人民银行征信中心办理登记。

另外特别注意抵押财产是否是共有，如果是共有的，则抵押合同也要由共有人签字同意，以确保抵押合同合法有效；抵押人如果是公司法人的，应要求公司法人提供公司章程，如果章程规定对外担保需要经股东会决议或特别决议，则要让公司提供相应的股东会决议，以免其他股东对抵押的效力提出质疑。

### （3）质押

质押是担保的一种方式，指债权人与债务人或债务人提供的第三人以协商订立书面合同的方式，移转债务人或者债务人提供的第三人的动产或权利的占有，在债务人不履行债务时，债权人有权以该财产价款优先受偿。

在实际中使用比较多的是股权质押。以基金份额、证券登记结算机构登记的股权出质的，质权自证券登记结算机构办理出质登记时设立；以其他股权出质的，质权自工商行政管理部门办理出质登记时设立。

根据《民法典》第四百四十条的规定，现有的以及将有的应收账款也可设定为质权。即如果债务人在外有应收账款，债权人可以要求将该应收账款设定为质权，设定质权应到中国人民银行征信中心进行登记。质权在办理出质登记时设立，应收账款出质后，不得转让，但经出质人与质权人协商同意的除外。出质人转让应收账款所得的价款，应当向质权人提前清偿债务或者提存。

# 本课知识点

本课知识点总结 表8-1

| 知识点 | 操作要点 |
|---|---|
| 进度款 | 重视进度款的支付，及时报送相关资料 |
| | 发现工程款支付迟延时，应及时发送催告函件 |
| 结算办理 | 工程竣工验收合格后，施工单位宜及时提交结算报告和完整结算资料，及早达成结算协议 |
| 非诉手段 | 适时行使抗辩权 |
| | 发送律师函 |
| | 通过政府部门投诉施压 |
| | 阻止初始登记或竣工验收备案 |
| | 获得保证、质押、抵押等担保 |

# 项目经理立即做

（1）检查项目进度款报送是否完备，按合同约定及时报送相应材料，并保留有效签收。

（2）定时检查建设单位工程款是否及时支付，未支付的可发函催告，提前防控风险。

（3）按合同约定及时递交结算资料，结算资料形式及内容均需认真对待。

（4）签订结算协议时，需注意审查对工程的工期、移交或其他问题是否存在争议，结算协议的形式是否合法。

# 第九课　特殊形式的回款

## 一、以房抵款问题

以房抵款问题这几年越来越突出，建设单位资金紧张时，往往会提出以房抵款的要求，但是这方面产生的纠纷也很多，施工单位在接受以房抵款时，如果要确保以房抵款的有效性，则需要注意以下事项：

### 1. 以房抵款的债权履行期限已届满

以房抵款的实质是以物抵债，虽然实践中对以物抵债是否要以交付为生效条件仍存在争议，但主流观点认为以房抵债协议的有效前提应是"债权履行期限已届满"。2019年《全国法院民商事审判工作会议纪要》第四十五条规定："在债务履行期届满前达成以物抵债协议，抵债物尚未交付债权人，债权人请求交付的，法院应当驳回其诉讼请求。"

在此之前，各地法院有不同观点，2014年江苏高院印发了《江苏省高级人民法院关于以物抵债若干法律适用问题的审理纪要》，其对于以物抵债进行了详细规定，与2019年《全国法院民商事审判工作会议纪要》的观点类似，但是江苏高院规定得更具实操性，值得参考。

（1）当事人在债务未届清偿期之前达成的以物抵债协议，该协议具有担保债权实现的目的，如债权人以债务人违反以物抵债的约定而要求继续履行以物抵债协议或对所抵之物主张所有权的，人民法院应驳回其诉讼请求。但经人民法院释明，当事人变更诉请要求继续履行原债权债务合同的，人民法院应当继续审理。

（2）当事人在债务未届清偿期之前达成以物抵债的协议，同时明确约定在债务清偿期届满时应进行清算，该以物抵债协议在当事人之间具有法律效力，但该约定不具有对抗其他债权人的效力。

（3）当事人在债务未届清偿期之前约定以房屋或土地等不动产进行抵债，并明确在债务清偿后可以回赎，债务人或第三人根据约定已办理了物权转移手续的，该行为符合让与担保的特征，因违反物权法定原则，不产生物权转移效力。债权人如根据抵债协议及物权转移凭证要求原物权人迁让的，人民法院应不予支持。

（4）债务清偿期届满后当事人达成以物抵债协议，在尚未办理物权转移手续前，债务人反悔不履行抵债协议，债权人要求继续履行抵债协议或要求确认所抵之物的所有权归自己的，人民法院应驳回其诉讼请求。但经释明，当事人要求继续履行原债权债务合同的，人民法院应当继续审理。

【案例78】最高院公报案例裁判摘要——通州建总集团有限公司与内蒙古兴华房地产有限责任公司建设工程施工合同纠纷案。

一、对以物抵债协议的效力、履行等问题的认定，应以尊重当事人的意思自治为基本原则。一般而言，除当事人有明确约定外，当事人于债务清偿期届满后签订的以物抵债协议，并不以债权人现实地受领抵债物，或取得抵债物所有权、使用权等财产权利，为成立或生效要件。只要双方当事人的意思表示真实，合同内容不违反法律、行政法规的强制性规定，合同即为有效。

二、当事人于债务清偿期届满后达成的以物抵债协议，可能构成债的更改，即成立新债务，同时消灭旧债务；亦可能属于新债清偿，即成立新债务，与旧债务并存。基于保护债权的理念，债的更改一般需有当事人明确消灭旧债的合意，否则，当事人于债务清偿期届满后达成的以物抵债协议，性质一般应为新债清偿。

三、在新债清偿情形下，旧债务于新债务履行之前不消灭，旧债务和新债务处于衔接并存的状态；在新债务合法有效并得以履行完毕后，因完成了债务清偿义务，旧债务才归于消灭。

四、在债权人与债务人达成以物抵债协议、新债务与旧债务并存时，确定债权是否得以实现，应以债务人是否按照约定全面履行自己义务为依据。若新债届期不履行，致使以物抵债协议目的不能实现的，债权人有权请求债务人履行旧债务，且该请求权的行使，并不以以物抵债协议无效、被撤销或者被解除为前提。

## 2. 房产权属情况核查

如果约定抵款额度房产已经被法院查封，根据《城市房地产管理法》第三十八条，下列房地产，不得转让："2）司法机关和行政机关依法裁定、决定查封或者以其他形式限制房地产权利的。"该房产属于不得转让的房产，在查封解除之前施工单位将无法获得该房产的所有权。

此外，若房产存在预告登记情形，根据《民法典》第二十一条第一款，当事人签订买卖房屋的协议或者签订其他不动产物权的协议，为保障将来实现物权，按照约定可以向登记机构申请预告登记。预告登记后，未经预告登记的权利人同意，处分该不动产的，不发生物权效力。已办理预告登记的房产未经预告登记权利人同意，处分物权的行为不发生物权效力。

为避免签订抵款协议后发生无法过户的风险，在签订抵款协议前施工单位应当先就房产权属情况进行了解，核查抵款的房产是否存在查封情况、预告登记或其他他项权。

一般房屋买受人对于所买受不动产的民事权益并不能够排除申请执行人基于在先成立的抵押权的强制执行。

【案例79】购房在银行抵押登记之后，因未尽到合理注意义务而执行异议被驳回。

再审申请人李某与被申请人某银行九龙坡支行、一审第三人世能物业公司申请执行人执行异议之诉民事裁定书[（2019）最高法民申1684号]认为："李某与世能物业公司于2015年7月25日签订房屋买卖合同，但某银行九龙坡支行已于2013年8月5日就案涉房屋办理了抵押登记，其依法享有抵押权。也就是说，早在案涉房屋买卖合同签订之前的两年多前，某银行九龙坡支行在该房屋上的抵押权就已经存在，李某在本案中亦未提交有关其在购买案涉房屋时申请查询房屋权利状态的情况、世能物业公司销售案涉房屋时所持有的证照情况、签订房屋买卖合同时当地房屋行政管理部门对于已经设定抵押的房屋销售许可管理制度及具体操作情况等证据。因此，从本案查明的事实看，李某作为房屋买受人，在签订房屋买卖合同时未能尽到合理的注意义务，从而因案涉房屋上存在他人抵押权而导致其无法办理房屋所有权转移登记，此系李某自身原因所致，故其主张亦不符合《执行异议复议规定》第二十八条规定的要件，其据此主张排除强制执行，无事实和法律依据。"

### 3. 及时办理权属登记

如前所述,预告登记后未经预告登记的权利人同意,处分房产的,不发生物权效力。施工单位在签订抵款协议时应注意核查此时是否符合办理预告登记的条件,若符合预告登记条件则应立即办理预告登记,防止建设单位的再处分行为;若还未满足办理预告登记的条件,则应在抵款协议中明确约定,在符合条件时建设单位应当主动通知施工单位并在第一时间配合施工单位将房产预告登记至施工单位名下。

【案例 80】抵付工程款的房子被另案执行。

---

2013 年深圳某装饰集团公司与青岛某置业有限公司签订装修施工合同,2013 年 5 月 1 日开工,2014 年 4 月 30 日完工。2015 年 8 月 28 日,经山东××工程造价咨询有限公司审核,出具《工程结算审核报告书》,审计工程款为 52060154.19 元。截至 2015 年 8 月 17 日,青岛某置业有限公司向原告累计支付工程款 42735874.12 元,尚欠工程款 9324280.07 元。

2015 年 8 月 17 日,深圳某装饰集团公司与青岛某置业有限公司签订了《青岛市商品房买卖合同》,购买了位于山东省即墨市某别墅房屋,建筑面积 722.41 平方米,单价为 17325.60 元,总价款为 12516186.70 元。同日,双方签订《补充协议》,对青岛某置业有限公司所欠工程款及深圳某装饰集团公司所欠的购房款互相抵销。深圳某装饰集团公司现金支付了剩余的购房款 91906.63 元。

但该别墅一直被抵押给银行,深圳某装饰集团公司并未办理产权,也未实际接收该别墅。2018 年 11 月 9 日,青岛某置业有限公司向深圳某装饰集团公司发来通知函,告知其与另一公司借贷合同纠纷中,该别墅已被查封并处在执行阶段。深圳某装饰集团公司立即向执行法院提出执行异议,但是青岛市中级人民法院认为"案外人(深圳某装饰集团公司)没有办理该房屋产权登记证明,法院查封行为符合法律规定,不能对抗申请人的执行申请",驳回了深圳某装饰集团公司的执行异议。

---

### 4. 及时催告,注意优先受偿权期限

在以房抵款协议约定了房屋交付期限的情况下,若建设单位未能按期限完成交付义务,施工单位应当及时主动向建设单位发函催告其履行义务,并将其他主张一并函告。若建设单位未能在优先受偿权存续期限内完成交付义务,施工单位应当注意优先受偿权期限并视具体情况采取措施,避免陷入被动。

除了以上事项外，以房抵款协议还应注意协议的内容要明确具体，我们近期办理过一件代理施工单位被迫签订以房抵款协议后，成功索要工程款的案件。

**【案例 81】** 不能履行的以房抵款协议。

2013 年 7 月 1 日，深圳某施工单位与云南某置业公司签订《建设工程施工合同》，深圳某施工单位承包"××酒店别墅样板房项目装修工程"，合同总价 29917082 元。2014 年 9 月 20 日，工程竣工验收合格并移交建设单位使用。2018 年 11 月 13 日，双方完成结算，结算价为 27789175 元。但是该建设单位在签署结算书前，要求施工单位出具承诺书，承诺同意以房抵款，否则就不在结算书上签字盖章。承诺书由建设单位草拟，具体如下：

### "以房抵付工程款"的承诺函

×××公司：

就××酒店别墅样板房项目装修工程《建设工程施工合同》的竣工结算文件，审核后的双方确认版本，我司于 2018 年 10 月 23 日签章后报送贵司。

本合同经双方确认的最终审核竣工结算金额为人民币 27789175 元（大写：贰仟柒佰柒拾捌万玖仟壹佰柒拾伍元整），前期已支付进度款人民币 24119114 元（大写：贰仟肆佰壹拾壹万玖仟壹佰壹拾肆元整），在质保期内扣除质保金人民币 493902 元（大写：肆拾玖万叁仟玖佰零贰元整），剩余应支付的工程尾款为人民币 3176158 元（大写：叁佰壹拾柒万陆仟壹佰伍拾捌元整），此尾款含剩余的质保金。

我司承诺：就本合同剩余应支付的工程款尾款，同意贵司以房产的形式进行抵付（简称"以房抵付工程款"）。但是，用于抵付的房产总价不可超过上述剩余应支付结算款尾款金额，抵房后若有剩余的工程款，贵司应以银行转账汇款的形式支付至我司银行账户。

我司并承诺："以房抵付工程款"为我司自愿行为，在任何情况下均不对贵方造成任何法律责任。

深圳市××建设集团有限公司

××××年××月××日

我们看过这份承诺书后，判断这份承诺书并不能起到约束的效力，因为其没有具体的以房抵款的内容，甚至抵付的房产、面积、价格等信息均没有，不能成为一份有效的协议。所以建议施工单位放心签署。

施工单位听取我们意见，签署该承诺书给建设单位后，顺利取得了盖章的结算书，然后我们代理其立即起诉，要求建设单位给付工程款，经法院一审二审，均支持了我们的诉讼请求。

# 二、商业承兑汇票问题

在商业承兑票据支付问题上，有以下问题需注意：

## 1. 收取商业承兑汇票

### （1）前手商业信誉不佳的，其商票不应收取

商业承兑汇票和银行承兑汇票存在很大区别，商业承兑汇票其本质是商业主体的信用，所以，对于是否收取商业承兑汇票，需要重点考虑出票人、承兑人、保证人及其他票据债务人的信用。如果出票人、承兑人、保证人及其他票据债务人的信用堪忧，则不宜接受该商业承兑汇票。

需要特别说明的是，出票人、承兑人、保证人或其他票据债务人（其他前手）只要有一个主体有偿付能力，该票据均可收取，后续如该票据被拒付的，可向所有前手进行追索。

### （2）贴息问题

目前大多商业承兑汇票是远期的，贴息后才能马上支取现金，远期商业承兑汇票抵作工程款支付，往往存在远期利息的损失。收取商业承兑汇票时，应由出票人承诺补偿利息。

## 2. 收票后的处理

### （1）谨慎背书

票据具有很强的流通性，很多企业在收到商业承兑汇票后都会作为向下游支付的工具。

但如果一旦该票据无法兑付，则所有的前手都可能会被后手进行追索，背书人很

容易陷入票据纠纷中，故对于存在兑付风险的票据，一方面要慎收，另一方面为避免陷入票据纠纷中，也要慎重背书。

（2）合法贴现

最高人民法院《第九次全国法院民商事审判工作会议纪要》第一百零一条规定："（民间贴现行为的效力）票据贴现属于国家特许经营业务，合法持票人向不具有法定贴现资质的当事人进行'贴现'的，该行为应当认定无效，贴现款和票据应当相互返还。当事人不能返还票据的，原合法持票人可以拒绝返还贴现款。人民法院在民商事案件审理过程中，发现不具有法定资质的当事人以'贴现'为业的，因该行为涉嫌犯罪，应当将有关材料移送公安机关。"

故如收取商业承兑汇票后需要贴现，应选择合法金融机构进行贴现，否则将被法院认定为无效。

【案例82】合法持票人向不具有法定贴现资质的当事人进行"贴现"的，该行为无效[（2019）粤03民终15432号案]。

> 2018年7月26日，嘉兴××公司通过微信与××贸易公司达成协议，由嘉兴××公司将其持有的两张金额共计200万元的电子商业银行承兑汇票转让给××贸易公司，××贸易公司扣除贴息48.8万元后将剩余款项151.2万元支付给嘉兴××公司。次日，嘉兴××公司将上述两张电子商业承兑汇票依法背书转让给了××贸易公司，但××贸易公司仅向嘉兴××公司支付了40万元，剩余还有111.2万元至今未付。嘉兴××公司起诉至法院，要求××贸易公司与其股东成××共同向其支付票据款111.2万元及利息损失。
>
> 法院认为：根据我国现有规定，票据贴现属于国家特许经营业务，合法持票人向不具有法定贴现资质的当事人进行"贴现"的，该行为应认定无效。本案上诉人嘉兴××公司是涉案票据的合法持有人，在与××贸易公司不存在真实的交易关系和债权债务关系的情况下，其经过背书将其合法持有的票据"贴现"给被上诉人××贸易公司，但被上诉人××贸易公司所属行业是批发和零售业，并不具有法定的票据贴现资质，不能从事国家特许经营的票据贴现业务，被上诉人××贸易公司进行票据"贴现"，违反了国家禁止性规定。因此，本案上诉人嘉兴××公司与被上诉人××贸易公司之间的票据"贴现"行为无效。上诉人要求被上诉人履行票据贴现合同，依合同约定支付剩余票据"贴现"款的诉讼请求，不予支持。

实践中还有一种抵债方式"以票换房"，指持票人用持有商业承兑汇票与出票人或出票人的关联公司达成抵付房款，取得房屋的一种行为，在这种情况下，出票人会要求持票人在电子商业承兑汇票系统中点击"票据已结清"，如果房屋在办理转让登记时出现问题，持票人将面临如何维护自身合法权益的问题，以及是否还能直接行使票据权利。通过检索，大部分法院支持持票人在此情况下仍可行使票据权利，但也有少数法院持不同观点。

【案例 83】票据状态为"票据已结清"，因实际未付款，持票人仍享有票据权利［（2020）渝民终 2462 号］。

> 重庆市高级人民法院认为：持票人福州××公司在汇票到期日向承兑人××财务公司提示付款后，××财务公司虽在电子商业汇票系统中签收票据，票据状态为"票据已结清"，但实际并未支付票据款。票据款项的支付系实践行为而非诺成行为，全体汇票债务人的责任并不因承兑人签收票据，承诺付款而解除。同时，涉案票据在电子商业汇票系统中载明的状态与客观事实不符，应当以客观事实来判断××财务公司是否存在拒付行为。

### 3. 票据追索

#### （1）票据到期后应及时提示付款

根据《票据法》第四条的规定，票据权利分为付款请求权和追索权。付款请求权是持票人行使追索权的前置条件。持票人超过提示付款期提示付款被拒付的，若未在提示付款期内发出过提示付款，则只可向出票人和承兑人拒付追索。故持票人在汇票到期后应及时向承兑人提示付款，否则将丧失对除出票人和承兑人之外的其他前手的追索权。

#### （2）提示付款未获应答或被拒付的，取得拒付证明

根据《票据法》第六十二条第一款规定，持票人行使追索权时，除了尽到提示义务，还应当提供被拒绝承兑或者被拒绝付款的有关证明。2016 年 12 月 5 日由中国人民银行发布的《票据交易管理办法》中第一次出现了"视为拒绝付款"概念，该办法第五十六条第三款规定："承兑人或者承兑人开户行在提示付款当日未做出应答的，视为拒绝付款，票据市场基础设施提供拒绝付款证明并通知持票人。"对于既不付款

又不点击拒付按钮的情况，可采取如下措施：

1）按照《电子商业汇票业务管理办法》第六十条规定，要求付款人的电子商业汇票系统接入机构代为进行付款或拒付应答。

2）付款人自身即为电子商业汇票业务主体，没有接入机构的，可向中国人民银行或其指定的系统运营方——上海票据交易所反映相关情况，请求配合处理。

3）及时在中国法院网、人民法院公告网、信用中国网站、国家企业信用信息公示系统等网站查询承兑人是否出现被宣告破产、因违法被责令终止业务活动的情况，若出现相关情况，及时在系统中提出非拒付追索请求。

**（3）取得拒付证明后，应及时通知其前手并进行追索**

《票据法》第六十六条第一款规定："持票人自收到被拒绝承兑或者被拒绝付款的有关证明之日起三日内，应当将被拒绝事由书面通知其前手；其前手应当自收到通知之日起三日内书面通知其再前手。持票人也可以同时向各汇票债务人发出书面通知。因延期通知给其前手或者出票人造成损失的，由没有按照规定期限通知的汇票当事人承担对该损失的赔偿责任，但是所赔偿的金额以汇票金额为限。"相关追索则需要注意如下问题：

1）如收取的是电子商业承兑汇票，应通过电票系统进行追索。

2）在6个月内向前手发起追索。对前手清偿后或被提起诉讼后对前手再追索则需要在3个月内进行。

3）除非承兑人破产或因违法被责令停止业务活动，否则不要点击"非拒付按钮"，不要撤回提示付款申请。

4）完成追索后，可对票据信息、状态进行公证。

## 三、商业保理

《民法典》七百六十一条规定："保理合同是应收账款债权人将现有的或者将有的收账款转让给保理人，保理人提供资金融通、应收账款管理或者催收、应收账款债务人付款担保等服务的合同。"

《民法典》将保理区分为有追索权保理和无追索权保理。关于有追索权保理，《民法典》第七百六十六条明确规定："当事人约定有追索权保理的，保理人可以向应收账款债权人主张返还保理融资款本息或者回购应收账款债权，也可以向应收账款债务人主张应收账款债权。保理人向应收账款债务人主张应收账款债权，在扣除保理融资款本息和相关费用后有剩余的，剩余部分应当返还给应收账款债权人。"有追索权保理又称回购型保理，指施工单位将应收账款的债权转让给保理商，施工单位得到款项，如发生建设单位拒绝付款或无力付款时，保理商有权向施工企业进行追索，要求偿还预付的资金。

关于无追索权保理，《民法典》第七百六十七条规定："当事人约定无追索权保理的，保理人应当向应收账款债务人主张应收账款债权，保理人取得超过保理融资款本息和相关费用的部分，无需向应收账款债权人返还。"无追索权保理又称买断型保理，保理商受让施工单位的应收工程款后，如果因建设单位信用出现风险，不能足额支付到期应收工程款的，由保理商在信用风险额度内，承担全额付款责任。因此，买断型保理的本质是一种应收账款买卖，买卖的价格除了以应收账款金额扣减保理利息、手续费外，还要取决于建设单位能否把应收账款全额支付给保理机构。

保理合同本身就是一种兼有债权转让性质和商业惯例特点的合同，既有债权转让的法律特征，又有商业运作管理的行业特征。尤其是在有追索权保理业务中，其所包含的债权转让不是纯正的债权让与，而是具有担保债务履行功能的间接给付契约。法律关系错综复杂，基于建设工程的特点，保理支付方式还存在着对施工单位的法律风险：

（1）丧失施工过程对逾期付款抗辩的权利。在工程建设过程中，若建设单位逾期支付工程款，施工单位有权停工，或解除合同、索赔逾期付款损失。但是如施工单位将应收账款办理保理，也就意味着建设单位不再欠付施工单位工程款，只需在保理到期后向保理机构支付保理款。

如果建设单位在施工过程中出现明显资信问题，虽然保理没有到偿还期，但是施工单位继续垫资施工风险会越来越大，施工单位只能延缓施工，减少亏损，但与此同时，施工单位也将面临工期延误的风险。

（2）优先受偿权超出行使期限的法律风险。《施工合同纠纷司法解释（一）》第四十一条规定："承包人应当在合理期限内行使建设工程价款优先受偿权，但最长不得超过十八个月，自发包人应当给付建设工程价款之日起算。"若施工单位将对建设单位的应收账款办理有追索权的保理，由于应收账款回购存在一定的期限，施工单位就很可能因此丧失优先受偿权。

（3）无法及时对应建设单位资信变化的风险。当保理还没有到偿还期，而在建设单位已经存在严重的资信风险的情况下，施工单位只能继续施工。一旦保理到期建设单位没有支付保理价款，施工单位将被迫支付。此时，由于建设单位缺乏偿债能力，甚至其主要资产已经被抵押查封，施工单位又失去优先受偿权，工程款将面临无法回收的重大风险。

为保障施工单位资金安全，建议在选择保理类型上，应当优先选择无追索权的保理。无追索权的保理在建设单位到期不支付应付账款时，由保理机构承担应收账款的坏账风险。

如果是有追索权的保理，则建议施工单位应保留自行选择回购应收账款的权利，以保障对建设单位的停工、解约、起诉、查封、优先受偿的权利。与此同时，施工单位要密切关注建设单位的资信状况，一旦建设单位出现重大风险的，随时准备停工解约甚至起诉查封。

另外，如建设单位要求施工单位配合，提前领取保理融资，则可能会涉及虚构合同及相关手续材料，不但涉嫌虚假交易，而且建设工程价款优先受偿权也不复存在，建议施工单位对此种行为应慎重考虑。

# 本课知识点

本课知识点总结                                    表 9-1

| 关键词 | 操作要点 |
| --- | --- |
| 以房抵款 | 履行期限已届满的债务可以房抵债，应及时办理房屋的交付和证件 |
| 商业汇票 | 商业承兑汇票如出票人、承兑人、保证人或其他前手有一定的经济实力，可以收取，收取后应及时提示付款及追索 |
| 商业保理 | 优先选择无追索权保理，如选择有追索权保理，则应特别注意保留一定的权利，并在施工中密切关注建设单位的资信情况 |

# 项目经理立即做

（1）检查现有的以房抵债协议，确认是否仍有未履行完的以房抵债协议，如尚未办理房屋交付及过户，应及时办理。

（2）如发现以房抵债的项目，金融机构有查封或执行房产的情况，应及时向法院提出异议。

（3）对已收取的商业承兑汇票，检查其到期时间，并在到期后及时提示付款，被拒付的，及时向前手发起追索。

# 第四篇

## 争议处理

# 第十课　被忽视的利润——签证索赔

　　建筑市场的竞争日趋激烈，承包人的利润空间越来越小，中标后在施工过程中通过签证索赔增加费用以弥补投标时降价让利所造成的一部分损失，已成为施工单位的一种重要手段，"低中标、勤签证、高索赔"是施工单位获得利润普遍采用的策略。而对于建设单位来说，签证索赔也往往导致预算超支，有经验的开发商或者建设单位对于签证索赔均采取严格管理的方法，控制投资风险。

　　除了双方没有争议可以顺利办理签证的项目之外，项目经理一定要有强烈的索赔观念，对工程索赔要有主动作为的想法，要有从索赔走向理赔的完整运作思路、具体方法，还必须对索赔工作的方方面面都有基本了解，具备索赔所需的各种知识，并具备合同意识、风险意识以及成本意识。

## 一、签证索赔事项

　　要学会签证索赔，首先需要对可签证索赔的事项有基本的了解。

　　以《建设工程施工合同（示范文本）》GF—2017—0201 为例，发生以下事项，承包人可就增加的费用进行索赔，暂且把这十几种情形分成四类：

　　第一类：因发包人的违约行为导致的索赔

　　（1）拒不签收承包人送达至送达地点和指定接收人的来往信函。

　　（2）未能按合同约定日期支付工程预付款、进度款或竣工结算款的。

　　（3）提供的材料或工程设备不符合合同要求的。

　　（4）因发包人原因导致暂估价合同订立和履行迟延的。

（5）发包人未能在计划开工日期之日起 7 天内同意下达开工通知的。

第二类：因发包人的其他履约行为导致的索赔

（1）隐蔽工程重新检查，经检查证明工程质量符合合同要求的。

（2）发包人未能按合同约定提供图纸或所提供图纸不符合合同约定的。

（3）发包人未能按合同约定提供施工现场、施工条件、基础资料、许可、批准等开工条件的。

（4）发包人提供的测量基准点、基准线和水准点及其书面资料存在错误或疏漏的。

（5）因发包人原因引起的暂停施工。

（6）发包人要求承包人提前竣工的。

第三类：因第三方原因导致的索赔

（1）监理人的检查和检验影响施工正常进行，且经检查检验合格的。

（2）监理人未按合同约定发出指示、批准等文件的。

（3）非因承包人原因导致工期延长的，继续提供履约担保所增加的费用。

第四类：因客观原因发生变化而导致的索赔。

（1）因施工现场发现文物、化石而采取保护措施。

（2）遇不利物质条件承包人采取合理措施。

（3）遇异常恶劣的气候条件采取合理措施。

（4）基准日期后，法律变化导致承包人在合同履行过程中所需要的费用发生除市场价格波动引起的调整以外的增加时。

根据上述的合同约定，在发包人违约情况下，或存在特定履行行为的情况下，以及监理方的部分履行行为，甚至客观情况发生变化的情况下，承包人都可以索赔。

需要加以讨论的是，以下几种情况下能否索赔以及如何索赔：

### 1. 施工合同明确约定不能索赔，能否索赔？

因工程领域"僧多粥少"，竞争激烈，建设单位利用其订立合同时的优势地位，往往拟定非常苛刻的合同，比如某合同约定：

发包人未完成约定的各项工作，且未委托承包人办理，给承包人造成损失和（或）导致工期延误的，发包人只批准顺延延误的工期，由此引起的全部费用已含在合同总价内。

这样的合同约定在施工方看来，无疑是霸王条款。但从法律上来进行评价该约定是否有效呢？实践中会有争议，但至少应注意到，《民法典》第五百零六条（原《合同法》第五十三条）规定，合同中的下列免责条款无效："1）造成对方人身伤害的；2）因故意或者重大过失造成对方财产损失的。"即如果发包人因故意或重大过失造成工期延误，并造成承包人财产损失，该免责条款无效，并应给予赔偿。

**【案例84】**免责条款被认定无效。

> 如河北省肃宁县人民法院（2014）肃民初字第416号民事判决（该判决由河北省沧州市中级人民法院以（2017）冀09民终3770号民事判决维持）中认为：
>
> 被告方在《招标文件》第7.3项规定："投标人获取招标文件后，应仔细检查施工图纸及招标文件的所有内容，如有残缺或工程量清单中漏项、工程数量有误、清单描述等问题应在获得招标文件3日内向招标人提出，否则，由此引起的损失由投标人自己承担。投标人同时应认真审阅招标文件中所有的事项、格式、条款和规范要求，若投标人的投标文件没有按照招标文件要求提交全部资料，或投标文件没有对招标文件做出实质性响应，其风险由投标人自行承担，并根据有关规定，该投标有可能被拒绝。"
>
> 但根据河北省工程建设标准《建设工程工程量清单编制与计价规程》DB13（J）/T 150—2013中第5部分工程量清单编制第5.0.4条的规定："工程量清单是工程量清单计价的基础，是编制最高限价（招标控制价）或标底、投标报价、签订合同价、支付工程进度款、调整工程量、价款调整、办理竣工结算以及索赔的主要依据。"第5.0.2条中采用工程量清单方式招标，工程量清单必须作为招标文件的组成部分，其准确性和完整性由招标人负责。
>
> 本条为强制性条款，规定招标人对编制的工程量清单的准确性和完整性负责，故作为原、被告《施工合同》组成部分的被告方出具的《招标文件》第7.3项"要求投标人对有残缺或工程量清单中漏项、工程数量有误、清单描述等问题应在获得招标文件3日内向招标人提出，否则，由此引起的损失由投标人自己承担"的规定。根据《合同法》第五十三条规定，对于造成对方人身伤害的或因故意或者重大过失造成对方财产损失的免责条款无效。在国家强制性标准条文明确要求招标人向投标人提供准确完整的工程量清单的情况下，如果招标人在招标文件提供不准确和完整的工程量清单并让投标人据此投标报价，且要求投标人对法律规定必须由其承担责

任的免责条款属于故意或重大过失造成承包人承担损失的条款，故根据《合同法》第五十三条规定被告方出具的《招标文件》第 7.3 项应认定无效。

如果施工合同约定，因为发包人的故意或者重大过失造成对方财产的损失仍不给予索赔的，根据上述《民法典》第五百零六条（原《合同法》第五十三条）的规定，应为无效，承包人可以大胆地进行索赔。

有的地方行政主管已经开始严控市场中的这种"霸王条款"行为，如《广东省建设工程造价管理规定》也规定了："发包人不得以无限风险、所有风险等规避自身风险、范围和费用。"深圳市住房和建设局发布的《深圳市住房和城乡建设局关于在施工招标中增加不设置"霸王条款"承诺等内容的通知》（深建市场〔2019〕7 号文），要求自 2019 年 4 月 8 日发布的招标文件，招标人应书面承诺不设置霸王条款，或书面申明已认真审查并评估招标文件及所附合同条款内容，如坚持设置此类条款造成的一切不利后果，由招标人自行承担。

## 2. 开工延后，能否索赔？

施工合同约定的开工时间往往是暂定的，通常的做法是发包人口头或书面通知施工单位进场，然后施工单位开始进场平整场地、修建临建设施，之后发包人发放开工令、工程正式开工。但是在这过程中有时也会由于客观或主观的原因，导致工程没有按照预期的开工时间开工，从而导致一定的损失。

【**案例 85**】因迟延移交导致的索赔。

某项目位于深圳市龙华二线扩展区，项目建筑面积 85000 平方米，合同价款约 11847 万元。该工程的基础工程由发包人分包给另一家施工单位，由于该施工单位工期延误，导致移交给总包的日期延后。

由于开工时间的延后，打乱了总包单位的工作计划，而且造成了总包单位在迟延开工期间的损失。另外，还造成了总包单位材料、人工使用高峰期恰逢市场材料和人工价格大幅上涨阶段，造成材料、人工的严重亏损。

总包单位进而提出需补偿窝工费 708160 元、管理费 780000 元、机械租赁费 408000 元、塔式起重机工作人员人工费 76800 元，共计 1972960 元的迟延开工损失。另外还有材料、人工涨价增加造价 7680610.79 元，分栋移交工作面增加造价

3444028.88 元，两项合计 11124639.67 元。

该工程由于总包单位后来也存在一定工期延误情况，经双方协商，至办理工程结算时，双方最终对开工延误对总包单位造成的损失达成一致，发包人在造价中给予总包单位一定优惠，并免除了总包单位的工期延误责任。

这个案件虽然最终得到了比较圆满的解决，但是在审阅总包单位索赔资料时，就发现总包单位进场时缺乏相应的依据，且没有发包人下发的进场通知，而且进场时也未向发包人或监理报告进场的人员、机械、材料等。在谈判中，发包人也曾提到施工合同约定的开工日期是暂定的，对总包单位提出的进场日期不认可。如果双方未能和解，施工单位解决这个问题将面临证据资料严重缺乏的问题。

四川省成都高新技术产业开发区人民法院（2016）川 0191 民初 9377 号案（四川省成都市中级人民法院以（2017）川 01 民终 14171 号民事判决维持了该一审判决）是一个比较经典的判决，该案中工程未能按时开工，迟延开工期间土方费用迅猛增加，承包人主张索赔并获法院支持，以下是法院的判决。

**【案例 86】**发包人原因开工延后索赔获支持。

关于成都××公司主张的土方调增费用 9798390.18 元以及人工调增费用 1615955.02 元有无事实及法律依据的问题。

……由于成都银行自身的原因，在合同约定的开工日期到期后 4 个多月才取得案涉工程项目的施工许可证，之后成都银行又调整原中标所依据的施工设计图纸，导致案涉工程项目在合同约定的计划开工日期之后 204 天才正式开工，虽然案涉合同约定开工日期应以监理发出的开工通知中载明的开工日期起算且成都银行据此辩称其不存在延期开工的问题，但一审法院认为本案应属于成都银行的原因导致案涉工程缓建。否则，所有项目合同约定的计划开工日期都可能面临对建设单位失去相应的约束力，使施工单位无法预见合理的履约成本，亦不利于平衡和保护建设单位和施工单位的利益，维护公平正义。故一审法院认为成都银行应对其延期开工给成都××公司造成的费用损失承担赔偿责任……

于本案中，案涉合同最为核心的就是土石方的外运成本的增加。从庭审查明的事实可知，案涉合同在投标截止后超过了案涉合同约定的计划开工日期 204 天才开工，由此导致案涉工程项目的主要承包内容土方挖运的价格发生重大变化，导致土方挖运成本大幅增加。若案涉工程的开工日期是按合同约定按时开工的，根据案涉合同约定的固定总价包干的原则，该种价格变化的商业风险应当由成都 ×× 公司自行承担，但由于成都银行将一个本应只有 181 个日历天且具有较强时效性的项目延后 204 天开工，则因此产生的案涉工程土方挖运成本增加的风险不应由成都 ×× 公司承担，此种风险已远远超出成都 ×× 公司在投标时能够预见或者可能预见的合理范围内。因此，基于诚实信用、公平合理原则，综合考虑本案成都银行、成都 ×× 公司在案涉施工项目中的实际履行行为。一审法院认为，成都银行应当承担案涉工程的土方和人工费增加的合理费用。

面对开工时间引发的工程造价风险，我们建议：

（1）施工合同上的开工日期写上明确的时间，或者计划开工时间。

（2）如招标文件未明确开工时间，在投标阶段宜在投标文件中说明投标报价的基础是鉴于业主方的工程开工计划。

（3）对于单体建筑较多的工程项目，应注意是分栋施工还是同时开工。在技术标或施工方案拟定时应仔细，切勿盲目乱抄。

（4）如合同中未约定明确开工时间，业主通知入场时，应取得业主方的书面入场通知，并及时汇报施工单位的入场人员、准备措施等。

做好了这些预防的措施，在发生工期签证或索赔时，可提供较为充分的依据。

### 3. 法律政策变化，能否索赔？

施工合同从订立到履行完毕，往往经历几年的时间，在国内法律环境下，法律或政策变化速度很快，而法律或政府政策的变化，往往引起费用的变化。

比如，环保或安全政策的变化，可能导致余泥渣土运费大幅上升，在这种情况下，施工单位能否索赔呢？如深圳市住房和建设局、深圳市交通运输委员会、深圳市人居环境委员会在 2018 年联合发出《深圳市泥头车、搅拌车和非道路移动工程机械更新改造工作方案》（深建废管〔2018〕23 号），要求 2019 年 6 月起，全市范围内所有工地必须使用新型泥头车，并且提出合理调整工程造价，确保新旧泥头车更换使用平稳过渡。由此引发深圳市场土石方价格的上涨。

如果承发包双方采用的是《建设工程施工合同（示范文本）》GF—2017—0201，根据该合同通用条款第 11.2 条"基准日期后，法律变化导致承包人在合同履行过程中所需要的费用发生除市场价格波动引起的调整以外的增加时"之规定，承包人是可以向施工单位索赔的。关于基准日，《建设工程工程量清单计价规范》GB 50500—2013 第 9.2.1 条规定："招标工程以投标截止日前 28 天、非招标工程以合同签订前 28 天为基准日，其后因国家的法律、法规、规章和政策发生变化引起工程造价增减变化的，发承包双方应按上级或行业建设主管部门或其授权的工程造价管理机构据此发布的规定调整合同价款。"

如果承发包双方未采用上述的合同文本，在没有相反约定的情况下，上述示范文本的规定作为政府推广的文本，也可以认为是行业惯例，承包人可据此主张因为法律变化导致的费用增加应予赔偿。

**【参考文书 23】** 对关于施工单位要求调整基础土方运输价格咨询的答复

深圳市 ×× 有限公司：

收悉贵司发来关于深圳市 ×× 有限公司（以下简称"施工单位"）要求调整基础土方运输价格事宜的咨询，现答复如下：

1.《深圳市临时装船点弃土海上外运处置价格上限》（深建废管〔2018〕9 号）显示市场特殊情况，为推动工程顺利进展，建议考虑市场实际情况予以适当调整。

该文件是深圳市住房和建设局、深圳市交通运输委员会联合发文，是根据深圳市的地方特点专门发出的文件，且发出时间在本项目招标投标之后，属于政策性变化。该文件明确指出西部海域临时装船点弃土海上外运处置价格上限核定值为 47 元 / 立方米。

虽然《施工合同》补充条款第二条 1.1 约定，合同价格为固定单价，除另有约定外不予调整。但经与贵司沟通，考虑到深圳地区弃土的实际政策变化，结合施工实际情况，我们建议贵司予以适当调整，给予施工单位相应的成本弥补，以达到合同价格相对公平，推动工程的顺利进展。

2. 根据《施工合同》通用条款第 20.3 条及《深圳市泥头车、搅拌车和非道路移动工程机械更新改造工作方案》（深建废管〔2018〕23 号），因泥头车淘汰更新引起价格变更属合同可调因素。

泥头车淘汰属于政策变化，属于《施工合同》通用条款第 20.3 条的调整因素，可依此来调整价格。

3. 调价应注意事项。

（1）关于价格调整的时间，《深圳市泥头车、搅拌车和非道路移动工程机械更新改造工作方案》（深建废管〔2018〕23号）规定是从2018年11月1日起分阶段、分区域禁行，到2019年6月1日起全面使用新型泥头车，需了解本工程涉及的泥头车是什么时候开始淘汰使用？

（2）请核查，是否有如《深圳市泥头车、搅拌车和非道路移动工程机械更新改造工作方案》（深建废管〔2018〕23号）规定的"市工程造价管理部门应根据新型泥头车装载量完善土石方运输计价标准，市发改委应提出相应的工程概算调整标准和意见"，这些意见有无出具？

（3）请贵司测算具体价格，核算一个适当的调整价格。需考虑原单价的下浮因素，原合同有约定一个净下浮率，详见补充条款第二条3.5。

（4）按通用条款规定，20.7合同价格调整程序（1）发包人收到通知后14天内未确认也未提出异议的，视为已经同意该项合同价格调整。贵司应注意及时对其价格调整文件作出回复。

综上，请贵司核查本工程涉及泥头车的具体情况，核算出一个适当的调整价格，并在收到通知后14天内及时回复施工单位。

北京市××（深圳）律师事务所

律师：

××××年××月××日

另一个相关的问题是，自2018年以来，建筑业增值税从11%降低至9%，意味着承包人可以少交2%的增值税，承包人少交2%的增值税，则意味着发包人在这个环节可抵扣的增值税就少了2%，那么，该部分节省下来的税负，发包人是否可以向承包人索要呢？

我们认为不能索要，因为减税是全行业减税，承包人少交了2%的增值税，发包人如是开发企业，其缴纳的增值税也从11%降到了9%，其利益并未受损。且增值税的纳税义务人，在承发包合同关系中是承包人，税率的减少，在发包方和承包方均享受减税待遇后，发包方不能再向承包人索要。

从以上的分析也可以看到，法律变化所引发的情况相对复杂，应综合考虑各种情况加以评判。

### 4. 现场条件变化，如何索赔？

现场条件的变化，是指招标文件描述的现场或条件与实际条件有较大偏差而产生的索赔机会。

现场条件和招标文件描述的条件偏差可能有如下情形：

（1）现场挖出的岩石位置高度、类型或土质与招标文件不符。

（2）地下障碍物的数量或类型超出招标文件给出的数量和类型。

（3）设计文件指定的取土场或弃土场，距离与实际不符。

（4）地下水位置、水量、水质等与招标文件数据相差悬殊。

（5）开挖基础时，发现了古代遗迹、古物或化石。

（6）遇到高腐蚀性地下水或有毒气体，或遇到强大的地下水流等。

就不利现场条件究竟能否索赔，施工单位在进行索赔前，应理清以下两个问题：

（1）承包商可以通过标前现场踏勘的方式发现吗？与承包商可合理预料的不利条件差异有多大？

（2）该不可预见的不利条件是否引起了承包商工程费用的增加？

通过这些分析，便可判断这种不利条件是否是一个有经验的承包商不可能预见的，是否有权利进行索赔。

如发生上述的可索赔的现场变化情况，施工单位应在发现现场条件与招标投标或合同文件描述不符的第一时间，搜集整理相关证据，并及时向发包人进行索赔。

## 二、索赔报告起草

### 1. 报告形式

索赔报告要有说服力地论证施工单位主张的索赔合理、合法，一个完整的索赔报告应包括以下四个部分。

（1）概述部分

概述部分应首先概要论述索赔事件的发生时间、地点和简要过程，施工单位为该索赔事件所付出的努力以及施工单位的具体索赔要求，以及索赔所依据的合同条款或法律条文。

此外还可以附上索赔报告编写人员的名单，注明有关人员的职称、职务，以表示该索赔报告的严肃性和权威性。

（2）分析部分

分析部分应重点分析索赔事件的责任，强调由于索赔事件的影响，施工单位在实施工程中工期拖延、费用增加，并充分论证事件影响与实际损失之间的因果关系。

（3）计算部分

计算部分要采用合理的计算方法和数据，正确地计算出应取得的经济补偿款额或工期延长，计算应避免错误、漏项或重复。

（4）证据部分

本部分主要是说明自己具有索赔权利的合同和其他客观证据，这是索赔能否成立的关键。

索赔报告应使建设单位能历史地、逻辑地了解索赔事件的始末，并充分认识该项索赔的合理性、合法性，以取得良好的索赔效果。

实践中，施工单位编制的索赔报告，或者理由不充分，或者证据不足，或者证据编排不合理，或者漫天要价，没有取得良好的索赔结果。

【参考文书 24】对惠州市 ×× 项目工期延误补偿报告

### 惠州市 ×× 项目工期延误补偿报告

致：惠州 ×× 有限公司

前言：

我司承接的 ×× 1 号、2 号楼，3 号、3A 号楼，5 号 ~12 号楼，13 号楼，13A 号楼，15 号楼，地下室，垃圾收集点工程，于 2019 年 6 月 12 日进场，按甲方施工进度策划组建项目部，管理人员、施工班组、材料和机械设备陆续进场，配合甲方完成场地规划清理、整个现场基坑降排水等前期工作。

时间概述：

根据贵我双方签订的施工总承包合同附件 1.5 工期：《快建体系项目：工期节点控制时间表》（详附件 1），结合贵司《×× 项目地下室施工策划》2019 年 6 月 24 版计划（详附件 2），我司编制施工组织设计并报批通过。因甲指分包单位及基础形式变更、桩基检测不合格等影响，现场场地移交给总包时间具体如下（详附件 3：工作面移交单）。

场地移交时间规划　　　　　　　　　　　　　表 10-1

| 序号 | 楼栋 | 合同计划移交时间 | 实际移交时间 | 备注 |
|---|---|---|---|---|
| 1 | 15 号楼(营销中心) | 2019 年 7 月 4 日 | 2019 年 8 月 18 日 | 仅移交部分作业面，场地不具备完全移交条件 |
| 2 | 1 号、2 号楼 | 2019 年 8 月 4 日 | 2019 年 9 月 19 日 | 仅移交部分作业面，场地不具备完全移交条件 |
| 3 | …… | …… | …… | …… |

结合合同附件 1.5 工期：《快建体系项目：工期节点控制时间表》（详附件 1）、已审批施工组织设计（详附件 4：施工组织设计）中项目管理人员配置、总施工进度计划要求（详附件 5：施工进度计划），我司于 2019 年 7 月初开始组建管理团队，并于 8 月初人员配置满足现场全面施工要求的人员、机械、设备、材料。截至 2020 年 2 月 29 日，现场 1 号、2 号楼，3 号、3A 号楼，5 号楼，15 号楼移交给我司施工，其他楼栋因甲指分包单位施工进度缓慢及基础形式变更影响，现仍未移交。针对场地移交滞后事宜，我司在监理例会和书面函件中多次提出（详附件 6：收发文登记表及工作联系函），但一直未得到解决。因受场地移交滞后影响，造成我司材料积压及周转浪费严重、机械设备和人员窝工降效严重、资金积压导致成本增加、办公区生活区场地租赁费用增加、地下室阶段平面布置规划无法满足现场施工需要、后期大量工作在雨季中施工带来降排水工作量增加、后续组织施工人员困难等各种问题，以上种种成本的增加造成我司本项目处于严重亏损状态。

补偿要求：

根据现行法律法规、合同文件及工程惯例，《合同法》第二百八十四条规定："因发包人的原因致使工程中途停建、缓建的，发包人应当采取措施弥补或者减少损失，赔偿承包人因此造成的停工、窝工、倒运、机械设备调迁、材料和构建积压等损失和实际费用。"结合已签订《深圳公司 ×× 项目施工总承包合同》第二部分《通用条款》中第 2 项"工程相关"第（4）条约定："索赔：指在合同履行过程中，对于并非己方过错，而是应由对方承担责任的情况造成的实际损失或工期延误，向对方提出经济补偿或工期顺延的要求。"

截至 2020 年 2 月 29 日，就场地移交滞后原因导致我司亏损，向贵司提出工期延误费用补偿，我司要求补偿费用总计：9630746.02 元（大写：玖佰陆拾叁万柒佰肆拾陆元贰分）（详附件 7：工期延误各项补偿费用汇总表），具体统计如下：

一、项目管理人员工资补偿费用 3087383.60 元（详附件 8：项目管理人员工资补偿费用汇总表）：

1. 一线管理人员补偿费 2398175.54 元（详附件 9：一线管理人员补偿用表、管理人员考勤表、工资表）：

（1）2019 年 6 月 12 日管理人员开始进场，按原计划第一块场地计划移交时间为 2019 年 7 月 4 日，但至 2019 年 7 月 29 日第一块场地（3 号楼）移交给我司（详附件 3：工作面移交单），闲置时间一个月，在此期间管理人员闲置补偿费用：

273887.10 元。

（2）根据贵司合同施工计划"2019 年 8 月 4 日移交 1 号 ~6 号、12 号楼，2019 年 8 月 9 日移交 7 号楼"。我司根据场地移交计划增加管理人员 13 人，但后场场地移交时间多次调整延后，且无准确移交时间计划，导致项目部无法精简管理人员。截至 2020 年 2 月 29 日，因场地未移交，以上人员闲置工资补偿费用：767163.44 元。

（3）根据总体施工计划，我于 2019 年 7 月份完成本项目部各岗位主要管理人员配置，但因场地未按时移交，主要管理人员工作降效，截至 2020 年 2 月 29 日，现场正式移交给我司可施工建筑面积约占总建筑面积的 1/4，故贵司应承担主要岗位管理人员工资的 3/4 作为降效补偿，降效补偿费用：1357125.00 元。

2. 二线管理人员补偿费 167958.06 元（附件 10：二线管理人员补偿费用表、考勤表、工资表）：

（1）2019 年 6 月 12 日二线管理人员开始进场施工临建及临设，按原计划第一块场地计划移交时间为 2019 年 7 月 4 日，但至 2019 年 7 月 29 日第一块场地（3 号楼）移交给我司（详附件 3：工作面移交单），闲置时间一个月，在此期间二线管理人员闲置补偿费用：49958.06 元。

（2）根据贵司合同施工计划"2019 年 8 月 4 日移交 1 号 ~6 号、12 号楼，2019 年 8 月 9 日移交 7 号楼"。我司根据场地移交计划增加二线管理人员 3 人，后场场地移交时间多次调整延后，且无准确移交时间计划，导致项目部无法精简二线管理人员。截至 2020 年 2 月 29 日，因场地未移交，以上人员闲置工资补偿费用：118000.00 元。

3. 后勤管理人员补偿费 311250.00 元（附件 11：后勤管理人员补偿费用表、考勤表、工资表）：

（1）2019 年 6 月 12 日后勤管理人员开始进场，按原计划第一块场地计划移交时间为 2019 年 7 月 4 日，但至 2019 年 7 月 29 日第一块场地（3 号楼）移交给我司（详附件 3：工作面移交单），闲置时间一个月，在此期间后勤管理人员闲置补偿费用：33000.00 元。

（2）根据总体施工计划，我于 2019 年 8 月份完成本项目部后勤管理人员配置，但因场地未按时移交，后勤管理人员工作降效，截至 2020 年 2 月 29 日，现场正式移交给我司可施工建筑面积约占总建筑面积的 1/4，故贵司应承担后勤管理人员工资的 3/4 作为降效补偿，降效补偿费用：278250.00 元。

4. 资料管理人员补偿费用 210000.00 元（详附件 12：资料管理人员补偿费）

二、特殊工种人员工资补偿费491400.00元（详附件14：特殊工种人员工资补偿费用汇总表、考勤表、工资表）。

三、劳务窝工补偿费1696461.08元（详附件17：劳务窝工补偿费用汇总表）。

四、模板、木枋材料补偿费1119522.26元（详附件28：模板、木枋材料补偿费用汇总表、模板木枋合同、材料对账单、材料积压照片）：

模板、木枋正常周转次数为8次，现场已使用1次，剩余可周转次数7次。因场地移交滞后，材料积压损耗，需由贵司补偿剩余可周转次数一半（3.5次）的费用。

五、钢管、扣件等材料租赁补偿费766596.37元（详附件29：钢管、扣件等材料租赁费汇总表、钢管扣件合同、钢管材料对账单、材料积压照片）。

六、机械租赁补偿费428400.00元（详附件30：机械租赁补偿费用汇总表、塔式起重机租赁合同）。

七、活动板房补偿费311528.00元（详附件31：活动板房补偿费用汇总表、板房平面布置图、活动板房转卖合同、活动板房合同）。

八、水电费补偿费172294.32元（详附件32：水电费补偿汇总表、工作联系函）。

九、材料租赁预付款提前支付利息补偿费276693.20元（详附件33：材料租赁预付款提前支付利息补偿费用汇总表）。

十、其他零星补偿费（网费、视频监控费、垃圾清运费、打印机租赁费）53246.96元（附件36：零星费用汇总表）。

十一、经营费补偿174675.00元（附件43：经营费补偿汇总表、报销明细单）。

以上各项小计：8578200.78元。

十二、企业管理费（3%）：257346.02元。

十三、税金（9%）：795199.21元。

合计：9630746.02元。

因贵司剩余场地移交时间未定，市场材料、劳务等单价波动较大，故2020年2月29日以后经济补偿无法统计，待贵司移交场地后，后续剩余补偿另行提交。

综上所述，本次补偿共计9630746.02元，我公司本着实事求是、数据客观的原则将亏损项一一列出，向贵司提出补偿内容，请贵公司给予审查批准。

顺颂商祺！

×××××建设工程有限公司

××××年××月××日

## 2. 报告证据

索赔证据作为索赔报告的重要组成部分，关系到索赔的成败。证据不足或没有证据，索赔就是空中楼阁。

索赔证据的基本要求是：真实、全面、及时、有效。

在索赔工作中，主要需要如下证据：

### （1）招标投标文件

招标投标文件是非常重要的索赔证据，招标文件通常包含工程量清单、工程图纸等工程重要基础资料，投标文件则根据这些基础资料进行了报价。并且，在招标投标过程中，双方还针对工程范围、投标报价、技术方案等问题进行答疑等，是非常重要的了解双方合同原意的文件。在索赔中，招标投标文件是索赔费用重要的计算依据。

另外，招标投标文件还能反映项目是否存在违规招标投标，进而可供专业律师判断施工合同是否有效，施工合同有效或无效将影响索赔的方向，故招标投标文件是索赔的基础性证据。

### （2）施工合同及其补充协议

施工合同及其补充协议是索赔中最重要的依据文件，索赔应依据施工合同的相应条款发起并根据施工合同的约定具体实施。双方签订的备忘录和修正案等资料，亦是合同文件的重要组成部分。在这些会议纪要中，若对招标文件中的某个合同条款作了修改或解释，则将成为索赔的重要依据。

### （3）工程变更指令

合同履行期间，业主、监理或者设计单位的工程变更指令、变更确认函、加速施工指令等是结算和进行工程索赔的重要依据之一。

### （4）会议记录

工程项目从招标到建成移交的整个期间，双方要通过召开多次会议（标前会议、澄清会议、监理周例会等），讨论解决合同履行中的问题，施工和索赔中的许多重大问题都是通过会议反复协商讨论决定的。所有这些会议记录，都是很重要的工程索赔文件。

### （5）财务报表及凭证

包含施工进度报表、收付款凭证、工资发放表、货币汇率变化等。在索赔计价中，财务凭证十分重要，因为它是对工程成本开支和工程款的历次收入所做的详细记录，应注意积累和分析整理。

**（6）现场记录**

现场记录包括施工日志、施工检查记录、质量检查记录、设备使用记录、建材进场和使用记录、图纸交接记录、场地交接记录等。这些记录文件能真实反映工程施工实际情况，可以作为索赔的重要辅助材料。

**（7）气象水文记录**

气象水文条件对工程施工影响巨大，经常引起施工的中断或功效降低，严重的甚至造成在建工程的破损，许多工期索赔与其有关。

气象水文资料包括降水量、风力、洪水水位或流量、施工基坑地下水状况等。如遇地震、海啸、飓风等特殊自然灾害，更要注意随时做好记录。

如果现场气象水文条件是一个有经验的承包商也无法预见到的，承包商有权索赔。

**（8）施工组织计划**

经过建设单位批准的施工组织计划，以及实际进度记录和月进度报表是进行工期索赔的重要证据。如果建设单位的配合工作不到位或建设单位委托的分包方的进度不符合整体施工组织计划，造成了工程拖期，则施工单位可以据此向建设单位进行索赔。

需要注意的是，施工计划应有建设单位或监理单位的审批，至少要有报送给这些单位的记录。在发生索赔事件后不能以施工单位自己盖章的施工计划作为唯一依据。

**（9）照相录影**

照片和录像作为索赔证据最为直观，照片上应当注明日期，重大的工程索赔事项附上照片或录像，会更有说服力。

**（10）专业报告**

隐蔽工程验收报告、材料试验报告、试桩报告、材料设备验收报告、工程验收报告以及事故鉴定报告等，这些报告构成对承包人工程质量的证明文件，因此成为工程索赔的重要依据。

**（11）政策法规**

政策法令文件是指立法机关或工程所在地政府部门发布的影响工程进展或工程造价的文件，这些政策法令文件构成索赔的依据。

**（12）市场信息**

建设工程项目一般周期较长，对市场价格、物价变动、工资指数、外汇兑换行情等信息资料应系统地搜集整理，以便作为计算人工费、物价上涨损失、汇兑损失的重要基础数据。如《深圳建设工程价格信息》就是权威的深圳当地建材价格信息来源。

### （13）新闻资料

重大新闻报道，如罢工、动乱、地震以及其他重大灾害等；重要经济政策文件，如税收决定、海关规定、外币汇率变化、工资调整等；政府官员和工程主管部门领导视察工地时的讲话记录；权威机构发布的天气和气温预报，尤其是异常天气的报告等，均可以作为索赔资料。

## 三、签证索赔技巧

### 1. 签证内容形式要求

#### （1）签证应有理有据

施工单位应保留与签证有关的设计变更单、施工日志、施工进度表、施工备忘录、例会记录、工程照片和验收报告等证据材料。签证内容应和上述材料相互呼应。

对于没有合同或法律依据的所谓签证索赔，施工单位应尽量避免。没有合同或法律依据的索赔，将大大削弱施工单位的可信度。

#### （2）签证内容应具体、明确

签证是对根据合同不能明确金额的项目进行确认的工作，因此，凡施工合同或工程量清单中已明确的项目，不必再办理签证，而在施工合同、定额或工程量清单中不明确或未包含的项目，则一定要办理签证。

签证内容应具体量化，如工期签证，应明确本次签证延误的天数或小时，而不是只确认工期延误的原因或事实。文字的表达则一定要清楚，包括发生签证的工程位置以及对工程做法的详细描述，由此即可基本计算出工程量、机械台班和人工等。如土方工程的外运距离要清楚等，如果能画图表示的可以绘图进行表示。

#### （3）注意签证上的价款是否含税、含费等内容

在施工过程中，经常会出现一些无法计算工程量或者特殊定额缺失的项目，需要用签证明确费用。这时的签证应明确签证确认的费用是直接费还是已含管理费和税费，如果只签了直接费，则后续可能就是否包含管理费、税费等问题产生争议。

#### （4）签证的主体必须是有权签证的代表

签证可以算是承发包双方之间的一种补充协议，是工程结算的依据，涉及承发包

双方的重大权益，施工单位在寻求建设单位签证时，必须找有权签证的人员进行签证，否则很可能其签证的效力无法得到法院的确认。一般情况下，施工合同指定了建设方派驻施工现场的代表，在没有特别约定的情况下，该授权代表的签证是有效签证，当然，如果是建设单位法定代表人的签证或建设单位加盖公司公章的签证，更是有效签证。

如施工合同未指定现场签证代表，施工单位应发函要求建设方书面指定签证代表；如签证代表发生变更的，施工单位也应及时要求建设方书面确认。

另外，如建设单位对签证代表的授权并不是很明确，对于大宗材料价格的确定或者总价较大的工程量的变更签证，应尽可能要求在签证代表签名后再加盖建设方公章，以减少可能的争议。

### （5）签证尽可能取得监理方的确认

工程签证的程序一般是由承包方找监理方确认工程量，监理方批示意见后，发包方再进行确认。监理作为建设单位聘请的专业工程技术人员，具有独立的法律地位，其确认的工程量或价款，具有很好的证明力。在无法取得建设单位签证或建设单位签证人员没有明确授权的情况下，由监理方在签证单上进行确认，可加强签证的证明力。

## 2. 索赔提出技巧

### （1）重视索赔专业人员的培养

1）索赔人员应具备一定的工程技术背景及造价知识。签证基于工程的变化，同时又是为结算服务的，取得的索赔材料应能在结算时转化为工程价款。

2）索赔人员应熟悉施工合同、补充协议等工程文件，合同未约定而实际已发生的情况都有必要进行索赔。

3）索赔工作最好由专人进行管理，对所有的发函、来文均由专人负责。

我们在服务一家央企的过程中，发现该央企的法务人员、商务人员及造价人员组成了一个签证索赔班子，协同进行签证索赔前期策划、后期论证等工作，可以说这是最强的组合了，也取得了非常好的效果。

### （2）及时提出索赔要求

索赔提出的具体要求需要根据施工合同的具体约定，这里以《建设工程施工合同（示范文本）》GF—2017—0201为例说明索赔的提出。

根据合同约定，承包人认为有权得到追加付款和（或）延长工期的，应按以下程序向发包人提出索赔：

1）承包人应在知道或应当知道索赔事件发生后 28 天内，向监理人递交索赔意向通知书，并说明发生索赔事件的事由；承包人未在前述 28 天内发出索赔意向通知书的，丧失要求追加付款和（或）延长工期的权利。

2）承包人应在发出索赔意向通知书后 28 天内，向监理人正式递交索赔报告；索赔报告应详细说明索赔理由以及要求追加的付款金额和（或）延长的工期，并附必要的记录和证明材料。

3）索赔事件具有持续影响的，承包人应按合理时间间隔继续递交延续索赔通知，说明持续影响的实际情况和记录，列出累计的追加付款金额和（或）工期延长天数。

4）在索赔事件影响结束后 28 天内，承包人应向监理人递交最终索赔报告，说明最终要求索赔的追加付款金额和（或）延长的工期，并附必要的记录和证明材料。

一些大型房地产企业所使用的施工合同文本对签证索赔的程序性要求非常高。如某工程项目中对签证的要求是"现场签证需经监理工程师审核签字、甲方现场工程师（或代表）复核签字，并经甲方项目负责人签字后加盖甲方公章方为结算有效文件。"另一工程合同约定的是"现场签证，原件一式五份，需由施工单位填写，甲方及监理经办人审核工程量和单价，经总监、甲方现场代表审定后为有效。签证须注明具体原因、施工部位、施工期间、签证的编号等。"在存在这些约定的场合，应严格遵守约定的程序进行签证索赔。

根据现有的法院审判情况，法院对于索赔程序越来越重视，一些没有按照索赔程序进行索赔的项目，法院会直接从索赔程序上驳回索赔请求，如银川中院在（2018）宁民终 72 号案中判决认定如下。

【案例 87】未按索赔期限提出索赔不予支持。

> 苏 × 公司主张吉 × 公司应赔偿管理人员费用损失、租赁费用损失、水电费损失、经济损失等，因二次合同通用条款中约定承包人在延误工期的情况发生后 14 天内，就延误的工期以书面形式向工程师提出报告。索赔事件发生后 28 天内，向工程师发出索赔意向通知，发出索赔意向通知 28 天后，向工程师提出延长工期和（或）补偿经济损失的索赔报告及有关资料。本案中苏 × 公司并未按上述期限提出索赔，未形成索赔报告及有关资料，对其主张的上述损失不予支持。

**（3）应对建设单位拒绝签证索赔**

工程签证涉及工程价款的变更（通常是增加）和工期的变更（通常是延长），关系到施工单位和建设单位的根本利益，建设单位为避免工程造价的增加，常会采取不签证、少签证、拖延签证等方式来应对。建设单位拒绝签证的情形是普遍存在的，原因一方面是建设单位害怕其工作人员乱签证，故一概禁止签证；另一方面是有些建设单位不尊重承包人的工作，故意要赖。如何应对建设单位的这种行为，是项目经理等现场人员非常关心的问题。施工单位碰到此类情况，可采取以下方法进行防范：

1）严格按合同约定提交签证材料。不论建设单位是否配合签证，施工单位必须将签证文件提交给建设单位，并由建设单位的工作人员进行签收。根据《建设工程施工合同（示范文本）》GF—2017—0201，大部分的签证索赔均有一定的时限要求，如未在该时限内提出，则施工单位可能面临此后的索赔无法得到支持的风险。

不少施工单位反应递交签证材料时建设单位不签收，对于这个问题，可以通过EMS邮政快递来解决，邮寄给建设单位法定注册地址、法定代表人或授权代表接收。即便邮件被退回，日后诉讼索赔时，施工单位也可凭邮寄凭证主张相关索赔。

2）以迂回方式取得签证。有些建设单位严格要求员工不得进行签证，对于工程签证单非常抗拒，不容易直接取得签证，但对工作联系单、工程联系函、会议纪要等的警惕性则没有那么高。实际只要双方确认，不论名称是什么，均属于工程签证的范畴，对于此类建设单位，施工单位可以采用工作联系单、工程联系函、会议纪要、报告、备忘录等方式取得签证。

3）保留证据材料。保留工作量发生的证据，包括现场施工照片、录像、材料购买、入场记录等。

4）及时发函催告。建设单位收到签证文件后拒不签证的，应及时以企业公函等形式向对方提出，要求对方在一定的期限内签证。发函后对方仍不予签证的，可以寻求监理等第三方对工程量进行确认。必要时可由公司法律顾问发出律师函，加大建设方签证的压力，同时也完善了证据链条。

5）必要时行使抗辩权。如需要签证的工程量较大，而对方违反合同规定拒不签证，影响工程的进一步开展以及工程款的支付的，施工单位可以考虑行使《合同法》上的先履行抗辩权，以停工等方式要求对方先履行签证的义务。

**【案例88】**一起成功的索赔案例。

一、情况简介

发包人 A 通过招标投标程序选定承包人 B 为深圳市某项目地基与基础工程的承包人，双方根据招标投标文件签订了施工合同，合同约定项目采用综合单价计价方式，固定单价不作调整。

本项目系政府投资项目，招标咨询公司在制定招标文件中原考虑工程弃土去往 A 弃土场（距离本项目约 30 千米），招标文件的工程量清单"挖一般土石方"项目的综合单价限价为 89.96 元 / 米，其中单价分析表显示实际运距 30 千米。除此外，"基坑支护工程桩芯土""桩基础工程桩芯土"均涉及土石方外运，限价基础也是按运距 30 千米计。承包人 B 按照招标文件工程量清单的格式及要求进行投标，对工程量清单"挖一般土石方""基坑支护工程桩芯土"及"桩基础工程桩芯土"的土石方外运组价时，均按运距 30 千米进行报价。

承包人 B 在正式开工前对 A 弃土场再次考察，发现由于自 2018 年 10 月政府新开工及施工工程较多，应相关部门要求，该码头无法再接受其他非市政基础设施工程和公共建设工程渣土。经多方调研，对比 B 弃土场及其他几个弃土场的客观情况，综合考虑弃土成本及工期保障，承包人 B 建议选择 B 弃土场作为本项目弃土点。2018 年 12 月 7 日，承包人 B 与发包人 A、监理单位共同对 B 弃土场进行实地考察，经考察确认该弃土场距离项目运距 67 千米，容量可满足项目弃土要求，故发包人 A、监理确认该弃土场为项目弃土场。

二、不符合合同约定情形

1. 项目系经严格招标投标程序进行，单价系承包人自行报送。

2. 合同约定固定综合单价不予调整。

三、施工单位组织、收集的索赔证据

1.《咨询函》，向 A 弃土场发函咨询收纳渣土的具体情况，并取得该弃土场不接受渣土的《答复函》。

2.《关于申请调整弃土点的函》，承包人 B 向发包人 A 申请调整弃土场，要求一起对其他弃土场进行考察。

3.《关于申请对 B 弃土场实地考察的函》，承包人 B 比对了不同弃土场的情况，建议选择 B 弃土场，并邀请发包人 A 与监理方尽快对 B 弃土场进行考察，早日落实。

4.《关于弃土场及土方运距确认的报告》，承包人 B 向发包人 A、监理人汇报对 B 弃土场的考察情况，实际运距为 67 千米，各方确认 B 弃土场为项目弃土场。

5.《关于项目"挖一般土石方"单价调整的函》，承包人 B 向发包人 A 申请按照实际运距调整单价，并作为进度款支付依据。

6.《项目土石方工程、混凝土、入岩增加费调增申请书》，承包人 B 向发包人 A 申请要求因运距变化对价款补差调增，对土石方（包括挖一般土石方和桩芯土）申请补差合价 10464.83 万元。

7.《关于申请调增"挖一般土石方"单价事宜的工作联系函》，承包人 B 向发包人 A 申请提出由于土方外运运距增加以及新型泥头车政策影响，导致土方外运单价大幅上涨，要求给予调价。

8.《关于申请补充土方调价资料的工作联系函》，承包人 B 向发包人 A 申请发函告知同期土方外运市场价为 186 元 / 米，恳请加快对调价申请书的审核。

9.《关于恳请贵司尽快完成调价审批事宜的工程联系函》承包人 B 向发包人 A 发函，因支出土方外运成本大幅增加，要求积极推进土方调价事宜，尽快完成最终审批工作。

10.《监理会议纪要》《工地会议纪要》，记载了关于监理单位要求承包人 B 安排监理人员随车考察、见证弃土点的运距等事宜。

11. 项目弃土记录。

12. 现场施工照片、施工记录台账等。

13. 政府关于泥头车相关的通知、指导价等政策文件。

14. 第三方咨询机构依据合同约定的计量计价原则出具的《单价说明》，就全费综合单价作出说明，认为单价差为 73.89 元 / 米。

四、索赔结果

因双方未能协商一致，承包人 B 向法院提起诉讼，由我们团队律师代理，经法院判决，最终支持调整单价差 73.89 元 / 米。

## 本课知识点

本课知识点总结　　　　　　　　　　　　　　　　　　　表 10-2

| 知识点 | 操作要点 |
|---|---|
| 工程签证 | 重视费用签证，也要重视工期签证 |
| | 尽量先签后做，避免事后签证 |
| | 签证形式要符合合同约定，注意把握好时限、签证程序及签收 |
| 工程索赔 | 办理工程索赔要注意有理有据，索赔费用计算明细 |
| | 在施工过程中充分注意索赔证据的搜集 |

## 项目经理立即做

（1）以工程商务、法务、造价人员为班底，组建项目签证索赔工作组。

（2）全面研究施工合同，梳理项目是否存在迟延开工、特殊水文气象条件、迟延提供施工条件等可以索赔的项目。

（3）查阅施工合同，对合同中约定的签证索赔程序、内容熟悉掌握。

（4）检查项目现有签证索赔事项，是否已按约定发送相关签证索赔文件，所发出文件是否符合合同约定，是否能达到预期效果。

（5）对建设单位无书面指令所增加的工作，应以书面形式要求建设单位确认，及时办理签证索赔。如建设单位未能及时确认的，应注意保留好实际施工的证据。

# 工程管理表单

## 表单二：工程项目索赔管控表

### 工程项目索赔管控表

| 索赔牵头人 | | 资料员 | | | |
|---|---|---|---|---|---|
| 商务人员 | | 法务人员 | | 造价人员 | |
| 合同约定可索赔的项目 | | | | | |
| 合同约定不可索赔的项目 | | | | | |
| 合同约定索赔的程序 | | | | | |
| 可索赔项目检查项 | 是否存在及能否索赔 | | | | |
| 迟延开工 | | | | | |
| 停工窝工 | | | | | |
| 法规变化 | | | | | |
| 现场水文 | | | | | |
| 工程量变化 | | | | | |
| 其他业主方违约行为 | | | | | |

# 第十一课　作用关键的文书证据管理

文书证据管理是项目管理的一个薄弱环节，为方便或为快捷，与对方很多的沟通止步于口头，很多书面资料都凌乱不堪，这种情况所带来的后果就是一旦发生纠纷，寻找证据时无据可查，有时甚至会造成不是冤案的冤案。

长期以来，施工单位的项目管理都是重工程、轻资料，以致于一旦发生纠纷，律师收集证据材料时严重缺乏，特别是对于施工单位来说重中之重的工期资料、签证变更资料以及报送结算资料，有时也是无从寻找。

资料员是每个工程项目的必备人员，但有了资料员并不等于万事大吉。事实上，文书资料的管理，应该成为项目经理的一项重要工作，文书资料管理水平的高低，将很大程度上反映一个项目管理水平的高低。施工单位应向 ISO 标准化管理学习，凡是做过的，都应该留下痕迹。

## 一、文书的拟定

项目管理中，由施工单位制作的文书主要有如下几类：

（1）函件、通知或报告。指由施工单位单方将需要告知或通知的事宜以书面形式发送。这类文书的表现形式主要是公司之间的往来函件、公司文件、报告等，例如催款函、工期顺延的报告、工期索赔的报告、材料进场的告知单、申请验收的报告等。

（2）工程联系单。用于施工单位与建设单位的日常工作联系。工程联系单是用于联系工程技术手段处理、工程质量问题处理、设计变更等的函件，一般多见于施工单位出具联系单给建设单位或设计单位，建设单位也常常向设计单位出具联系单，收件单位要依据具体情况予以答复。工程联系单在实践中有时起到签证或索赔的作用。

（3）会议纪要。指对会议内容的书面记录。常见于工程例会纪要。需要指出的是，会议纪要如果有与会人员的签字认可，则视签字人员的身份，可能起到合同的作用，对与会单位有约束力。所以如认为会议纪要有遗漏，或对会议纪要内容有异议的，应及时书面指出。

（4）承诺书。指承诺人向相对人作出的承诺。在施工单位施工过程中，常见情况是对工期的承诺，如承诺何时完成施工任务。施工单位需注意，承诺一旦作出，则发生法律效力，必须遵照履行，否则将承担不利后果。如果是施工单位单方发出的承诺书，建议既要留存一份备查，还要保留收件人的签收记录。

（5）补充合同、协议。指当事人之间就权利义务达成一致的书面文件。施工实践中可表现为补充合同、补充协议、意向协议等。

### 1. 需通知、报告的事项

首先，我们要知道，在何种情况下，需要向对方发出函件或通知。

根据住房和城乡建设部《建设工程施工合同（示范文本）》GF—2017—0201 并结合司法实践，有相当多的事务需要承包人发出通知或提交报告，见表 11-1。

承包人需通知或报告的事项                                              表 11-1

| 条款号 | 事项 | 要求 |
| --- | --- | --- |
| 1.6.2 | 图纸错误 | 发现图纸存在差错、遗漏或缺陷的，应及时通知监理人 |
| 1.7.2 | 接收人和送达地点变更 | 任何一方合同当事人指定的接收人或送达地点发生变动的，应提前3天以书面形式通知对方 |
| 1.9 | 发现化石、文物 | 一旦发现上述文物，承包人应采取合理有效的保护措施，防止任何人员移动或损坏上述物品，并立即报告有关政府行政管理部门，同时通知监理人 |
| 3.2.1 | 项目经理确需离开施工现场时 | 应事先通知监理人，并取得发包人的书面同意 |
| 3.2.3 | 承包人需要更换项目经理的 | 应提前14天书面通知发包人和监理人，并征得发包人书面同意 |
| 3.2.5 | 项目经理因特殊情况授权其下属人员履行其某项工作职责的 | 该下属人员应具备履行相应职责的能力，并应提前7天将上述人员的姓名和授权范围书面通知监理人，并征得发包人书面同意 |

续表

| 条款号 | 事项 | 要求 |
|---|---|---|
| 3.2.4 | 改进报告 | 发包人有权书面通知承包人更换其认为不称职的项目经理，承包人应在接到更换通知后 14 天内向发包人提出书面的改进报告 |
| 3.3.1 | 项目机构及施工现场人员安排的报告 | 承包人应在接到开工通知后 7 天内，向监理人提交承包人项目管理机构及施工现场人员安排的报告 |
| 12.3.3 | 工程量报告 | 承包人应于每月 25 日向监理人报送上月 20 日至当月 19 日已完成的工程量报告，并附进度付款申请单、已完成工程量报表和有关资料 |
| 13.2.2 | 竣工验收申请报告 | 承包人向监理人报送竣工验收申请报告，监理人应在收到竣工验收申请报告后 14 天内完成审查并报送发包人 |
| 19.1 | 索赔报告 | 承包人应在发出索赔意向通知书后 28 天内，向监理人正式递交索赔报告；索赔报告应详细说明索赔理由以及要求追加的付款金额和（或）延长的工期，并附必要的记录和证明材料 |

从以上的通知和报告的事项可以看出，通知一般是事实或单方意思表示，不需要对方批准或确认，一经通知即发生相应的法律效力；而报告通常需要对方加以确认，方才产生约束双方的法律效力。

发生上述事项，务必通知或报告给建设单位或监理人，否则施工单位将承担相应的责任。不采用住房和城乡建设部上述合同版本的，也建议对应通知、应报告的事项列表在签署合同后项目经理或公司法务人员对项目现场执行人员进行合同交底，并在合同履行过程中时刻对照执行并检查。

对律师而言，催付款的通知、停窝工的通知、工期顺延及变更价款的报告、索赔报告、竣工验收报告及竣工结算报告等是我们最关注的，施工单位对此类通知及报告应给予最高程度的重视。

### 2. 函件、通知或报告拟写的注意事项

施工单位发出函件、通知或报告等文书时应注意：

（1）注意受文单位或人员。

有些通知和报告是给建设单位的，更多的通知和报告是给监理人或工程师的，不应混淆。未向正确的人员或单位报告的，不产生相应的法律效果。必要时也可以在通知、报告监理人时抄送发包人（建设单位），在通知、报告发包人时抄送监理人。

我们曾经处理的一单案件，就发现施工单位致函的对象出现了错误。在该案中，建设单位方将工程总承包给其下属的一家施工单位，之后总包方将装饰工程分包给这家施工单位。总包方是建设单位的下属单位，工程实际是建设单位在直接管理，但建设单位并不会在正式文件中承认这一点。该工程因为建设单位的原因，工期出现严重的拖延，给施工单位造成了很大的停窝工损失。施工单位因此在过程中，多次发函向建设单位提出索赔，但从未发函向总包方提出过索赔。这种情况下，实际施工单位的发函（通知）是无效的，在正式索赔时，这些函件起不到应有的作用。

（2）通知或报告内容应简明扼要，同时表明是根据合同或法律的哪一条款发出此通知或报告。

通知或报告应附上相应的证明材料，包括照片、录像、图纸、合同及其他可证明相关事实的材料。在必要时，可连续通知或报告，以引起对方的重视。如不按期支付工程款的，可以连续致函催付。我们也发现有最高人民法院的裁判案例，直接根据施工单位单方发送的催款函确认结算余款。在建设单位不积极配合结算的情况下，施工单位可参考下文案例向建设单位发函。

**【案例 89】因未答复而以单方催款函上主张金额作为工程结算金额。**

在恒兴公司与大秦公司建设工程施工合同纠纷案中 [（2018）最高法民终 1144 号 ]，大秦公司与恒兴公司签订《建设工程施工合同》，约定由大秦公司承包施工恒兴公司发包的名称为恒兴 ×× 酒店的工程。

2013 年 10 月 10 日，大秦公司因工程停工，要求对已完工程进行决算，向恒兴公司送达《关于恒兴 ×× 酒店建设项目停工问题处理方案》，其确认，工期相应顺延。胡 ×× 于次日签收。2014 年 1 月 5 日，大秦公司向恒兴公司送达《催款函》，胡 ×× 于次日签收。《催款函》载明，大秦公司已完工程价款为 35692951 元，产生其他费用截至 2013 年 12 月 30 日为 9943660 元，合计 45636611 元。

最高人民法院裁判认为：案涉工程停工后，大秦公司作出单方结算，于 2013 年 10 月 10 日致函恒兴公司，要求其 3 日内予以回复，否则视为同意单方结算。2013 年 10 月 15 日、20 日，大秦公司发送的两份确认单明确主张其已完工程量及产生的相关费用。2014 年 1 月 5 日，大秦公司发送《催款函》明确主张工程欠款 35692951 元，停工损失截至 2013 年 12 月 30 日为 9943660 元，合计 45636611 元，要求恒兴公司于 2015 年 8 月底前付清。上述函件由恒兴公司代表胡 ×× 签收确认，恒兴公司明知函件内容，却未予答复，应视为其放弃提出异议和抗辩的权利。故一审法院依照大秦公司提供的《催款函》认定案涉工程价款为 35692951 元，停工损失费用截至 2013 年 12 月 30 日为 9943660 元，并无不当。

下文是施工单位收到建设单位暂停施工通知后的回复，回复函中对项目完成情况及停工状况一一作了说明，同时也表明施工单位对停工的态度，要求建设单位有个解决的方案，否则停窝工损失将一直持续，为之后的停窝工索赔打下了基础。

【参考文书 25】对停工的回复函

## 致：深圳市 ×× 科技发展有限公司

事由：关于 TRONY-AD27 通知函的回复

贵司编号为 TRONY-AD27 通知函我司已收悉，现对贵司在通知函中要求我司妥善安排人员和财产的要求回复如下：

一、×× 产业园厂房施工情况：贵司在通知函中称 ×× 产业园内厂房项目施工工作已完成的说法是不完善的。我司先后承接了贵司发包的 ××A 型厂房一、三层净化工程；A 型厂房中温水工程；B 型厂房、CD 气站；B 型厂房三层加固及改建工程；B 型厂房三层消防改建工程；C 型厂房等系列工程。目前除 C 型厂房工程处于停工状态之外，其余工程均已完工并交付使用。

二、C 型厂房停工现状。自 2011 年 7 月 11 日 C 型厂房因无施工图纸，现场无工作内容而停工以来，我司一直处于待工状态，同时我司多次向贵司发出工作联系函，汇报现场停工状态，但均无任何回复。2012 年 2 月 19 日，我司收到贵司 C 型厂房缓建的通知，但贵司也无具体工作安排指示。为做好现场保护工作及保证工程安全，我司现场从 2011 年 12 月 30 日起，现场留有人员为：项目经理、保卫 3 人、基坑抽水维护 4 人，其余情况详见上一次对缓建事宜的回复函。

在未得到贵司进一步明确指示之前，我司将保持工程现状，继续做好现场看护及基坑抽水维护工作。

三、关于急需解决的问题。我司多次发函致贵司，要求抓紧对已完工程的结算审核并支付相应工程款，但贵司一直无明确回复，拖欠我司大量工程款；在电费及

B 型厂房墙体材料基金的问题上也错误地扣取了大笔费用，贵司的这些违约行为给我司造成了极大损失。现 C 型厂房长期处于停工状态，也给我司造成了极大的停窝工损失。基于双方友好合作的关系，我司一直在配合贵司做好各项工作，但贵司如长期不拿出实质性解决问题的方案，我司将无力维持目前局面。

综上，我司一直积极配合贵司做好各项工作，虽然贵司有迟延付款等诸多对我司有损的行为，但我司仍抱着友好的态度与贵司协商，同室操戈是我们所不愿见到的局面，希望贵司能体谅我司苦心，解决目前面临的诸多问题，共同为维护双方友好合作关系而努力！

××有限公司

××××年××月××日

下文是一封催促建设单位尽快完成结算的函，建设单位系政府部门，审核手续过于复杂，这封函件的目的在于告诉建设单位的领导关于工程造价审核的进程，提醒其合同对结算的约定，催促领导尽快安排办理最终的审核。

**【参考文书26】** 催促办理结算的函

致：深圳市××街道办

由贵办发包的，我司承包施工的××实验学校主合同工程及补充协议约定的工程早已完工，全部工程于 2011 年 11 月 18 日竣工验收合格。我司已按约定时间提交工程结算书给贵办，但贵办迟迟未能办理完善结算手续。

根据合同及补充协议约定，我司在 2012 年 4 月 10 日将工程结算书递交贵办，并按贵办指示递交至咨询公司。结算书递交后，我司积极与该咨询公司进行核对，核对完毕后，咨询公司于 2012 年 8 月 10 日把该工程的结算审核意见书交贵办。贵办查阅咨询公司的审核意见书后提出要求进行现场实量的修改意见，我司也给予了积极配合。咨询公司根据现场实量的工程量，重新复核后于 2012 年 10 月 25 日把最终审核意见的电子版本发送贵办，复审价为 45056284.00 元。但贵办至今仍未审核完毕。

按合同约定，贵办审核竣工结算书的期限为我司提交资料后 45 天，贵办核对经修改的竣工结算书的期限为 14 天。但无论是从首次递交时间起计还是从重新复核后的意见递交时间起计，贵办的最终审核已经远远超出了合同约定的时间。按照合同中约定，如贵方未能在约定时间内审核完的，视同认可我司提交的竣工结算书。

贵办结算审核工作的缓慢，直接影响到我司工程款的按时回收。根据咨询公司的审核意见，我司应收取的结算尾款还有 15056284.00 元。该资金缺口已使我司承受了巨大的压力。该工程竣工投入使用现已一年有余，由于资金的紧张，现仍有大量民工工资及材料欠款未结清。年关转眼即至，解决这些资金问题已迫在眉睫，恳请贵办尽快完善结算手续并支付该工程结算尾款为盼！

深圳市××建筑实业有限公司

××××年××月××日

（3）通知或报告应特别注意措辞，避免在通知、报告或函件中出现不利于施工单位的表述，以免对方在诉讼中将该通知、报告或函件作为不利于施工单位的证据。

【案例 90】一份不利的承诺函。

某施工单位施工一项目，为获得建设单位的付款，按建设单位的要求提供了如下的承诺函，原函件表述为："我项目部在近期内的现场施工工作将仍然立足于抢进度、抓工期方面。结合我项目部在前期的施工工作终结的基础上，按照贵我双方公司领导达成的意见进行装修工程后期施工，我部对工期延误表示歉意。同时将继续按照 2 月 27 日张总经理的要求，竭尽全力，确保 5 月 20 日的目标实现，并继续配合业主方的日常工作。"

承诺提供后，对方还不满意，建设单位总经理亲自将该函件修改为："我项目部在近期内的现场施工工作将立足于抢进度，把延误工期给贵司造成的损失减少到最低。我部对过往的工期延误表示歉意，并再次承诺严格履行各项义务，同时严格遵守国家有关安全施工、文明施工的有关规定，有出现安全事故导致停工造成的一切损失也按合同约定的标准赔偿损失，再次按照张总经理的要求，竭尽全力，确保5 月 20 日的目标实现，并继续配合业主方的日常工作。"

该施工单位为获得付款，完全同意了上述承诺函，盖章后提供给建设单位。但在之后的工期索赔案件中，建设单位以此主张之前的工期延误均属施工单位责任，因此施工单位在该诉讼中非常被动。

工程施工过程中建设单位以支付进度款或结算款为由要求施工单位作出一些不利的承诺，例如要求施工单位承认工期延误、质量问题或者赶工但不收取赶工费等，施工单位为了能够早点拿到工程款也都会按照建设单位的要求来出具承诺函。我们在为施工单位提供常年顾问服务或者诉讼代理服务当中，经常会碰到类似情况。面对这种情况，建议施工单位在出具的承诺函中列明出具承诺函的背景和承诺内容生效的前提，以免不诚信的建设单位在收到承诺函后不落实支付工程款事宜，反而将承诺函作为在诉讼中对施工单位不利的证据或者以此来要挟施工单位赶工等。有部分承诺函是由建设单位直接起草的，承诺内容对施工单位极其不利，建设单位也不容施工单位调整，面对这种情况，建议施工单位可另行及时去函给建设单位说明承诺函的背景，甚至可以直接载明承诺函是为拿工程款而被迫出具。

（4）及时回函，针对建设单位发函当中存在索赔或不利于施工单位的表述，施工单位要注意及时回复，以免在诉讼中被法院认定默示认可建设单位来函所述内容，下文是我们指导施工单位针对建设单位发送的解除函及时给予的回复。

【参考文书 27】对解除合同的回函

---

### 关于解除《××工程一标段》施工合同及垫付工资的函的回函

编号：

重庆××公司：

　　贵司发来关于解除《××工程一标段》施工合同及垫付工资的函已收悉，贵司来函内容与客观事实不符，贵司在无解除权的情况下，单方擅自发函解除已经违反《合同法》以及贵我双方已签署合同的约定，针对贵司违约解除合同事宜，我司回复如下：

　　一、我司一直在项目现场施工，我司项目管理人员及相关人员一直负责项目施工现场，从未出现单方擅自离场情形，贵司来函表述与事实不符。

　　二、工期延长系因总包移交施工场地、贵司设计变更增加、贵司管理混乱、对接人员不明等多种非我司因素所致，我司已就工期顺延问题向贵司多次致函，详见我司于 2019 年 2 月 22 日、2019 年 3 月 29 日、2019 年 6 月 3 日、2019 年 7 月 9 日向贵司发送的工期问题的说明函件，请贵司及时办理工期顺延确认并就工期顺延带来的我司损失给予合理的补偿。

---

　　三、针对已完成的设计变更及增加工程，经我司多次发函催告，贵司均不守诚信不予确认，还请贵司依法依约确认我已完成的设计变更工程。

　　四、在无依据的情况下，贵司单方擅自发函解除已是违反合同约定，在贵司违约且贵司未结清全部款项的情况下，我司没有配合义务，因违约造成的直接和间接经济损失，我司也将依法通过法律途径向贵司予以追偿。

　　综上，还请贵司内部了解清楚现场情况以及客观事实，并在尊重客观事实以及合法守约的基础上与我司进行商谈。

　　特此回函。

×× 有限公司

××××年××月××日

（5）重点文书：工期、签证文书的写作要点

1）工期顺延和索赔报告

　　施工过程中难免因各种因素导致工期出现延误，但是施工单位如果不注意及时报告延误工期的客观原因，在纠纷发生时恐无据可依。

　　工期报告是施工单位预防建设单位的工期索赔以及提出自身工期索赔的重要文书，建设单位对于工期顺延或索赔等字眼非常敏感，但是考虑到关系的维护，在施工过程中和施工结束后的不同阶段，施工单位起草工期顺延或工期索赔的报告的措辞、风格完全不一致，在施工结束后施工单位可以无所顾忌，直接向建设单位提出索赔，而在施工过程中从商务角度考虑大多不会直接书面提出索赔。

　　我们和项目经理接触的时候，大多项目经理都反馈施工过程中考虑和建设单位关系，不敢书面提出工期顺延更不敢提出工期索赔，顶多私下口头提及让建设单位给予补偿。施工单位是不是为了维护关系就一定不能提出工期的顺延和索赔呢？我们在为施工单位提供施工全过程法律服务的过程中，摸索出对施工单位固定工期及索赔有利，同时又是建设单位可接受的措辞方式，下文是我们在为施工单位提供全过程法律服务过程中连续就工期延误的客观原因向建设单位提供的报告，虽然在报告中未提出工期顺延及索赔的主张，但是对于工期延误的客观原因作出了如实反馈并提及"适当补偿"。

【**参考文书 28**】关于幕墙施工期间延长的报告

## 关于幕墙施工期间延长的报告

致：××有限公司

　　承蒙贵司信任，贵司就××幕墙工程选中我司作为承包方承包施工该工程。我司在中标并与贵司签署《幕墙施工合同》后即编制施工进度计划表，计划安排于2017年12月20日前完工并报施工验收。按照该进度计划，我司于2017年7月就安排项目管理人员以及施工人员进驻施工现场，并按贵司、项目管理公司、幕墙顾问公司以及监理公司的要求积极完成施工报审、深化设计及选色选样、报审施工材料、视觉样板及性能试验等，但因总包单位施工配合、设计变更等因素，导致我司幕墙施工进度一直后延。截至目前，根据总包单位最新的施工进度安排，我司已向各单位报审并经审批通过第四版施工进度，按照第四版施工进度的计划安排，我司承包幕墙工程将于2018年8月22日前完工验收。较之于《幕墙施工合同》签署时计划安排的于2017年12月20日完工验收，幕墙工程施工进度整体推后近9个月，即整体工期由171个日历天变更为410个日历天。对此，我司就整体工期延长原因，我司成本大幅增加向贵司简要报告如下，供贵司后续决策参考。

　　1.总包施工进度滞后、移交幕墙工作面滞后，关键线路受阻导致幕墙整体施工进度大幅后延。我司进场前，××项目主体工程（以下简称"主体工程"）尚未完工，主体工程与幕墙工程存在交叉施工情形，而幕墙工程的施工则主要受限于主体工程、主体外立面粉饰工程的施工进度，总包单位移交幕墙工程工作面的进度更是幕墙工程施工进度的关键影响因素，总包移交工作面是幕墙施工的前提因素。在总包单位未完全完成一个外立面的粉饰工程并向我司移交外墙工作面的情况下，我司客观上无法进行单元板的大面积安装，也就是说幕墙施工关键线路受阻。总包单位直至2017年12月18日完成7-1轴立面（北面）粉刷饰面、2017年12月26日完成K-A轴立面（西面）粉刷饰面、2017年12月28日总包完成1-7以及A-K轴里面（东面、南面）粉刷饰面（见粉刷饰面移交确认图）。在总包单位移交工作面后，我司就立即开始大面积安装单元板，不曾耽误任何进度。此外，在总包单位未能完成外立面粉饰工程向我司移交工作面的情况下，我司从未停止实施埋件、连接件等辅助工作。

2.因节能审查、真石漆保温设计变更直接导致幕墙施工停工近月余。

幕墙施工过程中，为满足高新区质监站节能小组对外墙保温检查提出的要求，依据2018年5月3日的周例会会议纪要，将原设计真石漆40毫米平行纤维岩棉保温板（密度80千克/立方米）两浆一网做法，变更为40毫米平行纤维岩棉保温板（密度140千克/立方米）三浆两网做法。因节能审查原因以及外墙保温问题，直接导致幕墙施工受阻，停工近月余。

3.合同外零星增加工程施工客观延长施工周期，例如：总包单位预留埋件存在定位偏差、水平翘曲、立面及平面倾斜等偏差问题，需要修补；增加钢横梁支座；调整铝板封堵施工方案等。

以上问题我司曾采取白夜赶工加班等措施，但只能尽量缩短迟延时间，整体工期仍然推后，工期整体推后已实质上造成我司材料、设备周转费用，人工费用及管理成本等大幅增加，还请贵司适当予以考虑。

××幕墙有限公司

××××年××月××日

下文案例也进一步佐证施工单位单方发函在一定程度上可在纠纷中作为对建设单位工期索赔的抗辩依据。

【案例91】单方发函法院认可。

在长城公司与伊发公司纠纷案件中，发包方伊发公司主张要求承包人长城公司支付工期违约金114万元。经法院审判认为，从承包人长城公司已于2008年11月27日发送给发包人伊发公司及监理公司的《工程联系单》来看，由于分包工程未完成且影响到工程的进展，而分包工程是发包人自行完成的，该《工程联系单》在送达发包人后，其并未回复，因此应当认定其默认当时工程的进展情况，因此对于发包人主张承包人工期违约的请求不予支持。

2）工程变更事实的固定

施工单位与建设单位的争议有一大部分与签证变更价款有关，而签证变更价款在实践中争议点主要是三大块：a.建设单位指令变更并且签证变更发生的事实存在，双方对于签证变更所涉及的工程量和单价存在争议；b.签证变更发生的原因存在争议（发包人指令还是承包人单方擅自变更）；c.签证变更的事实存在争议，即到底是否存在签证变更（特别是隐蔽部位的工程或拆改工程）。

对于第一种争议，在司法实践中施工单位可以通过申请鉴定的方式，确定签证变更的价款，即使鉴定金额对施工单位不利，但该种情况下施工单位还是可以拿回一些签证变更款项；而第二种或者第三种争议大多是由于建设单位口头通知，未出具书面文件，施工单位变更后又没有及时取得建设单位确认引发的。争议过程中施工单位如果在过程中没有留心保留变更的书面文书，施工单位会比较被动。

【案例 92】被司法鉴定机构拒绝鉴定的工程量。

我们之前有代理一家装饰单位起诉建设单位诉求装饰装修工程尾款，双方对合同价无争议，但是对于合同价外大约 200 万元的签证变更款项争议较大，施工单位缺少建设单位签署的变更联系单，更没有建设单位确认的签证。为争取签证变更的款项，在诉讼过程中施工单位向法院提起鉴定申请，申请法院委托鉴定机构对整个的工程造价及签证变更的款项进行鉴定。

在施工单位缴纳鉴定费并且鉴定单位启动鉴定后，鉴定单位给法院回函无法鉴定，无法鉴定的理由是：施工单位提供的签证变更的事项大多是隐蔽部位的工程，如果需要鉴定将对现有的酒店造成破坏，即便通过破坏性的方式进行鉴定并且确定有变更增加的事实存在，因装饰工程的价值很大程度与装饰材料的价值挂钩，现场取样的装饰材料（例如：不锈钢门把手、木饰面、软管等装饰材料）在市场上价格差距非常大，鉴定机构无法确定价格区间，因此鉴定机构无法出具鉴定结论。

鉴定机构的回复将施工单位陷于非常不利的境地，最终施工单位作出较大让步，与建设单位达成和解。

下面是我们为知名幕墙施工单位提供施工专项法律服务的过程中，建议施工单位通过发函的方式固定建设单位口头通知的变更签证事实，施工单位可参考下文固定签证变更原因及签证变更事实。

**【参考文书 29】**关于工程变更的确认函

### 关于真石漆保温岩棉变更的确认函（一）

编号：

致：×× 限公司

　　兹有贵司项目经理许 ×× 于 2019 年 4 月 5 日口头通知我司将裙楼东立面真石漆内保温岩棉进行变更，保温岩棉的密度由 80 千克/立方米变更为 120 千克/立方米，截至目前我司已经完成 1168.4 平方米真石漆两浆一网的施工（已完成的施工现状如附件一），已完成的真石漆施工金额为 129302 元，如按照贵司项目经理许 ×× 通知的方式进行变更，需要对已经施工完成的 1168.4 平方米真石漆进行拆除并重新购置保温岩棉后进行施工，本次变更涉及的增加金额明细表如附件二，请贵司确认是否按照项目经理许 ×× 通知内容进行变更施工，如需变更还请贵司尽快回复，以利工进。

×× 有限公司

×××× 年 ×× 月 ×× 日

　　附件一：裙楼东立面真石漆已完工现状图

　　附件二：关于 ×× 项目真石漆变更金额明细表

　　建设单位没有作书面回复，但是建设单位现场代表以及监理多次催促施工单位施工，并承诺公司在完成相关流程后会书面确认变更事实并出具签证文件，施工单位从商务角度考虑，还是配合项目经理及监理的要求进行施工。

　　在施工过程中我们指导幕墙施工单位全程摄像，以固定拆除原已施工真石漆的过程以及重新施工的过程，在施工过程中和施工后，不断将施工进展通过工作联系函的方式，向建设单位汇报，并附施工现场的图片。

　　下文是变更完成后，我们指导施工单位向建设单位发函的内容。

**【参考文书 30】**关于工程变更实施后的确认函

### 关于真石漆保温岩棉变更的确认函（四）

致：×× 限公司

　　兹有贵司项目经理许 ×× 于 2019 年 4 月 5 日口头通知我司将裙楼东立面真石漆内保温岩棉进行变更，保温岩棉的密度由 80 千克/立方米变更为 120 千克/立方米，在贵司通知变更时我司已经完成 1168.4 平方米真石漆两浆一网的施工（变更前我司已完成真石漆施工内容见附件一），已完成的真石漆施工金额为 129302 元，如按照贵司项目经理许××通知的方式进行变更，需要对已经施工完成的 1168.4 平方米真石漆拆除并重新购置保温岩棉后进行施工。本次变更涉及的增加金额明细表如附件二，我司在接到许××的通知后曾书面发函 [ 关于真石漆保温岩棉变更的确认函（一），编号：×××] 向贵司确认，贵司许××表示公司收到函件但是因公司审批流程原因，为不耽误施工进度要求我司尽快开展施工并承诺贵司会尽快向我司发出书面的确认函件，我司为此投入施工工作，截至目前，我司已经对已完成的真石漆进行拆除（拆除工程详见附件三），并按贵司要求重新购置密度为 120 千克／立方米的岩棉（详见附件四）进行施工完成（变更施工完成后现状图示见附件五），还请贵司尽快对真石漆变更增加工程进行确认。

×× 有 限 公 司

×××× 年 ×× 月 ×× 日

附件一：裙楼东立面真石漆已完工现状图

附件二：关于 ×× 项目真石漆变更金额明细表

附件三：真石漆拆除工程图示

附件四：密度为 120 千克／立方米的岩棉进场审批单

附件五：真石漆变更施工完成后现状图示

## 二、文书的送达与签收

前文讲述了该如何拟定文书，文书拟定好之后就需发送到接收方。

文书送达的核心在于将自己的"意思表示"传递给对方，以引起法律上的效果，文书送达在诉讼时效中断以及施工合同约定送审价为准等情况下均意义重大。例如施工单位有证据证明发送过催款函的，那么催告函的送达会直接中断诉讼时效。又如在合同中约定有以送审价为准的条款的情况下，施工单位如有证据证明确实送达了结算书，那么在建设单位没有回复的情况下，法院会根据合同约定支持结算价以送审价为准。

施工单位要注意并不是简单的送达到即可实现想达到的目标，还要注意如下事项：

（1）文书应在时限内发出。未在时限内发出的，将不能产生预期的法律效果。

例如我们代表建设单位起草建设工程施工合同范本时一般都会规定："承包人在双方确定变更后 14 天内不向工程师提出变更工程价款报告时，视为该项变更不涉及合同价款的变更。"在一些工期索赔的案件中，有些施工单位在诉讼中提出了一些主张工期可顺延的证据，但法院以施工单位未在合同约定的期限内向发包人提出工期顺延的报告为由对这些证据不予审查。

【案例 93】未在约定期限内提出工期顺延报告视为放弃。

在（2014）鲁民一终字第 215 号案件中，山东省高级人民法院就裁判认为，涉案《施工合同》通用条款第 33.3 条约定："索赔的事件发生后 28 天内，向工程师提出索赔意向通知。逾期不提出的，视为放弃索赔。"本案中，既然发包人对承包人提交的工程结算书因为没有按照合同约定进行审核或提出异议，因而依照《施工合同》通用条款第 33.4 条约定承担了视为认可的后果；那么，因为发包人的原因延误的工期，承包人没有按照《施工合同》通用条款第 33.3 条的约定履行顺延程序的，也应当依照该条约定承担视为放弃的后果。

（2）通知、报告应特别注意送达和签收。文书的送达有现场送达、邮寄送达以及公证送达等几种方式。每种送达方式的注意要点不一，具体如下：

1）现场送达

发送给监理工程师的文件，应由监理工程师本人签收，或监理工程师授权的人员签收，切忌随便将通知、报告交给工作人员。对于发送给建设单位的文件，可交由建设单位的法定代表人或总经理签收，也可将文件交由建设单位代表签收，至于其他人员，则应有相应的授权。

这里施工单位特别要注意的是，项目上一般会将文件交由建设单位的文员签收，但是实践中，文员的岗位并不稳定，施工单位如采用现场送达的方式，应尽量找机会保留好建设单位文员的详细信息，并尽可能在一些建设单位现场代表确认的文件中（例如工程例会纪要等）提及文员的姓名以固定签收人的身份。对于重要的例如工期、催款、催结算等文件，尽量使用 EMS 快递或公证送达的方式。另外，实践中很多建设单位是几块牌子一套人马，施工单位在现场送达时相应的签收人员极有可能是建设单位其他关联公司的工作人员，而非其直属的工作人员，最终属于无效送达，进而在纠纷中陷入不利处境。

我们近期承办的一起设计合同纠纷案件，就是涉及一套人马几家公司的情况，因为设计单位在向建设单位提交设计费发票时，没有落实签收人身份，导致最终无法证明建设单位收到设计费发票，进而导致设计费的诉讼时效超期。

【案例 94】因签收人员身份不明导致丧失诉讼时效。

设计单位与建设单位就三亚××酒店设计项目签署《室内装饰设计顾问合约》，合同总价为 520 万元，该合同约定装饰工程完工后交付酒店使用后 10 天内支付设计费的 10%。因为后续施工阶段设计单位未参与，设计单位在 2017 年通过查询发现涉案酒店已于 2013 年 1 月开业，设计单位遂与建设单位联系要求建设单位支付设计余款，建设单位对接人口头向设计单位承诺："经汇报公司领导，公司领导同意在你司提交设计费余款发票后即支付相应款项"，设计单位在取得建设单位工作人员回复后就开具发票并现场送达建设单位的办公场所，并由建设单位联系人指定的财务人员"王×"签收，建设单位在签收发票后迟迟不予付款，并且设计单位与建设单位对接后其表述不再付款。

设计单位因此向法院提出诉讼，诉讼过程中经过设计单位申请调查，发票签收人"王×"并非建设单位员工，其社保系由另一公司购买，最终法院据此认为设计单位不能证明建设单位有所承诺，并以诉讼时效超过为由驳回设计单位的起诉。

2）邮寄送达文件

在当面送达对方不签收，或者签收人身份、职务不能确认的情况下，可使用 EMS 快递送达的方式。EMS 的收件人填写企业的法定代表人或施工合同中约定的联系人，在快递单上写清楚邮寄文件的名称和份数，同时可以向邮局索要快递的签收复印件或在 EMS 网站上打印邮件跟踪查询记录（该查询记录可让邮局盖邮戳），这样施工单位就可以握有发送文件原件或复印件、快递单、签收复印件或查询记录等三份证据。

要特别提示的是，根据《邮政法》第五条的规定，信件属于邮政专营业务，故对于信函，不要采用快递公司快递方式，而应采用 EMS。

EMS 邮单填写示例如图 11-1。

现在 EMS 大多改用打印的单据，我们建议在文件内容处也应备注好具体的文件名称。

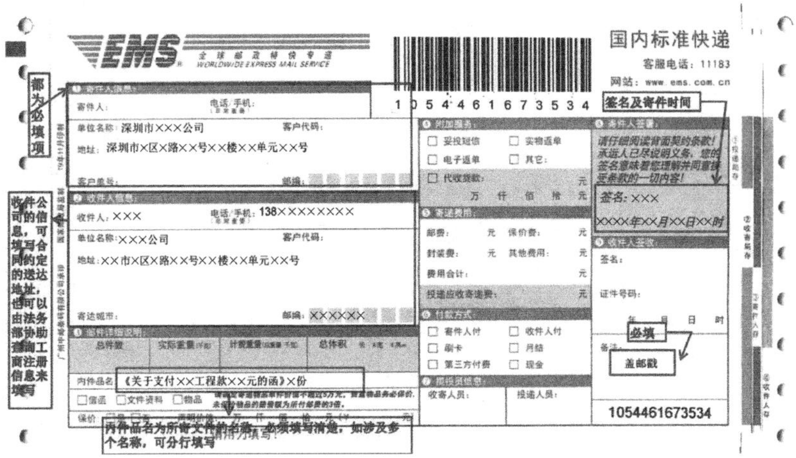

图 11-1　EMS 邮单填写示例

3）公证送达方式

对于结算文书等重要文件，可采用公证送达的方式。

公证送达的方式不仅可以证明寄送文书的时间、寄送文书的具体名称，还可以证明寄送文书的内容。

下文是我们办理的一起公证送达结算资料的公证文书，在该案中因为以公证送达的方式送达结算文书，虽然签收人显示是他人签收并且发包人不认可已经收到结算文书，但是在公证送达并且合同约定有逾期回复视为认可的情况下，法院支持了我们"以送审价为准"的诉求。如果该种情况下我们仅仅用 EMS 快递寄送结算资料，那么仅仅能够证明我们报送过结算资料，但是对于结算的具体金额较难证明，法院也可能无法支持我们以送审价为准的诉求。

【参考文书 31】邮寄行为公证书

**公证书**

（2019）深证字第 ××× 号：

申请人：深圳市 ×× 建设股份有限公司，住所：深圳市福田区 ×××；

法定代表人：×××；

委托代理人：×××，女，公民身份证号：×××；

公证事项：邮寄送达行为。

申请人深圳市 ×× 建设股份有限公司的委托代理人 ××× 于二〇一九年七月

十二日向本处申请对其邮寄送达《关于×××项目工程款事宜的函》《×××项目结算书》的行为进行公证。

根据《中华人民共和国公证法》的规定，申请人深圳市××建设股份有限公司的委托代理人×××于二〇一九年七月十二日下午在广东省深圳市福田区景田路72号天平大厦四楼广东省深圳市深圳公证处天平办证室办证前台，在本公证员与本处公证员助理×××的现场监督下将《关于×××项目工程款事宜的函》的原件、《×××项目结算书》的原件各一份交付给中国邮政速递物流股份有限公司的上门揽收工作人员，以国内标准快递方式向成都××置业有限责任公司（收件人：×××，收件人地址：四川省成都市武侯区×××）寄送《关于×××项目工程款事宜的函》的原件、《×××项目结算书》的原件各一份，并现场取得号码为"××××××××××"的《国内标准快递》详情单原件一张和发票号码分别为"×××××""×××××""×××××"的《中国邮政速递物流股份有限公司深圳市分公司定额发票发票联》原件三张。

兹证明申请人深圳市××建设股份有限公司的委托代理人×××的上诉寄送行为在本公证员与本处公证员助理×××的现场监督下进行，与实际情况相符。

中华人民共和国广东省深圳市公证处

公证员：×××

××××年××月××日

# 三、文书的签字与盖章

对于文书资料来说，除非文书资料上有相关的印章或签名，否则文书资料与废纸无异，很难作为证据来使用。所以，我们谈到文书资料问题时，就不能不谈文书资料的签名和盖章问题。

从实践来看，文书资料的签章主要有以下几个问题需要注意风险防控。

### 1. 印章伪造或未经备案

印章指公章和具有法律效力的个人名章。公章是指党政机关、企业事业单位等的法定名称章和冠以法定名称的合同、财务、税务、发票等业务专用章；具有法律效力的个人名章是指党政、企业事业单位等的法定代表人及其财务部门负责人的名章。

在现实经济生活中，私自刻制印章的行为非常普遍。私刻印章分为两种：一种是单位或个人自行刻制，未经公安机关批准及备案；一种是他人假冒单位或个人的名义刻制，即伪造企业印章。

以上两种行为在建筑施工领域都很常见。第一种主要是因为在实际工作中需要多个印章，但只将其中一个印章拿去备案。如果盖章时使用未经备案的公章，则在合同签订后，使用未经备案的公章一方不打算承认合同效力时，可能会以该印章未经备案，不是该公司印章，该公司未曾签订此份合同为由推卸责任。第二种则涉及刑事犯罪，根据《刑法》的规定，伪造企事业单位印章的，构成伪造企事业单位印章罪。

《刑法》第二百八十条第一款规定："伪造、变造、买卖或者盗窃、抢夺、毁灭国家机关的公文、证件、印章的，处三年以下有期徒刑、拘役、管制或者剥夺政治权利，并处罚金；情节严重的，处三年以上十年以下有期徒刑，并处罚金。"

【案例 95】私刻公章去仲裁委应诉。

> 　　深圳某装饰公司突然收到一份惠州大亚湾经济技术开发区人民法院的《强制执行通知书》，认为其未自动履行劳动仲裁委的《劳动争议仲裁调解书》，要求强制执行。装饰公司收到该材料后感觉非常奇怪，因为该公司从未在惠州市大亚湾做过工程，更不要说是和人发生劳动争议，立即展开核查，发现该案为他人冒用公司名义承接工程，并拖欠工人工资所引起，与该装饰公司无任何关系。
>
> 　　装饰公司在律师指导下，立即向法院提出《不予执行申请书》，并到涉案劳动仲裁委调阅了相关材料，一方面申请撤销涉案的调解书，另一方面锁定了冒名承接工程的刘某某，向公安机构提交了报案材料，要求追究刘某某私刻公章的刑事责任。
>
> 　　本案几经协调、沟通，法院对该装饰公司作出了不予执行的决定，而冒名接工程的刘某某最后与装饰公司达成协议，对装饰公司作出了经济赔偿。

在签订合同时，应注意审核对方使用的印章是否备案，防止对方用未经备案的印章甚至伪造的公章来签订合同。在我们检索的最高人们法院裁判案例中，就发现因为未备案公章问题，施工单位主张的建设单位走账的 6000 万元未被法院支持。

**【案例 96】**因《备忘录》印章未备案，6000 万元走账不成立。

最高人民法院（2018）最高法民终 947 号案件中，中建某局作为施工单位与业主山东 ×× 海洋产业股份有限公司因工程款产生争议，双方争议的焦点是业主方支付的 6000 万元的性质到底是"走账款"还是"工程款"。中建某局向法院提交的证据材料中有双方签署的《备忘录》，备忘录有载明业主方向中建某局的款项中有 6000 万元是为"走账使用"，业主方抗辩主张《备忘录》上所示的公章未经备案，对于备忘录的真实性不予认可。最高人民法院经裁判认为：第一，×× 海洋公司未在公安等部门就其公章进行备案登记，故无法进行比对；第二，《备忘录》上面加盖的 ×× 海洋公司的公章与 ×× 海洋公司在银行等其他部门预留、使用的印章明显不一致；第三，中建某局未提供证据证明该公章除出现于《备忘录》上之外，在双方往来函件中曾经被 ×× 海洋公司实际使用过；第四，《备忘录》未注明签订日期，无法与其提供的款项往来明细相互印证。最高人民法院认为中建某局主张"6000 万元走账款"不能成立。

不论本案当中谁真谁假，实践中业主方让施工单位走账的情况比较常见，施工单位对此一定要重视，在签署文件注明走账款的同时要对文件上的公章进行审查比对。

审核印章是否备案的方法主要有以下几种：

（1）将前后几份盖有该公司公章的材料进行比对，从文字样式、印章大小、文字排列等特征检查前后印章是否相同。

（2）在各地公安机关的微信公众号或者相关官方网页上查询印章备案信息。如"广东治安户政"微信公众号，可以查询广东地区所有企业的物理印章备案情况。也可以前往印章网（https://www.yinzhangcloud.com/default.html）查询该公司已经备案的印章以及备案印章的具体信息，包括印章的样例和印章的编码以及备案时间，比对备案印章与合同上的是否一致。印章网是一个通过大数据查验公章真伪的服务网站，可以查询到部分企业的印章。通过该网站关于公司印章信息的查询和鉴别可以对印章的真伪进行初判，毕竟在当地公安机关核查印章手续比较复杂，而且需要对方配合难度较大，但是对于比较核心和关键的文书还是以公安机关核查的信息为准。

（3）到工商局查询该公司工商登记资料，比对工商登记资料中该公司的印章是否与合同上的一致。

（4）如合同非常重要或对方使用未备案印章的可能性大，可以委托律师到当地公安机关查询其备案公章的印模。

### 2. 印章不符合要求

印章可分为公章、合同章、财务章、发票章等。各种公章的用途不一，比如不能用发票章来签订合同，签订合同应用公章或者合同章。通常认为财务章也不能用来签订合同，除非在合同履行中进行财务结算时，用财务章来确认。

在工程领域，常常会碰到项目章的问题。建设单位常常会制作"××工程项目指挥部"或"××工程项目章"等印章，施工单位一般也会制作"××项目经理部"等印章。以上印章一般没有备案，发生争议时，建设单位可能会否认该印章是其刻制。故对于此类印章，应由建设单位盖公章确认，比如提供启用印章的通知给到承包人，承包人据此确认此类印章的有效性。

### 3. 签字虚假或签字人无权签字

根据《民法典》的规定，合同成立既可以是有权签字人的签字，也可以是有效的盖章。在建设工程领域，通常既盖合同印章，也有人签字。签字的人最好为公司的法定代表人，这样，即使合同上的印章是未经备案或伪造的，有法定代表人的签字，该合同仍是成立的。签字通常应当面签署，否则很难保证签字的真实性。

要注意的是，有些合同上写明"本合同经签字并盖章后生效"，如果只签字或只盖章，则合同尚未生效。且如果在签字一栏，写的是"法定代表人"，则应由法定代表人签字，否则，该签字会被认为无效。

【案例 97】带回办公室盖章的《协议书》盖了假章。

> 某工程经建设单位验收通过后，建设单位一直拖延结算。后建设单位申请对项目初始登记，施工单位以该工程未经结算为由提出初始登记异议，业主方中国××建设总公司深圳分公司与施工单位达成一份《协议书》，由该公司负责人姚某在施工方工作人员的见证下签名，之后姚某将协议带回办公室盖章。《协议书》明确载明工程决算总价为 2120 万元，该 2120 万元由合同固定造价和设计变更所增加的工程造价组成，并约定了余款 300 余万元的付款时限。

协议达成后，中国××建设总公司深圳分公司未能按照协议确定的时限支付欠款，施工单位向福田区人民法院提起诉讼。中国××建设总公司深圳分公司以该《协议书》上姚某的签名及其公司印章与实际不符为由，申请法院对涉案工程的工程造价重新申请鉴定。其后不久，中国××建设总公司深圳分公司负责人姚某被有关部门实施了双规。

经鉴定，《协议书》上的签名及印章均不属实，法院最终对工程造价进行鉴定后才做出判决。至于在现场见证下的签名为何鉴定出来是假的，一方面笔迹鉴定有其局限性，如果签字人故意采用不同于其平常笔迹的写法，笔迹有可能鉴定不出来；另一方面，在本案中，签字后姚某将合同带走盖章，有可能在中间做了手脚。

鉴于现实中假章横行的情况，对于重要的合同、协议，对其签字及盖章一定要慎重，不要签章回来就放一边，必要时要做一些查证工作，确保所签合同的签章真实。

### 4. 签字人身份不明

关于签字还有一个非常重要的问题，就是在文件上签字或签收文件的人，必须事后能证明该签字人的确切身份，否则对方可能否认该签字人是其单位的人，或否认该签字人具有该文件的签字权。

签字的文件，可以分成两种：一种是在文件上的签收，另一种是对文件内容的确认。

对于文件签收，一般如能证明该签收人在签收时是该公司的人员，则可说明文件已送达该公司。要证明签收的人属于收文公司的人员，可以从以下几个方面进行确定：

（1）工商登记资料。政府工商部门网站或其对外窗口可提供工商信息的查询，一般可查询到公司的董事长、总经理、股东、董事、监事等人员信息。

（2）签订合同的人员。代表公司参与合同签订的人员也可以确定是该公司的人员，另如合同内指定了联系人或代表，也可以确定是公司的人员。

（3）代表公司参与会议的人员。施工过程中会有各种会议，包括监理例会、业主会议等，会议完成后通常会发放例会纪要，纪要中如记载了参会人员及单位，则可证明相关人员的身份。

（4）其他证据，比如公司缴纳社保的社保单等，均可以作为证明某人员是某公司人员的证据。

对于提交给法庭的有人员签名的证据，应有以上的证据加以辅证，方才完成证明的责任。

对于证明签字人是否有签字权的问题，通常认为公司领导层如董事长、总经理，或相应业务的对应人员，有权确认相关事实或要求。对于金额较大，或者对当时双方权利义务影响较大的情况，建议由公司盖章确认，或由公司法定代表人签字确认，而不是简单地找对方单位员工签字，除非该员工获得了公司明确的授权。

# 四、收集证据的方法

证据的收集整理，除了要把发出的函件、工程联系单、报告等各种书面资料原件汇集之外，项目经理应注意一些特殊手段的证据采集方法。

## 1. 文书资料的归集与动态管理

### （1）文书资料的归集范围

在对建设单位索赔的过程中，协商解决是上策，但若协商无法解决，只有收集充足的证据，并在有效时限内诉诸法律解决。特别是对于那些诚信度极低且恶意"玩空手道"拖欠工程款的建设单位，唯有通过诉讼追收。为了预防建设单位恶意提起工期延误、质量等反诉，施工单位在平时就要注意收集以下方面的证据资料：

1）招标投标文件、施工合同及补充协议。招标投标文件是组成施工合同的重要部分，其内容包括承发包双方的要约和承诺，在索赔要求中可以直接作为证据。而施工合同及其补充协议则是直接规定双方权利义务关系的最重要文件。

2）会议纪要。在承包施工过程中，发包人、施工单位、监理人及有关针对工程召开的一切会议纪要；但纪要必须经过参与会议的各方签认，或由发包人或其代理人签章发给建筑企业才具有法律效力。

3）来往信函。合同双方的来往信件，特别是对建筑企业提出问题的答复或信函等。

4）指令或通知。发包人驻工地代表或监理工程师发出的各种指令、通知，包括工程设计变更、工程暂停等指令。

5）施工组织设计。这是指包括施工进度计划在内，并经发包人驻工地代表或监理工程师批准的施工组织设计或施工方案。

6）施工现场的各种记录。如施工日报、施工记录、检查人员日记或记录以及经发包人驻工地代表或监理工程师签认的工程中停电、停水、停气和道路封闭、开通记录或证明等。

7）工程照片。这是指注明日期、可以直观反映问题的工程照片。

8）气象资料。现场每日天气状况记录，或请建设单位驻工地代表或监理工程师签证的气象记录。

9）各种验收报告。如隐蔽工程验收报告、中间验收工程报告、材料实施报告以及设备开箱验收报告等。

10）财务资料。收取、支付工程款的银行凭证、收据、发票等。

11）国家发布的相关规定及有效信息。国家颁发的法律、法令和政策性文件，特别是涉及工程索赔的各类文件；政府有关工程造价主管部门发布的材料价格信息、调整造价的方法和指数等，一定要注意积累。

**（2）文书电子化动态管理**

以上资料从施工单位应对纠纷的角度，又可按照价款、工期、质量三大类进行分类整理和归集，利用 Excel 表制作工程资料管理台账，形成电子版随时备查。文书及时电子化后，文书的原件尽量保存在施工单位的办公场所，不要保存在项目现场，我们代理的几宗案件都涉及施工单位停工后，项目现场的原件资料被甲方或者监理方拿走，导致事后无据可查。

**（3）文书专项管理**

以工期文书为例，主要包含开工报告、工期顺延报告、变更增加指令、恶劣气象资料、监理或工程例会纪要、施工材料进场记录、施工工作面移交记录等。表 11-2 是我们为幕墙施工单位提供全过程法律服务过程中，为了预防建设单位提出工期延误抗辩以及为施工单位将来提出工期索赔所做的工期资料专项管理。

【参考文书 32】工期索赔资料目录

××电子城综合楼幕墙工程工期资料一览表          表 11-2

| 序号 | 材料名称 | 说明内容 |
| --- | --- | --- |
| 1 | ××（重庆）有限公司幕墙工程施工合同 | 幕墙工程工期为 171 个日历天，计划开工时间 2017 年 7 月 1 日，合同价为总价包干，合同附施工总进度计划横道图 |
| 第一组：施工许可证办理资料 | | |

续表

| 序号 | 材料名称 | 说明内容 |
|---|---|---|
| 2 | 施工许可证 | ××年××月××日，幕墙工程取得施工许可证，工期 171 日历天 |
| 第二组：幕墙单位开工资料 | | |
| 3 | ××年××月××日 ××期监理会议纪要 | 幕墙施工单位在××年××月××日监理会召开前即已开始施工准备工作，管理人员进场 |
| 4 | 幕墙劳务人员进场报审 | ××年××月××日幕墙劳务人员进场报审完成，并于××年××月××日劳务人员开始进场 |
| 第三组：施工准备工作 | | |
| 5 | ××年××月××日××期监理例会纪要 | ××年××月××日施工深化图纸外审完成 |
| 6 | 施工图设计文件审查合格书 | ××年××月××日，××有限公司就本项目施工图出具审查合格书 |
| 7 | 幕墙工程四性试验施工图报审 | ××年××月××日四性试验施工图报审通过 |
| 8 | 视觉样板施工图报审 | ××年××月××日视觉样板施工图报审 |
| 9 | ××年××月××日××号备忘录 | 幕墙设计、顾问单位、业主方以及项管、监理于××年××月××日才确定项目气密性、抗风压等幕墙工程性能指标，导致四性试验以及视觉样板时间迟延，性能指标未确定直接影响幕墙材料加工，幕墙工程进度受阻 |
| 10 | ××年××月××日××号备忘录 | 在幕墙性能指标迟延确定、幕墙工作面迟延移交等因素下，业主项管单位、幕墙顾问单位以及监理单位于××年××月××日才审核批复幕墙工程玻璃颜色、使用部位及参数，幕墙材料才具备下料加工生产条件 |
| 11 | | |
| 第四组：主要施工材料报审、进场记录及进场时间 | | |
| 12 | 玻璃厂家报审 | ××年××月××日玻璃厂家已经业主审核通过 |
| 13 | ××化学锚栓报审及入库单 | ××年××月××日化学锚栓报审通过并于××年××月××日进场 |
| 第五组：幕墙工作面移交 | | |
| 14 | ××年××月××日××号备忘录 | 催促总包移交工作面 |
| 15 | | 监理会议要求总包单位在××年××月××日前，将主楼裙楼外脚手架拆除 |

续表

| 序号 | 材料名称 | 说明内容 |
|---|---|---|
| 16 | 吊篮使用移交单（幕墙施工单位移交给总包，以及总包移交给幕墙施工单位） | ××年××月××日至××年××月××日期间吊篮移交给总包粉刷外墙面使用，幕墙单位无法开展大面积单元板安装，关键线路施工受阻 |
| 17 | 总包外立面粉刷完成移交单 | ××年××月××日总包完成7-1轴立面（北面）粉刷饰面，××年××月××日幕墙单位才能开始北面施工<br>××年××月××日总包完成K-A轴立面（西面）粉刷饰面，××年××月××日幕墙单位才能开始西面大面积施工 |
| 第六组：设计变更及工作量增加资料 | | |

另在施工过程中，施工单位往往会发送大量工作联系函向建设单位报送施工进展、材料进展、进度计划等，函件量大、内容繁多，过程性地摘录、电子化就尤为重要，纠纷的时候也容易第一时间找到对应的函件证据材料，表11-3是我们为施工单位提供服务过程中，为施工单位过程性报送函件整理的台账管理表，项目经理可参考使用。

【参考文书33】函件台账管理表

施工单位项目部报审记录一览表　　　　表11-3

| 日期 | 项目部报审/函告事项 | 监理意见 | 幕墙顾问单位回复意见 | 甲方意见 |
|---|---|---|---|---|
| 2017/7/6 | 施工总进度计划 | 1.总进度计划缺少各施工方案、材料设备认质工作、屋顶擦窗机吊装工作；2.需补充劳动力、材料设备施工机械保障计划；3.建议编报时标网格总进度计划以便管理 | 1.深化图纸时间过长，直接影响性能测试的完成时间；2.性能测试视觉样板需细化报审；3.材料送样时间过长影响后续工作，需另附清单机送审样品名称 | 依监理及顾问意见修改完善后重新上报，竣工时间须符合中标通知书及合约要求，调整后于7月19日前重新上报 |
| 2017/7/9 | 土建移交项目工期横道图 | 该计划与上海一建编报总进度计划不相符，请修正后再报 | 需总包单位尽早安排现场安全交底会议，原定完成时间为2017年7月7日，现已严重滞后 | 按监理及顾问意见重新上报 |

续表

| 日期 | 项目部报审/函告事项 | 监理意见 | 幕墙顾问单位回复意见 | 甲方意见 |
|---|---|---|---|---|
| 2017/7/10 | 图纸深化横道图 | 按报批总进度计划要求编报详细计划 | 需要在此期间提供性能测试及视觉样板图纸送审时间 | 按7月13日会议要求时间调整后重新申报 |
| 2017/7/19 | 施工总进度计划横道图 | 视觉样板、性能测试、施工图设计完工时间远远迟于幕墙实体施工时间，不符合要求，全面修正后再报 | 视觉样板性能测试施工图设计及专家论证方案时间节点必须完成后再安排材料采购加工，按此进度排期，前期工作必须在8月1日前全部完成 | 计划未包含擦窗机，结合上述意见进行调整 |
| 2017/7/25 | 施工组织设计 | 需要调整 | 补充论证方案后报审 | 按实际以及监理、幕墙顾问意见调整 |

## 2. 录音、照相及录像资料的采集与处理

### （1）录音证据作用巨大

在工程施工过程中，因建设单位或监理方的原因，施工单位发出的文书常常无法获得对方正式的签收或确认，对于一些工期延误或者签证变更的事实，往往在施工过程中无法得到建设单位或监理方的确认。例如，建设单位或监理方经常口头指令承包人施工而不发出书面的变更指令，待施工单位完成变更后（特别是一些拆改工程），在建设单位或监理方不确认的情况下，施工单位往往无任何的书面材料证明有过施工记录，这时就有必要采取一定的录音、照相及录像手段。下文是一起施工单位在无书面材料的情况下，通过录音佐证施工过程是建设单位要求变更增加，并最终获得最高人民法院支持的案例。

【案例98】录音证据成为认可签证的关键证据。

在最高人民法院一起再审案件中[（2018）最高法民再330号]，该案经过一审程序、二审程序以及再审程序，最终最高人民法院支持了承包人关于签证变更的观点，承包人也是通过录音材料证明总价包干的装饰装修工程发生的设计变更系并非

单方擅自变更。

　　该案中，承包人与发包人的一大争议焦点就在于：总价包干的工程中，无业主要求变更、增加工程的签证或原始凭证引起的工程量增加，施工单位能否主张增加工程款？本案经过法院委托鉴定单位鉴定，最终的工程量较原始施工图纸确有增加，增加工程价款约610万元。对此，施工单位主张：变更增加部分是发包人派遣人员以"先做后决算"的口头承诺诱使其施工，或以延付和拒付工程进度款来要挟其施工；建设单位则主张：增加部分属于合同范围，因为在其未向施工单位发出任何指令，也未签订过任何签证及补充协议的情形下，施工单位自愿进行装饰施工，且在施工过程中也未对所谓的额外增项发出任何主张。

　　该案二审法院云南省高院认为：即使按照司法鉴定意见书认定本案存在工程变更、增加，却没有发包方作为业主的任何相关变更、增加工程的签证或原始凭证。这与合同内外的增量增项，应是业主提出并同意，施工单位才能够进行施工的建筑行业规范和惯例不符，承包人辩称系发包人派遣人员以"先做后决算"的口头承诺诱使其施工，或以延付和拒付工程进度款来要挟其施工，但却没有提交证据予以证明，故应由其承担相应的不利后果。

　　最高人民法院经过再审裁判认为：虽然承包人不能提供发包方作为业主要求变更、增加工程的签证或原始凭证，与行业规范和惯例不符，但承包人提供的录音记录，拟证明发包方时任总经理黎某表示"原图纸上没有的（工程内容及工程量）全部算增补"，二审提供了昆明××图文设计室魏某的证人证言，拟证明变更施工图设计方案导致工程增项增量是由设计方、双方当事人协商的结果，非承包人擅自所为。本录音记录和证人证言至少能够证明施工人与业主方就工程的增加变更进行过沟通，不是施工方罔顾业主意见擅自扩大施工范围。

　　对于录音、照相及录像资料，根据《最高人民法院关于民事诉讼证据的若干规定》的相关规定，如果该视听资料以合法手段取得，有其他证据佐证并且不存在疑点的，则人民法院应确认其证明效力。

　　何谓合法手段？如该视听资料属于窃听窃录，或侵犯他人隐私等，应认为不属于采取合法手段取得。在正常谈话或电话中进行录音，但未告知对方是否属于合法取得？就目前的司法实践来看，法院一般仍认可其合法性。何谓有其他证据佐证？即录音、录像资料一般不能单独作为认定事实的证据，除该录音、录像资料外，必须有其他的与所要证明事实有关的证据加以佐证，这些证据可以是物证或书证，如录音、录像同时期形成的双方来往函件等。至于何谓不存在疑点？则是指该录音、照相及录像材料不能存在剪辑、拼接或无法辨别等问题。

由于录音、照相及录像资料的视听直观性，若使用合理，在诉讼时可以给诉讼参与人最直观的印象，有其他书面证据无法企及的证明力，结合其他证据进行使用，可以获得非常好的效果。

**（2）录音证据的采集**

录音主要是两类：一类是电话录音；一类是谈话录音。

电话录音，最好采用自带录音功能的电话进行录音，将接通到挂断的整个通话过程完整保留，接通电话后，应确认对方的身份，并重复其姓名及职务，尽量使用普通话，在通话涉及时间时，尽量将年月日说全，对于对方含糊不确认的事项，可以在通话中进行重复，对方不否认的，也等于是在一定程度上表明其态度及认知。电话录音还可以和通信公司的通话记录相互佐证，该通话记录会有通话双方的电话号码、通话时间及通话时长，这样，从通信公司打印出来的通话记录就可以作为其他证据对该电话录音进行佐证。

对于谈话录音，则应将谈话现场选择在较为安静的场合，并注意控制参与谈话的人数，否则谈话的录音可能会无法听清或无法确认说话人，影响证据的使用效果。

【**案例99**】机智报警与录音取得胜诉。

某施工单位订购了一批混凝土，收货后因价格问题双方起纠纷。混凝土公司主张，施工单位趁混凝土公司申请付款的时候，将混凝土公司持有的送货单收走不予退还；施工单位拒绝承认曾收取该批次的混凝土。

混凝土公司的人员之后携带录音设备找施工单位当初收货的员工，要求其退还送货单，施工单位的该名员工因实际承办该单业务，在谈话中虽未直接承认，但也未直接否认，混凝土公司人员又报警，要求警察到场，警察到场后将双方带至派出所。混凝土公司人员对报警及双方到派出所的过程均进行了录音。最后，混凝土公司凭借该录音资料打赢了这场官司。

如建设单位、监理单位人员对于某些情况不愿意以书面方式加以确认，但在日常电话通话或谈话中承认或不否认的，可以采用录音的方式将上述事实加以固定，但应注意必须有其他证据佐证，且录音证据需要有可以反映时间、地点、人物、金额等要证明事实的基本要素。

### （3）照相证据的采集

录音只能录取声音，但很多时候，我们需要画面，这时候就需要进行拍照。

拍照时，可以在照相机内部设定好拍照的时间，以便反映照片获得的时间。在诉讼中，对方常常会提出该拍照的时间是可以自己设定的，不认可拍照的时间，为避免此类质疑，可以在拍照时，将当日报纸的一角也摄入照片中，这样，起码可以证明该照片是在该日报纸之后拍摄的。

也可以使用能够生成水印的拍照 APP 进行拍照，在水印上设置工程地点、施工区域、时间、备注等信息，将照片所反映的内容进行说明，以便日后或者其他人可以一目了然。

**【案例 100】** 一张照片证明了签字人的身份。

某水泥行将水泥卖给某工地，但与其签合同的是该工地的包工头即实际施工人，并非与建设单位签合同的施工单位，后实际施工人因资金断裂逃逸，该水泥行只能起诉施工单位，要求支付剩余的水泥款。但施工单位以实际施工人不是其员工，水泥行应找实际施工人索要款项为由拒绝，一审法院也支持了承包方的抗辩。

二审时，水泥行通过其他途径找出一张照片，该照片显示，在该工地的牌匾上，明确写明该实际施工人为该工地的项目经理，法院根据这张照片及其他证据，认定承包方应对实际施工人的购销行为负责，改判承包方支付水泥货款。

### （4）录像证据的采集

在某些情况下，照相因平面性及位置固定性，无法全面反映全部事实，这时可以采用录像形式。录音只记录声音，照相只记录画面，录像却可以全面记录声音和画面，且可以长时间、大范围地采集，在技术上也更难以篡改，因此，具有更好的证明力。

比如，有些工程停工后，工地上堆放了大堆的建筑材料，这些建筑材料可能会由于停工而报废，这时施工单位就必须对现场存有多少建筑材料进行取证，如果进行照相，只能反映一个平面某个时点的情况，这时最好的办法是采取录像手段，录像可以通过走动拍摄，将建筑工地全景拍入视频，同时还可以将清点工作全部拍入视频。

拍摄时，应尽量不中断拍摄，同时，为了证明拍摄的时间，可以打开当天的电视，锁定相关电视频道，先拍摄一小段电视的画面，再进行之后的拍摄。

要特别提醒的是，不论是录音、照相还是录像，该证据本身均不能单独作为证明事实的依据，必须有其他证据的佐证，故即使已采集、保留有录音、照相或者录像证据，也要配合相关函件的使用，在相关通知、函件、会议纪要中对该事实加以描述，以和录音、照相、录像相佐证。

另外，不论是录音、照相还是录像，尽量保留原始记录，以便在对方提出录音、照相或者录像存在剪辑或其他疑点时，可提供原始记录进行比对鉴定。

### 3. 微信聊天记录等电子数据的收集与管理

2020 年 5 月 1 日起，《最高人民法院关于修改〈关于民事诉讼证据的若干规定〉的决定》正式开始施行，进一步明确了在微信、QQ、微博等相关社交软件上的聊天记录也可以作为打官司的证据之一。在建筑施工领域，每个项目组建一个微信群（甚至有若干个群），或者各方通过微信私聊进行事项沟通、确认等，是非常普遍的做法。所以，与项目相关微信聊天记录的收集和管理，变得日益重要，但也是管理人员容易忽略的环节。

（1）主体信息要明确。对方是什么单位、什么职位、姓甚名谁要备注清楚，不要仅保存"上善若水""一叶知秋"等类似的网名，随着时间推移后续可能完全想不起来，想起来也无法证明。所以我们建议在聊天中要先确认对方的身份，可以通过作自我介绍的方式等予以固定，或者在日常沟通过程中，通过一些类似"王工，您作为××公司的工程总监"之列的话语，迂回确认。也要特别注意其微信号是否与手机号关联，以方便日后进行实名信息比对。

（2）内容要连贯、完整。保持聊天记录不被删减，客观还原整个事实，收发的文件要及时点开、下载。文件电脑端下载或者是通过电脑端发出的，如果手机上没有相应下载，则过了一定期限后手机上将不能显示。而后续可能由于换电脑等原因，电脑端上的记录将很难找到，而且电脑端上的记录，一旦源文件被移动或者删除，微信上也不能再点开，所以一切都有赖于手机端文件的完整性。同时要慎用手机"一键清理缓存"等功能，否则有些微信文件将被就此删除。

（3）转账交易要备注信息。在微信中通过支付、转账、红包功能支付款项时，要记得备注相关信息，否则较难证明用途。如果微信聊天界面中的红包或者转账记录不慎删除的，仍然可以通过"支付—钱包—账单—下载账单"功能调取交易流水，但最长不超过 1 年。

（4）如果项目人员离职，建议先行办理微信聊天记录公证。项目人员流动在所难免，为避免后续不能取证，如相关人员的微信聊天记录中有项目相关的关键信息，则在该人员离职前，建议施工单位就相关的聊天记录前往公证机构办理公证，保留公证书。

（5）更换手机时注意迁移聊天记录，或者办理公证。在实践中，很多人更换手机时较少迁移全部微信聊天记录，所以我们办理案件的过程中经常出现某些关键证据信息系保留在项目人员之前使用的手机中，而旧手机可能已被丢弃、送人或者因种种原因不再能显示相关记录，故我们建议项目人员更换手机时，一定注意迁移聊天记录，或者先行办理公证。

### 4. 公证的使用

对于非常重要的证据，可以考虑使用公证手段进行证据的保全。

根据《公证法》的规定，公证是公证机构根据自然人、法人或者其他组织的申请，依照法定程序对民事法律行为、有法律意义的事实和文书的真实性、合法性予以证明的活动。

经公证的民事法律行为、事实及文书，如没有相反的证据推翻，法院或其他机关可以直接认定其真实性及合法性。故公证文书具有非常高的证明力。

以下一些场合，施工单位可以考虑申请公证机关进行公证，并取得公证文书：

（1）结算报告等重要资料的寄送。对于结算报告等重要文件，特别是双方合同中约定如发包人收到结算报告后逾期不予结算就视作认可该结算报告的，我们建议对结算报告予以公证寄送。

（2）停工后停工现场情况等。停工后，如果是未完工程特别是完工工程量未确认的情况下，施工单位的施工界面及已完工的工程范围不容易证明。如建设单位邀请其他施工单位进场，原施工单位证明自己的施工工程量及施工范围难度非常大，即便在诉讼过程中可以申请法院委托司法鉴定，但是鉴定单位在没有明确的施工界面划分的情况下也无法进行鉴定，并且停工工程现场通常堆放大量材料。这时，可以请求公证机关对停工工程的施工界面以及现场堆放的材料进行现场清点，并制作相应的公证书，以便申请索赔，是一种有效的方式。公证机关公证的方式通常是前往现场进行拍摄和录像，考虑到公证机关并非是工程专业人员，在拍摄或者录像时恐有遗漏或关键部位拍摄不清晰导致将来难以使用，施工单位在公证机关拍摄现场的同时，要指派对现场非常熟悉的工程人员以及材料人员，携带施工图纸对工程界面进行详细地介绍，对准摄像头如实陈述，对于现场堆放的材料要详细地陈述材料的品牌、型号、进场时间、数量以及价款等关键信息，并且请公证人员对准材料的品牌规格部位进行放大拍摄，以便将来能够作为鉴定机构鉴定的素材。

**【案例 101】**遗留施工材料公证。

> 我们近期代理的一起知名幕墙施工单位向业主方追讨工程款案件，该案中幕墙施工单位已完工近 80%，但是因为业主方拖欠工程款、工人闹事等原因，业主方就单方发函给施工单位要求解除合同，我们介入后第一时间向幕墙施工建议，在业主方接手工程前务必请求公证机关对现场的已完工情况包括已完工界面、现场仍遗留的施工材料进行公证，在公证机关出具公证文书后遂向法院提起诉讼，并由法院委托鉴定机构进行工程造价的鉴定。如果没有公证机关出具的公证文书，幕墙施工单位是无法证明自己完工的工程量的，鉴定单位也无法开展鉴定。

向公证机关申请公证，一般应提供双方所签订的合同，以及申请单位的营业执照、法定代表人身份证明书、授权委托书、受托人身份证件及其他与申请公证事项有关的证明材料。

# 本课知识点

本课知识点总结 表 11-4

| 关键词 | 操作要点 |
|---|---|
| 文书拟定 | 施工管理需重视书面资料，凡是做过的，均应留下书面痕迹 |
| | 签署文件要慎重，例会纪要、往来函件、承诺书等书面文件均可能对原合同构成变更 |
| | 工期顺延、索赔等重要文件的拟写要点及措辞方式 |
| 文书送达 | 现场送达文书的主要要点，发包人拒不签收文件，承包人应及时采取快递、公证送达等有效的投递方式送达 |
| 签字盖章 | 签字盖章时需注意签字人是否有权签字，印章是否真实 |
| 证据收集 | 应注意保存施工过程中全部书面资料的原件 |
| | 根据需要分别采取录音、照相、录像等方式取证 |
| | 视情况需要运用公证措施 |

# 项目经理立即做

（1）收集整理项目各类书面资料，分门别类地整理归集好，且确保持有原件。

（2）对于承诺、补充协议、签字或盖章的会议纪要重点分类归集，并动态电子化管理，注意检查是否有与施工合同不一致的内容。

（3）检查已发出的函件、通知、报告等文书，是否已有效签收，视情况进行补正。

（4）对于发包人常常拒签或人员经常变换的情况，应引以重视，视情况采取录音、照相、录影或公证措施。

# 第十二课　突发纠纷处理

项目运作千头万绪，突发事件的出现在所难免，项目经理对于突发事件，包括诉讼案件、行政处罚、清退不合格供应商以及停工退场等事宜，均需要有一定的知识储备，并按照一定的步骤和程序沉着应对，以帮助项目顺利渡过难关。

## 一、诉讼案件应对

诉讼是一种非常规的纠纷解决方式。通常都是到了双方矛盾较难调和的时候，才会发生诉讼。在建设单位状况不佳可能发生诉讼的情况下，项目经理除做好证据收集工作外，还应做好如下应对：

### 1. 配合办理财产保全

所谓财产保全是指为防止债务人转移财产，在诉讼前或诉讼中，申请法院将债务人的资产，包括房产、车辆、股票、银行账户、机器设备等有形及无形资产予以查封、扣押、冻结，使债务人无法变卖或进行抵押，保证债权人债权得以实现的手段。

一旦成功办理财产保全，因有了债务人的财产作保证，只要案件胜诉，案件的执行就有了基础，就不致于陷入"赢了官司拿不到钱"的局面。根据我们多年的经验，一旦成功进行财产保全，发包人寻求和解的可能性就很大，因为发包人的财产已被查封、扣押或冻结，若继续诉讼下去，对其没有任何好处，迅速地寻求和解，争取施工单位减免利息等费用，才是其努力的方向。

办理财产保全，一般需要提供担保财产，其可以是债权人自己的房产或资金，也可以是债权人亲戚、朋友甚至是担保公司提供的房产或资金。当然，目前更主流的方式是保险公司出具保单，保险公司的收费也相对比较低廉。另外，财产保全需要向法院交纳一定的保全费用，财产保全诉讼不超过 1000 元或者不涉及财产数额的，每件交纳 30 元；超过 1000 元至 10 万元的部分，按照 1% 交纳；超过 10 万元的部分，按照 0.5% 交纳，但最多不超过 5000 元。

为保证可保全到建设单位的财产，项目经理在合同履行过程中，应注意留意以下几点：

（1）留意所承建项目是否属于合作建房，如该项目属于合作建房，因合作建房各方一般需对工程款承担连带清偿责任，则除可保全建设单位的财产外，还可保全其他合作建房方的财产。

（2）留意建设单位的财产状况，建设单位的财产包括其办公房产、其他持有房产、银行账号存款、车辆、在外股权投资、在外债权等。一旦发生建设单位拖欠工程款的情况，如果施工单位掌握上述建设单位的财产状况，可以迅速对以上财产采取财产保全措施。

（3）注意所建项目的销售情况，施工单位对于所建房产享有建设工程价款优先受偿权，但如果房产已经销售给消费者者，则该优先权可能就会丧失。故项目经理作为在现场的领导者，在建设单位领取了预售许可证以后，应随时注意房产的销售情况，如发生房产销售很好，却拖欠工程款的情况，应该及时采取诉讼保全的措施，以保护工程款的安全。

## 2. 保住建设工程价款优先受偿权

《民法典》第八百零七条规定："发包人未按照约定支付价款的，承包人可以催告发包人在合理期限内支付价款。发包人逾期不支付的，除根据建设工程的性质不宜折价、拍卖外，承包人可以与发包人协议将该工程折价，也可以请求人民法院将该工程依法拍卖。建设工程的价款就该工程折价或者拍卖的价款优先受偿。"

建设工程价款优先受偿权是施工单位的一项重要特权，这对施工单位保障工程款的回收非常关键的。以下案例可说明这一点：

【案例 102】享有建设工程价款优先受偿权，工程款在破产案中得以清偿。

---

某施工单位承建了深圳×××科技有限公司开发建设的深圳市高新科技园内的×××研发生产基地项目。因深圳×××科技有限公司拖欠工程款，施工单位起诉到法院，后双方达成调解，调解书写明欠工程款 30056310.75 元，停窝工损失 3141457 元，订购、加工损失 540 万元，并确认原告对承建的"×××研发生产基地"项目享有工程价款优先受偿权。

调解达成后，深圳×××科技有限公司被深圳中院宣告破产。因施工单位的工程款已被司法确认具有工程价款优先受偿权，故该施工单位的债权基本获得清偿，而其他没有工程价款优先受偿权的一般债权只能获得 5% 的清偿。

---

对于工程价款优先受偿权，项目经理应掌握可优先受偿的工程款的范围、主张工程价款优先受偿权的期限、哪些情形会丧失工程价款优先权以及工程价款优先受偿权如何主张等。

**（1）可优先受偿的工程款的范围**

工程价款优先受偿权有一定的适用范围，并非所有类型的工程款都能享有工程价款优先受偿权。总包工程款享有工程价款优先受偿权没有争议，但总承包人分包的分包工程款，一般认为不享有工程价款优先受偿权。

建设单位直接发包的消防工程、玻璃幕墙工程、装修装饰工程等，一般也认为享有工程价款优先受偿权，但承包人只在该工程增加价值的范围内享有该权利。

**（2）工程价款优先受偿的主张期限**

2021 年 1 月 1 日开始施行的《施工合同纠纷司法解释（一）》第四十一条规定："承包人应当在合理期限内行使建设工程价款优先受偿权,但最长不得超过十八个月,自发包人应当给付建设工程价款之日起算。"

这个规定拓宽了工程价款优先受偿权的行使期间，可以帮助施工单位更好地维权。当然，新规定也留下了一些争议，比如建设工程价款并非一笔支付，至少可以区分为进度款、结算款、保修金几个部分，那么这个十八个月的期限，是从保修金到期之日起算还是结算款到期之日起算？

我们建议，为确保施工单位工程价款优先受偿权的实现，至少在结算款到期之日起十八个月内提起诉讼或申请仲裁。

**（3）工程价款优先受偿权的权利丧失**

建设工程价款优先受偿权给予施工单位很大的特权，法院在司法实践过程中，为了各方利益的平衡，对工程价款优先受偿权作了一定的限制，以下情形均有可能使工程价款优先受偿权丧失，实践当中应予注意。

1）主动放弃

建设方在开发建设时，通常需要向银行进行抵押借贷，而工程价款优先受偿权优先于抵押权，对抵押权的威胁甚大。故有部分银行，要求建设方在签订施工合同时取得施工单位放弃工程价款优先受偿权的承诺。

就施工单位对该承诺是否有效的问题，《施工合同纠纷司法解释（一）》第四十二条规定："发包人与承包人约定放弃或者限制建设工程价款优先受偿权，损害建筑工人利益，发包人根据该约定主张承包人不享有建设工程价款优先受偿权的，人民法院不予支持。"

虽然有此规定，但应注意该放弃或限制无效的前提是损害建筑工人利益，所以如果放弃或限制并不损害建筑工人利益（可以理解为不影响工人工资），则放弃仍然是有效的。

2）特殊工程

除上述的主动放弃外，有些工程因为工程本身的特殊性，涉及公共利益，不适宜折价、拍卖，该些工程的工程款实际也没有工程价款优先受偿权。广东省高级人民法院《关于在审判工作中如何适用〈合同法〉第286条的指导意见》第四条规定："承包人只能对其所建设的建设工程主张工程价款优先受偿权。承包人对于其参与建设的学校、幼儿园、医院等以公益为目的的事业单位、社会团体的教育设施、医疗设施和其他社会公益设施，不享有建设工程价款优先受偿权。"

施工单位如承建上述工程，应清楚该工程无法折价或拍卖，对因此升高的工程款回收风险应有足够认识。

另外，上述规定还强调只能对其所建设的建设工程主张优先权。如某施工单位施工了某地块的桩基础，此后因建设单位无力再开发，只能对该项目进行拍卖，但施工方并不能对该全部拍卖款优先受偿，应剔除土地价值部分。

3）质量不合格

《施工合同纠纷司法解释（一）》第三十八条规定："建设工程质量合格，承包人请求其承建工程的价款就工程折价或者拍卖的价款优先受偿的，人民法院应予支持。"

所以如果因承包人的原因导致建设工程未经工程质量竣工验收或验收不合格，承包人主张建设工程价款优先受偿权的，人民法院将不予支持。

4）房产销售

《最高人民法院关于人民法院办理执行异议和复议案件若干问题的规定（2020 修正）》第二十九条规定："金钱债权执行中，买受人对登记在被执行的房地产开发企业名下的商品房提出异议，符合下列情形且其权利能够排除执行的，人民法院应予支持：a.在人民法院查封之前已签订合法有效的书面买卖合同；b.所购商品房系用于居住且买受人名下无其他用于居住的房屋；c.已支付的价款超过合同约定总价款的百分之五十。"

按上述规定，买受人支付百分之五十以上款项后，建设工程价款优先受偿权就不得对抗买受人。

5）工程代建

工程代建是项目所有人将工程委托给他人，由他人代为发包，代为管理，代为付款的情形。如果在代建关系中，施工合同明确只有代建方有付款责任，因建筑工程属业主所有，而不属于代建方所有，施工单位也可能面临无法对建筑物主张行使工程价款优先受偿权的局面。

6）项目转让或债权转让

在房地产开发过程中，可能出现项目转让的情况，即开发商在资金链条断裂或其他考虑的情况下，将项目整体转让给第三人。项目转让后，因建筑物所有权人已变更，施工单位将失去对该建筑物主张工程价款优先受偿权的机会。《最高人民法院关于审理建设工程施工合同纠纷案件适用法律若干问题的解释（征求意见稿）》第二十三条也曾规定，具有下列情形，承包方向人民法院主张优先权的，人民法院不予支持："……e.建设工程所有权已被人民法院生效法律文书确定转移的。"

关于工程价款优先受偿权是否随工程款债权转让而转让？对此不同地区法院有截然不同的观点。如《河北省高级人民法院建设工程施工合同案件审理指南》第三十七条规定："建设工程价款优先受偿权与建设工程价款请求权具有人身依附性，承包人将建设工程价款债权转让，建设工程价款的优先受偿权消灭。"最高人民法院的法律文书中也有支持的观点，如（2021）最高法民申 33 号民事裁定书，认为："闫××系作为 ×× 公司承建案涉工程全额投资人受让案涉工程款债权及相关权利，一二审判决基于债权转让并结合闫××系全额投资人身份的事实，认定建设工程价款主债权转让，建设工程价款优先受偿权一并转让，闫××取得相关工程款债权优先受偿权并不违反上述法律规定。"

**（4）工程价款优先受偿权的行使问题**

1）催告

催告是经常被施工单位忽略的一个步骤，《民法典》第八百零七条明确规定："发包人未按照约定支付价款的，承包人可以催告发包人在合理期限内支付价款。发包人逾期不支付的……就该工程折价或者拍卖的价款优先受偿。"故催告是行使工程价款优先受偿权的一个必要的手续。

《最高人民法院关于审理建设工程施工合同纠纷案件适用法律若干问题的解释（征求意见稿）》第十七条对此曾有非常明确的规定："承包方主张以承建工程折价或拍卖的价款优先受偿的，应向发包方催告，催告履行的合理期限应不少于1个月，以发包方收到催告通知之次日起算。催告应当采用书面形式。"虽然该条在正式颁布时被删除，但根据上引的《民法典》第八百零七条规定，催告仍是必需程序，且期限也不应过短，应采用书面形式。

2）提起诉讼

催告后如果在催告的合理期限内不支付，施工单位就可以向法院起诉，主张支付工程款，且主张对工程折价或拍卖的价款优先受偿，法院可对此一并判决。

3）单方发函

单方发函主张享有优先受偿权是否能作为有效行使该权力的方式？在司法实践中仍存有争议，如已被废止的《广东省高级人民法院关于审理建设工程合同纠纷案件疑难问题的解答》第十七条曾规定："向发包人以书面形式明确表示主张优先受偿权的，也属于对建设工程价款依法行使优先受偿权"；以及同样已被废止的《江苏省高级人民法院关于审理建设工程施工合同纠纷案件若干问题的解答》第十八条曾规定："承包人通过发函形式主张建设工程价款优先受偿权的，不认可其行使的效力。"

最高人民法院虽然对此没有定论，但是在其做出的裁判文书中，已经支持了发函也是行使优先受偿权的方式之一。在（2018）最高法民再84号案中，最高人民法院认为：原一审、二审法院有关施工方发函仅是主张享有优先受偿权，而没有行使优先受偿权的认定有误，通过发函的形式主张建设工程价款优先受偿权，应当认定为行使该权利。（2019）最高法民终255号等案件中，最高院也秉承同样观点。

所以如果施工单位暂不想提起诉讼时，不妨以发函方式先主张建设工程价款优先受偿权，这样在诉讼中还是有机会被法院认定。

### 3. 保证诉讼时效不超过

对于诉讼时效这个概念，相信大家都不陌生。

《民法典》第一百八十八条对此规定："向人民法院请求保护民事权利的诉讼时效期间为三年。法律另有规定的，依照其规定。诉讼时效期间自权利人知道或者应当知道权利受到损害以及义务人之日起计算。法律另有规定的，依照其规定。"

根据上述规定，对于像工程款这样的债权，施工单位应当在知道或者应当知道权利被侵犯之日也即工程款被拖欠之日起3年内提起诉讼，3年内未提起诉讼，同时又没有诉讼时效中止或者中断的情形的，一旦债务人在诉讼中以超过诉讼时效进行抗辩，施工单位将面临败诉的风险。

另外，最高人民法院《关于审理民事案件适用诉讼时效制度若干问题的规定》对诉讼时效的问题进行了进一步的完善和补充，下面主要谈一下诉讼时效的几个争议问题及施工单位的应对策略。

#### （1）分期支付的工程款的诉讼时效起算

工程款因数额巨大，一般均为分期支付，对于分期履行的债权，由于各期债权的履行期限不同，则该债权的诉讼时效期间应以何为起算点？就建设工程施工合同纠纷案件而言，施工单位工程款请求权的诉讼时效应自工程款支付期限届满之次日起算，但当事人约定由建设单位按工程进度支付进度款的，则施工单位对于建设单位的工程款请求权分为不同的履行期限履行，此种情形下，施工单位向建设单位主张工程款支付请求权的，其请求权的诉讼时效期间应如何起算？

《最高人民法院关于审理民事案件适用诉讼时效制度若干问题的规定》第五条规定："当事人约定同一债务分期履行的，诉讼时效期间从最后一期履行期限届满之日起计算。"深圳地方司法意见《深圳市中级人民法院关于审理建设工程施工合同纠纷案件的指导意见》第三十四条也有类似的规定："建设工程施工合同的工程款支付请求权之诉讼时效期间自合同约定的最后一期工程款的支付期限届满之次日起算；工程质量保修款返还请求权的诉讼时效期间自保修款应返还日之次日起算。"

当事人约定工程款以进度款分期支付的情形属于同一笔债务分期履行的情形，工程款支付请求权是一笔债权，应适用一个诉讼时效起算点。因此，根据上述司法解释及司法意见，应认定建设工程施工合同的工程款支付请求权的诉讼时效期间，自合同约定的最后一期工程款的支付期限届满之次日起算。

要特别注意的是，一般建设工程均要求施工单位保留部分工程款作为保修金，在工程竣工验收后 2 年或更长的时间归还。那么，保修金和之前的工程款是否属于同一债务呢？如果属于同一债务，则施工单位因承建建设工程的所有款项的诉讼时效为保修金支付期限届满 2 年内；如保修金和其他部分的工程款不属于同一债务，则其他工程款和保修金的诉讼时效需要分别起算。

工程款和保修金不属于同一债务，因为保修金的性质实际是施工单位为保证自己履行保修义务，支付给建设单位的保证金，只是因为建设单位仍欠付工程款，由建设单位直接扣留而已，但性质已由建设单位应支付的工程款而转为施工单位支付给建设单位的保证金。另外，上引的《深圳市中级人民法院关于审理建设工程施工合同纠纷案件的指导意见》，也将工程款和保修金的诉讼时效问题分别做了规定，因此，施工单位从谨慎的角度出发，应以保修金前的最后一笔工程款的支付时间作为工程款诉讼时效起算点。

**（2）工程质量保修金的诉讼时效起算**

关于工程质量保修金的返还请求权的诉讼时效期间，同样应自当事人约定的保修款返还期限届满之次日起算。当事人约定保修款在保修期届满后支付的，则保修款返还请求权的诉讼时效自保修期届满之次日起算。

**（3）违约金及利息的诉讼时效起算**

部分施工工程合同会约定一旦迟延付款或有其他违约行为，应支付违约金及利息。我们认为违约金属于单独的债权，如果当事人对违约金的支付时间有约定，应从约定的支付之日起计算诉讼时效；没有约定的，应从结算完毕的时间起算。而利息则属于工程款的从属债务，和工程款属于同一债务，其诉讼时效的起算点应和工程款债务一致。

**（4）工程款结算的诉讼时效起算**

部分工程在工程完工后，因建设单位拖延而迟迟不能办理结算，有部分施工单位认为工程没有办理结算，则不存在超过诉讼时效的问题。但《深圳市中级人民法院关于审理建设工程施工合同纠纷案件的指导意见》第三十七条规定，工程结算也有诉讼时效，该意见规定："承包人结算工程价款请求权的诉讼时效期间为 2 年，自当事人约定的结算期限届满之日起算。当事人约定于工程竣工验收合格之日起结算的，诉讼时效期间自工程竣工验收合格之日起算；当事人约定发包人在收到承包人结算文件后之结算期限内协助结算的，诉讼时效自该结算期限届满之日起算；建设工程施工合同被解除的，诉讼时效期间自合同被解除之日起算。"

深圳中院的理由是：建设工程竣工验收合格后，建设单位应当与施工单位结算工程价款，建设单位怠于履行结算义务的，施工单位得以请求人民法院判令发包人结算工程款。施工单位请求结算工程款的请求权属于财产请求权，适用法律关于诉讼时效的规定。

结算请求权的诉讼时效应自该权利被侵害时起算，具体表现为发包人怠于履行结算义务的违约行为成立之时。因此，确认结算请求权之诉讼时效期间的起算点，应考察双方当事人关于结算义务履行期限之具体约定。当事人约定自工程竣工验收合格之日起结算工程价款的，工程竣工验收之后，建设单位怠于履行该结算义务时，施工单位可向法院起诉请求履行，其诉讼请求的时效期间起算点为工程竣工验收合格之日。

当事人约定工程竣工验收合格后，由施工单位向建设单位提交结算文件，建设单位在接到结算文件的约定期限内予以审核并作出答复的，建设单位应当在该期限内明确表示同意或不同意该结算结果，表示不同意的，应及时配合施工单位重新结算。建设单位未在约定期限内答复，则答复期限届满可认定其怠于履行结算义务，诉讼时效自答复期限届满之日起算；建设单位在仅约定期限内答复不同意结算结果的，但怠于与施工单位进行协商，重新进行结算的，视为其怠于履行配合结算义务，施工单位请求结算的诉讼时效自答复期限届满之日起算。

施工单位应根据上述意见，及时向建设单位主张工程价款结算。在实际操作过程中，一定要注意保留主张结算的材料，否则在诉讼中，如果对方不承认施工单位曾主张结算，则施工单位将处于不利地位。

施工单位对于诉讼时效应加以重视，切勿因诉讼时效问题导致案件败诉，工程款无法收回。在施工合同履行过程中，施工单位应采取如下措施，保证其债权均处于诉讼时效内：

1）对每一个工程，在合同签订后，由专人监控合同的履行，并根据合同对于付款时间的规定，列明工程款、保修金的诉讼时效最后期限。

2）对于诉讼时效快要届满的债权，应委托律师尽快起诉；如暂不起诉，也应委托专业法律人员对债务人采取发催收函或要求对方承诺付款等法律认可的中断诉讼时效的方式进行催收，以保证诉讼时效的有效性。

根据《最高人民法院关于审理民事案件适用诉讼时效制度若干问题的规定》，以下情形可判断为诉讼时效中断："1）当事人一方直接向对方当事人送交主张权利文书，对方当事人在文书上签名、盖章、按指印或者虽未签名、盖章、按指印但能够以其他方式证明该文书到达对方当事人的；2）当事人一方以发送信件或者数据电文方式主张权利，信件或者数据电文到达或者应当到达对方当事人的；3）当事人一方为金融机构，依照法律规定或者当事人约定从对方当事人账户中扣收欠款本息的；4）当事人一方下落不明，对方当事人在国家级或者下落不明的当事人一方住所地的省级有影响的媒体上刊登具有主张权利内容的公告的，但法律和司法解释另有特别规定的，适用其规定；5）义务人作出分期履行、部分履行、提供担保、请求延期履行、制定清偿债务计划等承诺或者行为的，应当认定为《民法典》第一百九十五条规定的'义务人同意履行义务'。"

在工程款清欠工程中，施工单位应有效利用法律允许或认可的手段和方法，中断诉讼时效，使诉讼时效处于有效范围内，具体就工程款清欠而言，主要有如下方法：

1）提起诉讼，或申请仲裁、申请支付令、申请财产保全，或在诉讼中主张抵销。

2）向对方发函，要求支付工程款。

3）要求对方作出承诺、提供担保或支付部分工程款。

4）对方下落不明的，在国家级或省级报纸上刊登主张权利内容的公告。

总之，对于诉讼时效，施工单位应给予充分的重视，避免工程款因诉讼时效问题而得不到清偿。

## 4. 谨慎行使留置权

抗辩权有后履行抗辩权、同时履行抗辩权和不安抗辩权，实践中关于施工单位应用后履行抗辩权的问题是，施工单位能否以建设单位拖欠工程款为由，拒绝交付工程。对此我们建议施工单位应谨慎处理。

如下面这个案例，施工单位扣押建设单位房产约 40000m$^2$，结果被建设单位索赔。

【案例 103】施工单位扣押房产被索赔案。

原告（反诉被告）：北京某经济发展有限责任公司

被告（反诉原告）：北京某建筑工程公司

原被告双方先后签订了某花园建设工程施工协议及施工合同各一份。工程造价暂定 4 亿元。定额工期为 1538 天，合同工期为 760 天。被告每延期竣工 1 天，依照合同工期，赔偿原告工程总造价的 2‰ 的违约金，但累计赔偿总额不超过总造价的 3%。并约定被告按施工工程结算的工程造价，让利 3% 给原告（不包括设备原值及税金）。在施工合同履行中，双方多次对工程等事项进行了洽商变更。工程工期亦相应地予以顺延。在施工过程中，双方因合同的履行等问题发生了纠纷。原告停止了工程款的拨付，被告亦停止了 3 号楼的工程施工。被告并以原告欠其工程款为由，将已经竣工的 4 号楼的地上第 2 层、地下第 3 层及 5、6 号楼的全部楼房扣押。其中扣押 4 号楼地上第 2 层的建筑面积为 21087 平方米，扣押的时间为 345 天。扣押 5 号楼的建筑面积为 11000 平方米，扣押的时间为 295 天。扣押 6 号楼的建筑面积为 8539 平方米，扣押的时间为 245 天。被告扣押原告上述楼房，给原告造成的损失，按原告楼房所在地区 1999 年写字楼出租行业日平均租金人民币 4 元、出租率 60% 计算，因被告扣押该楼房，共给原告造成经济损失为 14567021 元。

法院判决：在合同履行过程中，被告扣押了某花园 4 号楼的地上第 2 层和 5、6 号楼的全部楼房，被告的该扣押楼房的行为，超出了其行使民事权利的范围，给原告造成了一定的经济损失，原告要求被告赔偿扣押楼房损失请求的合理部分，本院予以支持。具体赔偿数额，参照楼房所在地当时的日平均租金标准及房屋出租率来确定。

# 二、行政执法的应对

除了行政诉讼外，工程项目还涉及很多行政监管。对工程项目的行政监管主要由住房和城乡建设主管部门执行。

2021 年新修订的《行政处罚法》于 2021 年 7 月 15 日施行，与之配套的《住房和城乡建设行政处罚程序规定》（以下简称《程序规定》）也已在 2022 年 5 月 1 日开始施行，现结合以上两个法规，谈一谈项目经理如何应对行政执法。

### 1. 形式审查

对上门执法的行政执法人员，应比对执法人员身份，可查看执法证有效期限以及人员所属部门。

执法人员下发的执法文书，可以签收，对于行为性质是否违法不确定的，应及时咨询律师。

需要特别提示的是，行政执法也有管辖权的问题，对于不确定相关事项应否由该机关管辖时，可查询该政府网站，确认相关行政机关的权力清单中包含相应的行政执法权。

## 2. 询问应对

执法机关进入执行程序后，在调查阶段一般会制作询问笔录，这是行政执法中最重要的文书，后续行政执法的结果与询问笔录密切相关，行政相对人需要特别重视询问笔录的陈述和申辩。

对于询问笔录的总体原则应是积极配合，如实陈述，主动申辩。

首先，在我国，行政机关权力较大，整体国家基本是行政主导的体制，行政执法对企业经营影响巨大，故对于行政机关的行政执法，应积极配合。

其次，对于行政机关的执法，应当如实陈述，行政相对人可提前就涉嫌违法的行为，进行全面分析、预判，必要时应咨询律师。

最后，如有正当理由，如超过行政处罚追溯期限等情形，应主动申辩。如在建设工程领域，涉及内部承包、政府同意临时占地等，务必提出，这样有利于行政处罚进程推进，甚至提前结案。

要特别提醒的是，询问结束后，被询问人员应仔细核对笔录内容后再签字，询问笔录内容与表述内容不一致的，应订正后再签字，否则将成为行政处罚的依据。

## 3. 申辩听证

《行政处罚法》第四十四条规定："行政机关在作出行政处罚决定之前，应当告知当事人拟作出的行政处罚内容及事实、理由、依据，并告知当事人依法享有的陈述、申辩、要求听证等权利。"

故在行政处罚之前，行政机关会发出行政处罚意见告知书、事先告知书、听证告知书等文书，行政相对人收到后，应针对其所列事实、理由和依据，积极申辩，必要时申请听证。

申辩应单独提交完整的陈述书或申辩书，将不应处罚或应减低处罚的理由，从法律、情理等角度进行完整说明，便于行政机关在决定处罚时综合考量。

另根据《行政处罚法》第六十三条的规定，对于较大数额罚款、没收较大数额违法所得、没收较大价值非法财物、降低资质等级、吊销许可证件、责令停产停业、责令关闭、限制从业、其他较重的行政处罚、法律、法规、规章规定的其他情形，行政处罚决定之前，行政机关应当告知当事人有要求举行听证的权利。

【案例 104】安全事故总分包一同被处罚案。

> 某项目工地分包单位发生一起安全事故，建设行政主管部门根据法律规定，拟对总包及分包一并处罚，总包申请听证，在听证会上，总包提供证据，证明总包已按照规定，对分包劳务工人进行了安全教育，发生安全事故，系分包单位原因，建设行政主管部门在此事实基础上，减轻了对总包单位的处罚。

### 4. 处罚阶段

行政机关经调查、询问、告知、听证等程序后，将决定是否进行行政处罚。

收到行政处罚决定后，如不服该行政处罚决定，可从以下方面进行审查，以决定是否提出行政复议或进行行政诉讼：

（1）审查行政处罚的主体是否适格，包括进行行政执法的工作人员是否具备执法资格；

（2）审查行政处罚的程序是否合法，比如是否遗漏告知、听证等程序；

（3）审查当事人的基本情况、案件事实是否清楚准确，证据是否确实充分，定性是否准确无误；

（4）审查行政处罚适用的法律、法规、规章是否正确，以及该行政处罚是否在执法机关法定权限范围内；

（5）审查行政处罚自由裁量权的运用是否恰当等。

## 三、不合格供应商清退

工程施工除了自身技术、人员素质过硬以外，也需要依赖外部供应商的通力合作。

施工项目的供应商，主要包括劳务队伍、材料供应商以及机械设备周转材料租赁商等几类。

对于不合格的供应商，一般按照以下程序进行处置：

## 1. 保存证据

在供应商出现违约的情况下，应及时固定证据。证据的保存有几种形式：

（1）会商记录。在供应商出现履约问题时，不论是质量问题、工期问题，我们都建议在发函之前先作会商，在会商过程中将质量问题、工期问题等由各方进行确认，然后由责任方提出解决方案。以上会商内容形成会议纪要，由各方签名确认，因该会商记录属于各方确认的资料，证明力较强，如后续发生纠纷，可以起到很好的证明作用。

（2）影像资料。对于供应商存在的质量问题，可以通过拍照、录像等方式，对于质量问题进行固化取证。影像资料可和发函配合使用，在发函时可将拍照、录像取证的内容一并附上告知对方。

（3）单方发函。对于不配合的供应商，则可进一步采用单方发函的形式。如供应商延期提供货物或完成工程，应在延期后或根据当前进度确定延期后及时发函，指出其已违反合同规定，责令其在一定期限内完成。

（4）检测鉴定。在质量问题责任主体不明确的情况下，可邀请第三方检测鉴定机构对已施工工程或已供应材料进行检测鉴定。检测鉴定机构的选定、检测鉴定过程及检测鉴定结果应通知或告知供应商。

（5）第三方证明。对供应商存在的违约事实，施工单位还可通过建设单位、监理单位提供证明的方式，辅助证明供应商存在违约的事实。

## 2. 解除合同

在收集好证据的基础上，对于拒不改正的供应商，就需要考虑解除合同的问题。

首先，项目经理对于合同解除条件的法律规定须有明确的认识。《民法典》第五百六十三条规定，有下列情形之一的，当事人可以解除合同："1）因不可抗力致使不能实现合同目的；2）在履行期限届满前，当事人一方明确表示或者以自己的行为表明不履行主要债务；3）当事人一方迟延履行主要债务，经催告后在合理期限内仍未履行；4）当事人一方迟延履行债务或者有其他违约行为致使不能实现合同目的；5）法律规定的其他情形。以持续履行的债务为内容的不定期合同，当事人可以随时解除合同，但是应当在合理期限之前通知对方。"

其次，除以上法定的解除合同的事由外，双方合同中约定了解除事由的，守约方也可解除合同。

最后，在取得对方违约的证据，且符合以上解除合同的事由后，施工单位可以发函给对方，声明解除合同。合同解除后，尚未履行的，终止履行；已经履行的，根据履行情况和合同性质，当事人可以请求恢复原状或者采取其他补救措施，并有权请求赔偿损失。

### 3. 清退供应商

在解除合同的通知发出后，供应商可能拒不配合，在此情况下，施工单位可根据不同情况实施清退措施：

（1）供应商是分包单位（含劳务分包）的，应对分包已完工程及现场遗留材料进行清点，拍照录像，邀请监理单位给予见证，必要时还需要聘请造价咨询单位进场对已施工工程进行计价结算。清点过程应通知分包单位参加，清点结果应告知分包单位。

（2）供应商是材料供应单位的，应对已供应材料的数量、价值等进行清点核算，未供应的材料通知不再供应。

## 四、停工退场注意事项

除了常规的签证和索赔事项后，施工单位面临的一项复杂的情形是工程停工，甚至合同解除。一旦发生停工甚至解除合同，索赔额往往非常巨大，下文特别针对停工索赔需要防范的问题作一阐述：

### 1. 停工索赔的理由

因建设单位原因导致工程停工主要有如下几种情形：

（1）建设单位未按照合同约定的时间提供原材料、设备、场地，导致工程停工；

（2）建设单位未按照约定的时间支付工程预付款、进度款导致工程停工；

（3）建设单位未按合同约定提供技术资料或不及时进行技术交底导致工程停工；

（4）建设单位未及时检查隐蔽工程、未及时进行中间结构的验收导致下步工程无法施工而致工程停工；

（5）发现地下障碍物、水流或文物造成工程停工；

（6）非正常突发事件或不可抗力导致工程停工；

（7）因建设单位提出建设工程施工合同无效并被确认后的工程停工；

（8）因建设单位提出已施工部分工程质量存在严重缺陷而引起的停工等。

停工原因的界定直接影响到停工责任的承担。如果由于施工单位原因导致停工的，则因停工带来的停窝工损失、工期延误等责任均应由施工单位自身承担；如果由于建设单位原因导致的，则应由建设单位承担；如由施工合同外第三人的原因导致的，则要区别对待。

**【案例 105】**_广州某广场停工索赔案。_

建设单位将广州某广场工程发包给某施工单位，之后由于建设单位拖欠建设银行贷款，广场被法院查封。后因法院先后发布公告和通知，禁止施工，并刊登拍卖公告，委托拍卖公司拍卖涉案工程。广州市建设委员会因抢险需要下达全面停工整改通知书，责令全面停工整改。施工无法继续进行，次日全面停工，由此引发纠纷。施工单位向建设工程所在地法院提起诉讼，要求解除合同并要求建设单位支付已完工程的工程款 1900 万元，支付停窝工损失 860 万元、支付原告退场费欠款 200 万元及利息。

我们作为原告施工单位的代理人，分析案情后认为，解除合同的责任完全是由于建设单位的原因，证据有法院的停工公告。而建设单位提出开工后，虽然有法院的停工公告，但施工单位也有继续施工直至广州市建设委员会发出全面停工整改，所以施工单位在明知可能被法院查封的情形下继续施工，自身也是有过错的，而且停工的直接原因是广州市建设委员会的抢险停工整改。对此，我们认为：首先法院的停工公告是在开工之后，施工单位虽然违背法院的停工公告而继续施工，但不影响停工的原因是建设单位的事实。其次，虽然停工直接原因是广州市建设委员会的抢险停工整改，但是险情的起因与施工单位无关，而是由于工地本身基坑闲置时间太长引起的，故而不应由施工单位承担责任。广州市建设委员会向建设单位发出《关于对 ×× 广场基坑实施抢险施工的函》，要求建设单位回填基坑抢险。后建设单位将基坑抢险工作直接发包给湖南省 ×× 工程公司广州分公司施工。

本案以施工单位完胜告结，建设单位承担停工的全部责任，判决建设单位承担施工单位 800 多万元的停工损失。

这个项目的索赔，施工单位有合同依据及法律依据，双方签订的《建设工程施工合同》通用条款44.6款规定"有过错的一方应当赔偿因合同解除给对方造成的损失。"双方签订的《广州市建设工程施工补充合同》第八条第（一）第5项约定，如工程中途停建、缓建或设计变更以及设计错误造成返工，甲方应采取措施弥补或减少损失，同时经有关部门审定后赔偿由此而造成乙方的停工、窝工、返工、倒运、人员和材料积压等的损失。最高人民法院《关于审理建设工程施工合同纠纷案件适用法律问题的解释》第十条规定："因乙方违约导致合同解除的，违约方应当赔偿因此而给对方造成的损失。"

很多项目也有类似的合同条款，为何没有取得类似的效果，关键还是索赔证据准备的问题。本案施工单位的停窝工索赔资料做得非常完善，停窝工索赔书有厚厚的两大本，其中包含停工的依据、停工时施工单位向监理和建设单位汇报现场人材机的清单列表、各项费用的计算表及费用产生的依据，甚至细致到了与看守工地的保安签订的聘用合同。

索赔资料的完善直接影响到最终能被支持的索赔费用的大小，有的施工单位所做的索赔资料非常简陋，这是很大的缺陷，希望施工单位能从我们这个案例中提高认识。

所以当发生索赔事件时，施工单位应注意收集、固定索赔的相关证据，为日后的索赔打下坚实的基础。

### 2. 停工索赔需采取的方法步骤

停工存在充分的理由的，应在停工后，及时通知建设单位工程已停工，并据此向建设单位提出索赔意向，并就停工损失持续报告。

下文是就停工状态向业主发送的联系函，因建设单位无正式书面指令停工，故而承包人只得发出书面函，向建设单位汇报停工状态，并描述现场人员、机械、材料状况，为日后索赔打下基础。

【参考文书34】关于××科技C型厂房工程暂停事宜的函

---

致：深圳市××科技发展有限公司

深圳市××建设监理有限公司

　　××科技公司工业厂区C型厂房，我司自2011年5月8日进场开始，完成项目部组建、组织人员、机械到位开始施工，截至 2011 年 7 月 10 日，C 型厂房项目已完成如下工作内容：

基坑土方开挖、塔式起重机基础土方开挖；

基坑支护工程；

基坑垫层、排水沟、集水井；

临舍搭建、围挡及项目整体平面规划；

场地、道路硬化。

现因 ×× 科技工业厂区 C 型厂房图纸设计未完善（含桩基）、现场无工作内容及大运会等因素影响，工程暂停，无法进入下阶段施工，导致我司项目部从 2011 年 7 月 11 日起现场除安排 4 人进行基坑排水、抽水外，无任何施工内容。但我司仍需支付以下费用：

项目部管理人员、技工待工费；

日常水电费 1 万元 / 月；

板房租赁费 1600 平方米 ×15 元 / 平方米 =24000 元（月）；

周转材料（钢管 80T、扣件 5000 个）租赁费；各种机械租赁费 3 万元 / 月。

在此，望建设单位督促设计单位尽快完成施工图设计和项目报建工作，以利于工程尽早进入施工阶段。

某公司 ×× 科技 C 型厂房项目部

×× 年 ×× 月 ×× 日

### 3. 停工索赔的费用构成

以可能发生较大索赔金额的工程停工为例，可索赔的费用包括：

（1）人工费增加。如留守人员工资、人员的遣返和重新招雇费用及对工人的赔偿等。就此索赔，需要提供经建设单位或监理确认的留守人员名单、工资发放银行记录、工资签收单等证据。

（2）机械费增加。如设备停置费、额外的进出场费、租赁机械的费用等。就此索赔，需要提供机械进出场证明、器械租赁合同、资金支付凭证等。

（3）材料费增加。因停工引起的材料价格上涨，以及材料报废等损失。就此索赔费用，需要提供材料进出场证明、材料采购协议、材料移交或报废证明、资金支付凭证等。

（4）保函、保险延长损失费、手续费。就此索赔，需要提供保函、保费支出证明。

（5）贷款利息。工程中断引起额外资金占用的利息。就此索赔，如存在贷款合同，可以提供。

（6）现场管理费。如现场办公设施、日常管理支出、交通费等。就此索赔，可以提供板房租赁合同、相关费用发票等材料予以证明。

（7）分包商的索赔。因停工导致分包合同履行违约，分包商进行索赔。就此索赔，需要提供分包合同、索赔报告、协议书、资金支付凭证等予以证明。

（8）总部管理费增加。因停工造成公司总部管理费增加。就此索赔，举证相对比较困难，可以考虑在投标报价时对总部管理费等费用予以说明，以便在索赔时可以参考使用。

（9）其他额外费用。如停工、复工所产生的额外费用，工地重新整理等费用。

（10）预期利润。因停工时间过长造成合同解除时可以主张，指合同正常履行情况下预期可得利益。

【案例106】停工后施工单位存在管理客观事实，未完工程的企业管理费法院酌定按一定比例计入停工损失范围。

> 在最高人民法院（2020）最高法民终1310号案件中，因建设单位未支付工程款原因导致停工，施工单位停工后，施工人员已经撤场，后起诉要求建设单位支付停窝工损失，包括施工机械损失、周转材料损失、安全文明施工费损失、企业管理费损失等，该等损失通过鉴定机构进行鉴定。
>
> 关于企业管理费损失部分，《鉴定意见书》在"不确定的工程造价"中，列明未完工程企业管理费为3096096元，建议未完工部分企业管理费应按20%～30%计算。建设单位主张施工单位工作人员早已撤场，不应当再计算企业管理费。但法院认为，双方提交的工作联系函等证据证明，2018年6月10日停工后，双方对复工及结算事宜仍在协商，故企业管理的事实客观存在，结合案件实际情况，对企业管理费损失按20%计算为宜，故支持未完工部分的企业管理费损失619219.20元。

工程停工，包括临时停工和中途停工退场两种情形，其索赔的范围是不同的。临时停工，其索赔一般为人工停工费、机械停工费两部分。而后者的索赔，包括停工前已经完成的人工、材料、机械设备的全部支出，并可要求建设单位对各项管理费用、利息、保险费用甚至履行合同预期可得利益损失进行索赔。无论是临时停工还是长期停工，签证确认的停工、窝工损失、增加费用，都在索赔的范围之内。

施工单位可得利益是否有法律依据，是否能得到法院支持？《民法典》第五百八十四条规定："当事人一方不履行合同义务或者履行合同义务不符合约定，造成对方损失的，损失赔偿额应当相当于因违约所造成的损失，包括合同履行后可以获得的利益，但不得超过违反合同一方订立合同时预见到或者应当预见到的因违反合同可能造成的损失。"

可得利益在司法实践中法院控制得较为严格，较多的依赖于法官的自由裁量权。所以施工单位的举证责任尤为重要，如果是采用综合定额计价的合同，可得利益的依据可以是综合定额中利润的点数；但如果是工程量清单的合同，要计算出利润金额则比较困难。为了解决这一难题，我们建议施工单位在投标报价中把利润作为报价的内容之一。

所以，工程索赔成功与否，依赖于工程施工过程中签证是否及时、到位。事到临头，发生纠纷需要索赔时再去签证，往往很难如意，所以我们建议承包人，施工过程中的签证管理工作是十分有意义、有价值的事情。就我们工作经验来看，建设单位尤其是房地产公司的法律意识普遍高于施工单位，房地产企业几乎每个开发项目都有专业律师的全程介入，对合同及履行进行审核把关，但是施工单位的项目部很少有专业的律师来进行风险管控，对施工全程的签证管理审核把关。我们也一直在向施工单位推荐项目施工非诉全过程法律服务，平时签证与索赔工作做好了，结算时就能事半功倍，纠纷也容易得到解决。

不同的情形对应不同的索赔项目，如建设单位要求加速施工，则索赔项目大致是：

（1）采购或租赁原施工组织设计中没有的新的机械设备产生的费用；

（2）增加新的工人，或采取加班措施所发生的费用；

（3）增加施工措施所发生的费用；

（4）采用奖励制度，提高工效所发生的费用；

（5）其他工地管理费用增加等。

【**案例 107**】退场后因项目工伤保险费用退还纠纷。

---

惠州某项目，总包单位中途退场，建设单位引入新的总包单位。原总包单位为项目办理工伤保险，缴纳保险费 90 万元，在退场时未办理退费。新总包单位进场后，重新办理工伤保险，缴纳保险费用 65 万元。

后原总包单位以项目重复缴费为由申请办理工伤保险退费手续，因为广东省人社大集中系统尚未开发建筑业工伤保险退费功能，导致该项目工程项目退费手续一直无法办理。该区人力资源和社会保障局、社会保险基金管理局、税务局等召开联席会议，认为原总包单位已非项目的合作承包单位，不需履行缴费义务，新总包单位缴纳工伤保险费属于重复缴费。综合考虑政策规定、系统经办因素，会议研究决定由新总包单位提出退费申请，将新总包单位重复缴纳的 65 万元退回，退回后，由新总包单位与原总包单位自行协商分配。

但对于原总包单位来说，其诉求是退回全部 90 万元，现仅退回 65 万元，存在 25 万元的差距。虽然与建设单位的退场协议里约定了保险费由建设单位负责退回，但建设单位以实际退费为 65 万元为由不予支付剩余 25 万元，引发争议。

---

此案例提示施工企业，在停工退场时，要注意各项费用的退回等是否存在程序障碍或者不利因素，尽量将该等障碍及不利因素的责任后果约定由建设单位承担。

### 4. 要注意采取措施防止损失扩大

《民法典》第五百九十一条规定："当事人一方违约后，对方应当采取适当措施防止损失的扩大；没有采取适当措施致使损失扩大的，不得就扩大的损失请求赔偿。当事人因防止损失扩大而支出的合理费用，由违约方负担。"

在施工项目中，因建设单位、发包人的原因导致施工单位停工的，施工单位也不能一直放任损失扩大，在停工持续一段时间后，如果合同继续履行的可能较小，机械、设备、人工等应该进行相应处理，承包人甚至可以主动提出解除施工合同。虽然实践中施工单位多通过继续占有施工现场以获得支付工程款、办理结算的有利条件，但仍需考虑实际情况平衡损失与收益。

**【案例 108】**承包人拒不撤场导致的损失扩大部分自行承担。

最高人民法院（2019）最高法民终 754 号案件中，2014 年 4 月 1 日，承包人完成主要工程竣工后，发承包双方仍有其他工程待完成，之后双方进行多次协商。2014 年 5 月 21 日，发包人向承包人发送了《工程联系及确认单》。要求承包人撤离包括混凝土搅拌站在内的全部设备，但发包人并未明确取消剩余工程，直至 2015 年 6 月 18 日，发包人才在《〈关于再次要求支付工程款的函〉回复意见》中明确表示，案涉工程全部结束。而承包人收到该回复意见后，依然未撤离现场。

法院认为发包人发出要求全部设施清理出厂区的函件后，承包人应当知道所涉剩余工程，难以继续履行，应在合理期间内将机械设备撤离工地，防止损失进一步扩大。故法院据此酌定自 2014 年 4 月 1 日至 5 月 21 日属于双方协商期，不应计算停工损失，自 2014 年 5 月 22 日至 2015 年 6 月 18 日共 391 天停工造成的施工机械台班停滞损失费，由发包人承担；2015 年 6 月 18 日之后造成损失扩大的部分，由承包人自行承担。

# 本课知识点

本课知识点总结　　　　　　　　　　　　　　表 12-1

| 关键词 | 操作要点 |
|---|---|
| 诉讼应对 | 收集好财产线索准备保全，确保 3 年的诉讼时效不超期以及 18 个月的建设工程价款优先受偿权行使期限 |
| 执法应对 | 面对行政执法，应特别重视询问笔录的应答，并积极进行申辩 |
| 供应商清退 | 供应商的清退，重点在于有充分的证据证明供应商存在违约，一旦违约事实确定，可及时解除合同 |
| 停工退场 | 停工退场涉及各方重大利益，必须有明确事由，停工后应进行相关索赔 |

# 项目经理立即做

（1）梳理项目存在的风险点，包括业主付款风险、行政违法风险、供应商违约风险，针对风险提前考虑应对策略。

（2）建设工程价款优先受偿权的行使时限为应付款之日起 18 个月，应及时采取措施保住优先受偿权。

（3）对于时间较长的欠款，应注意审查诉讼时效是否存在问题；存在问题的，可通过引导对方承诺付款等方式对诉讼时效进行补救。

**图书在版编目（CIP）数据**

项目经理的法律课堂：工程项目法律风险防控操作
指引 / 胡玉芳等著 . — 2 版 . —北京：中国建筑工业
出版社，2022.9（2024.3重印）
（"工程与法"系列丛书）
ISBN 978-7-112-27909-8

Ⅰ.①项… Ⅱ.①胡… Ⅲ.①建筑法 – 基本知识 – 中
国 Ⅳ.① D922.297

中国版本图书馆 CIP 数据核字（2022）第 168394 号

责任编辑：赵晓菲 朱晓瑜
文字编辑：李闻智
责任校对：李美娜

"工程与法"系列丛书
## 项目经理的法律课堂
## ——工程项目法律风险防控操作指引
## （第二版）

胡玉芳 王志强 王秀娟 谢容强 著
\*
中国建筑工业出版社出版、发行（北京海淀三里河路 9 号）
各地新华书店、建筑书店经销
北京海视强森文化传媒有限公司制版
建工社（河北）印刷有限公司印刷
\*
开本：787 毫米 ×960 毫米 1/16 印张：20¼ 字数：357 千字
2022 年 12 月第二版 2024 年 3 月第二次印刷
定价：**65.00** 元
ISBN 978-7-112-27909-8
（40045）